Resteliebe Stoff

Alles verwenden. Nichts verschwenden.

Ina Mielkau

Resteliebe STOFF

Alles verwenden. Nichts verschwenden.

DIE BESTEN IDEEN AUS STOFF

CV

Inhalt

VORWORT 6

ALTKLEIDER, STOFFRESTE ODER LUMPEN? 8

Praktisches aus Stoff! 10

SCHUTZMASSNAHMEN 12–15

SCHÜRZENJÄGERIN 16–19

ALLES IN ORDNUNG! 20–21

VORSICHT: HEISS! 22–25

BLOCKPRINT 26–27

SHIBORI-SERVIETTEN 28–31

GRÜNER SHOPPEN 32–35

SASHIKO UNDERCOVER 36–39

BLATTWERK 40–41

SEIFE TO GO! 42–43

T-SHIRT-TASCHE 44–47

SATTELFEST 48–51

TOTAL VERKLEMMT 52–55

MOBILE STATION 56–59

KLEINE HELFERLEIN 60–61

WINDBEUTEL 62–65

ABGESCHMINKT 66–71

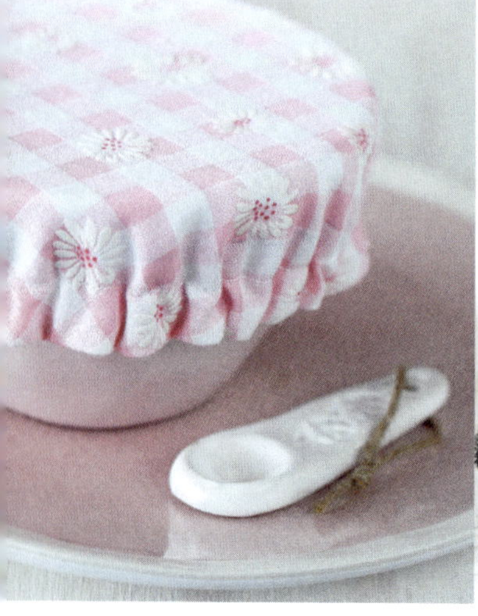
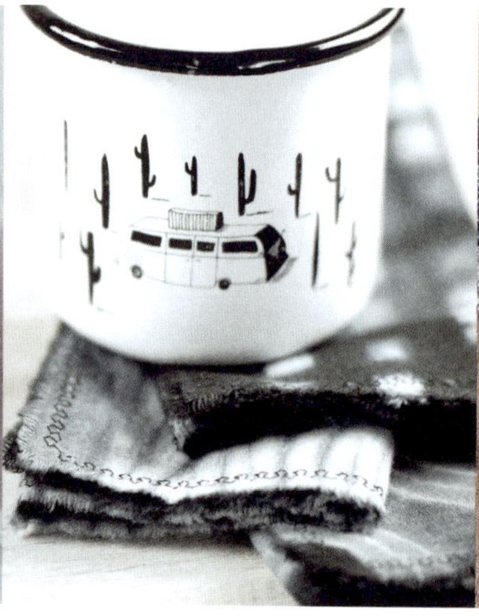
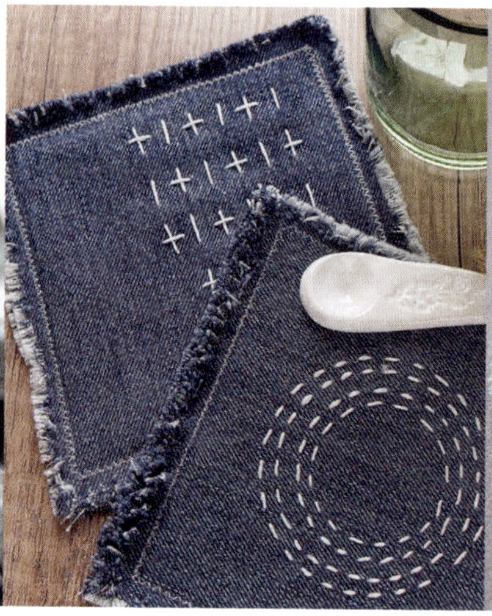
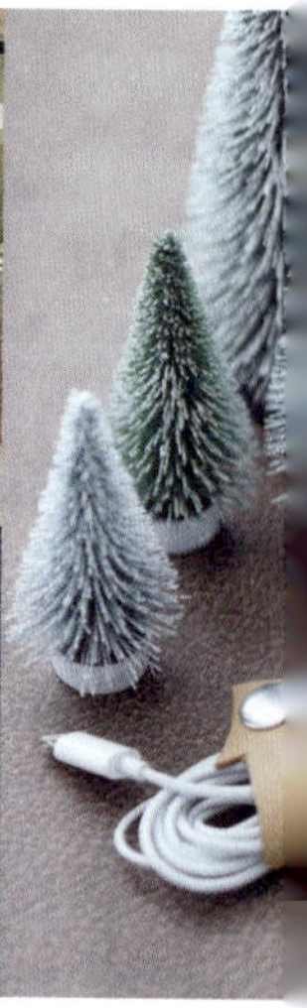

Dekoratives aus Stoff! 72

TIC TAC TOE 74–77

SONNIG UND DUFTIG 78–81

FRÜHSTÜCKSBUNNY 82–85

SCHICK IN STRICK 86–87

OH TANNENBAUM 88–93

KUSCHELUNTERSETZER 94–97

EDDY THE TEDDY 98–101

STOFFWECHSEL 102–105

LESERATTEN AHOI! 106–107

GESCHICKT BESTICKT 108–109

FUCHS DU HAST 110–111

LIEBLINGSHEMD 112–115

WEISSE WEBWARE 116–118

VORLAGEN 119–127

IMPRESSUM 128

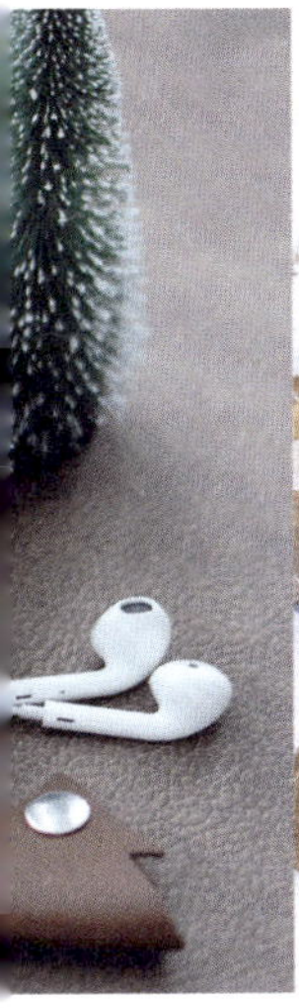
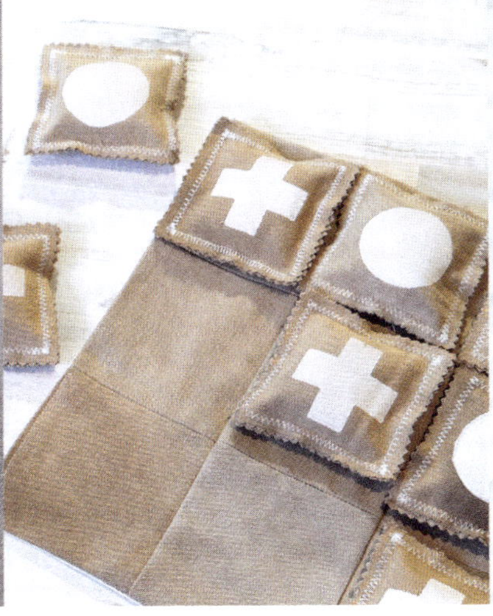
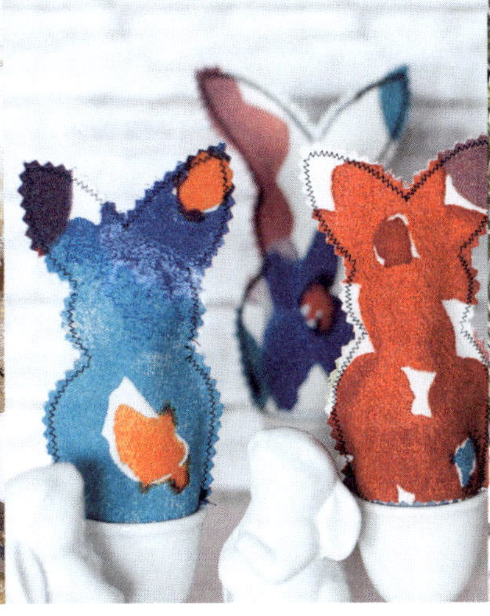
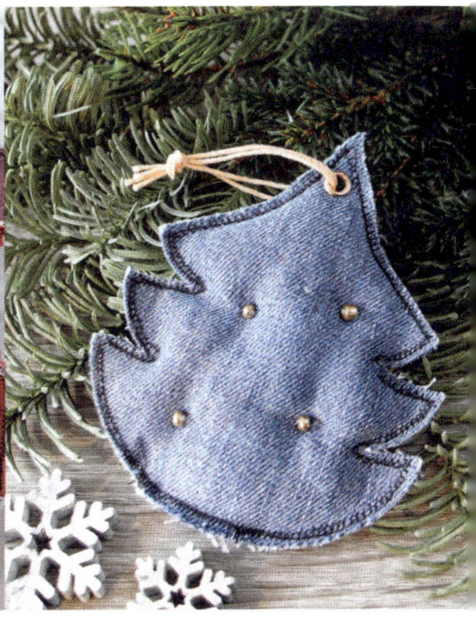

Vorwort

Mit 16 Jahren bekam ich die erste Nähmaschine geschenkt. Die ist heute noch, nach vielen Jahren, in Gebrauch. Die alten Maschinen von früher sind einfach unverwüstlich. Ein bisschen nähen gelernt habe ich vom Zuschauen bei meiner Mutter und mithilfe diverser Zeitschriften. Mein damaliger Wunsch, eine Schneiderlehre zu absolvieren und anschließend Modedesign zu studieren, hat sich zwar nicht erfüllt, aber dem Spaß am Nähen hat das überhaupt keinen Abbruch getan.

Auch wenn man keine Haute Couture nähen kann – es gibt so viele kleine Dinge, die sich aus Stoff zaubern lassen, dass sich die Anschaffung einer Nähmaschine auf jeden Fall lohnt. Bei den allermeisten Projekten in diesem Buch verwende ich eine Nähmaschine. Es mit der Hand zu versuchen, wäre recht mühsam.

Eingesetzt habe ich fast ausschließlich Stoffreste aus alten Näharbeiten und aussortierten Textilien. Im Laufe der Jahre hat sich da so einiges angesammelt. Dabei waren auf jeden Fall alte Bettlaken am ergiebigsten. Selbst ich habe gestaunt, was man daraus alles machen kann ... Vor allem weiße Bettlaken lassen sich toll einfärben oder bedrucken.

Alte Herrenhemden mit ihrem leichten Baumwollstoff lassen sich super zu diversen anderen Kleidungsstücken umnähen. Auch spannend: Man verwendet verschiedene Teile des Hemdes und näht daraus etwas völlig Neues.

Und natürlich die gute alte, heiß geliebte Jeans! Die ist ja nun wirklich zu schade, um sie zu entsorgen, nur weil die Knie durchgescheuert sind. Mal sehen, welche Möglichkeiten es gibt, Teile aus einer Jeanshose weiterzuverarbeiten ...

Wie allen Projekten, die „handmade" sind, darf man auch diesen hier ruhig anmerken, dass Handarbeit dahintersteckt. Daher habe ich bei vielen Stoffen bewusst darauf verzichtet, sie vor der Verarbeitung mit der Maschine zu umketteln. Was auch nicht notwendig ist, wenn die fertigen Teile nicht besonders beansprucht werden oder nicht Unmengen von Waschmaschinendurchgängen überstehen müssen.

Das heißt aber nicht, dass man es nicht auch perfekt machen kann! Das bleibt dem eigenen Anspruch überlassen. Hauptsache, die Arbeit mit Stoff macht Spaß!

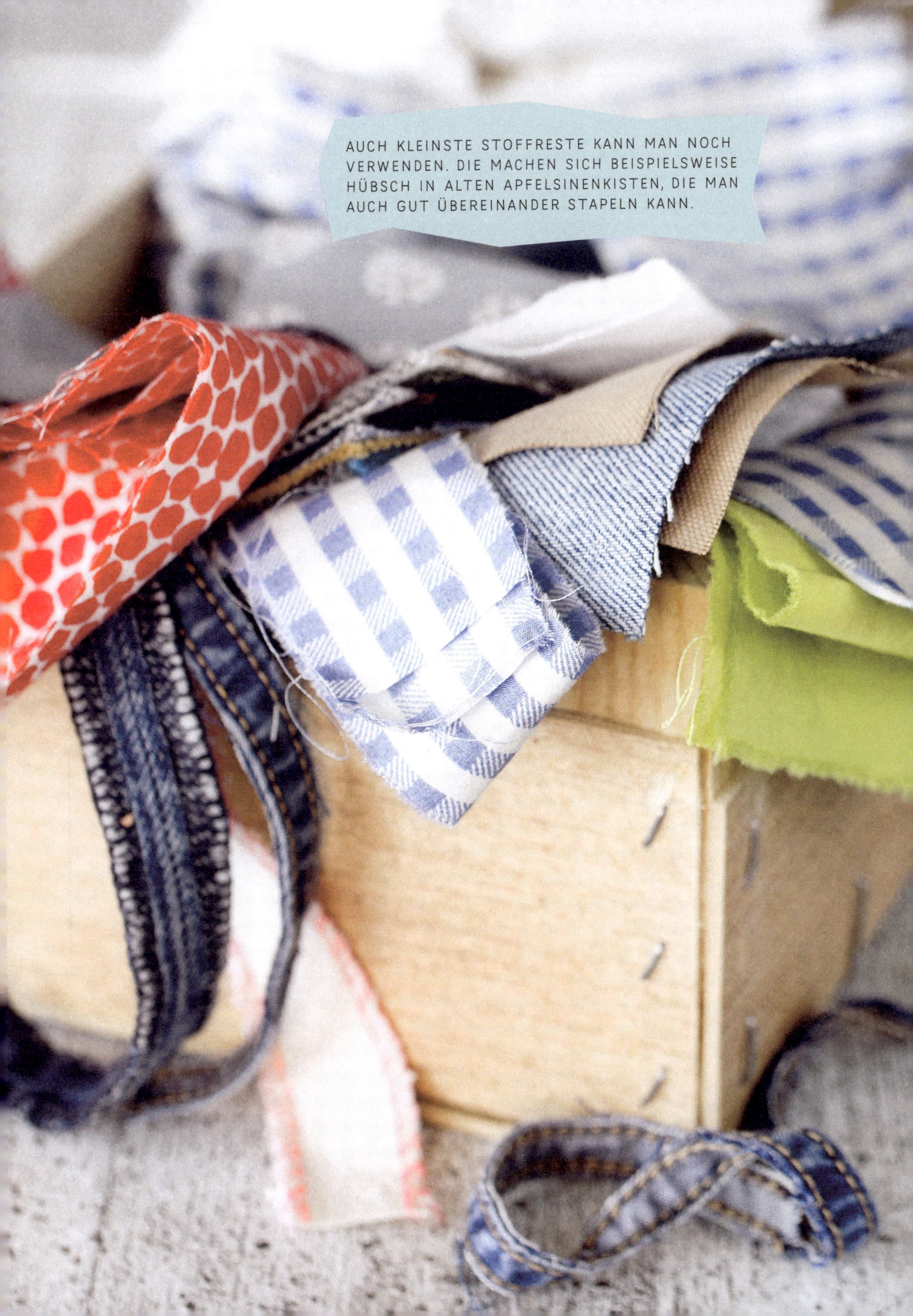

AUCH KLEINSTE STOFFRESTE KANN MAN NOCH VERWENDEN. DIE MACHEN SICH BEISPIELSWEISE HÜBSCH IN ALTEN APFELSINENKISTEN, DIE MAN AUCH GUT ÜBEREINANDER STAPELN KANN.

Altkleider, Stoffreste oder Lumpen?

Altkleider? Klingt verwirrend, denn die Altkleidersammlung ist ja nicht nur für Kleider. Auch Bettwäsche, Handtücher, Tischdecken, Schuhe und sogar Ledertaschen dürfen im Altkleidercontainer landen. Allerdings sollten sich die Sachen noch in einem guten Zustand befinden.

Schmutzige, stark abgetragene oder beschädigte Kleidungsstücke haben dort nichts verloren. Sie müssen aufwendig von den gut erhaltenen Kleidungsstücken getrennt werden, um sie in einem Recyclingunternehmen weiterzuverarbeiten (z. B. zu Dämmmaterial oder Putzlappen). Oft landen diese Teile dann doch in der Verbrennungsanlage, denn es besteht kaum noch Bedarf an zusätzlichen Lumpen. Daher ist es empfehlenswert, alte Klamotten, schmutzige Stoffreste und unbrauchbare Lumpen direkt über den Hausmüll zu entsorgen.

Wer sichergehen möchte, dass seine noch gut erhaltenen Kleidungsstücke nicht geschreddert werden, sollte sie vielleicht in einem Secondhandladen abgeben. Oder vielleicht im Freundeskreis fragen. Wie wäre es mit einer Kleidertausch-Party?

Ein Loch in der Hose oder ein Fleck auf dem Hemd ist aber noch lange kein Grund, Kleidungsstücke gleich aufzugeben. Manchmal kann man sie sogar noch gut reparieren. Aus anderen Kleidungsstücken wird etwas schönes Neues. Und was gar nicht mehr geht, findet vielleicht als Putzlappen noch Verwendung im eigenen Haushalt.

Allem voran sollte man sich aber bereits beim Kauf neuer Kleidung ein paar Gedanken machen. Und hier geht es nicht nur um die Frage: Brauche ich das wirklich? Durch Fast Fashion kommen jährlich unzählige Kleidungsstücke minderer Qualität auf den Markt. Nur die Hälfte der Kleidung, die wir kaufen, tragen wir auch regelmäßig. Die andere Hälfte wird im besten Falle recycled. Laut Greenpeace werden jedes Jahr in Europa 5,8 Millionen Tonnen Kleidung weggeworfen. 75 % davon landen auf der Müllkippe oder werden verbrannt.

Deshalb lieber bewusster und auch weniger kaufen. Lieber mal etwas mehr für ein gutes Stück ausgeben als einen Schrank voll mit Sondermüll.

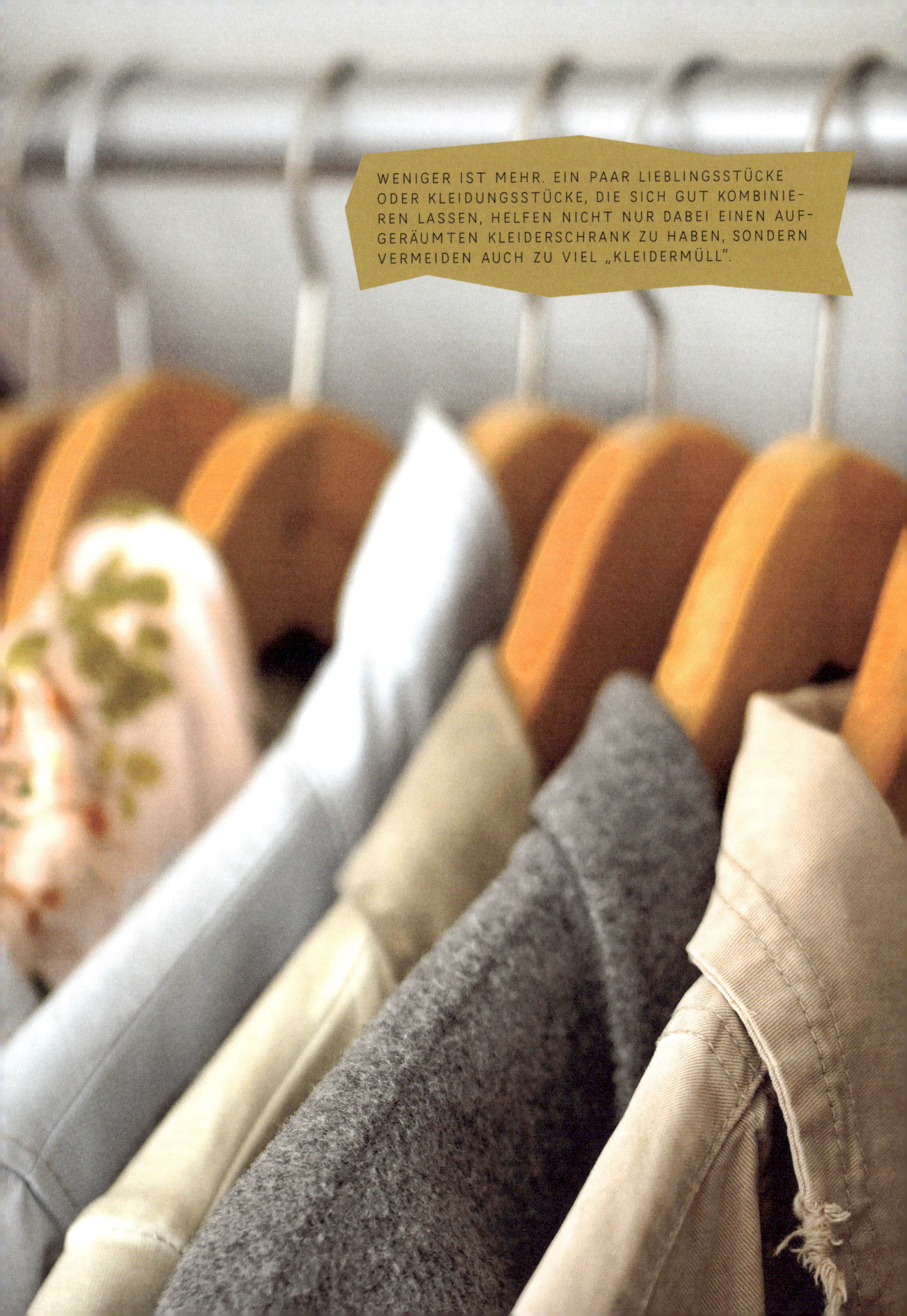

WENIGER IST MEHR. EIN PAAR LIEBLINGSSTÜCKE ODER KLEIDUNGSSTÜCKE, DIE SICH GUT KOMBINIEREN LASSEN, HELFEN NICHT NUR DABEI EINEN AUFGERÄUMTEN KLEIDERSCHRANK ZU HABEN, SONDERN VERMEIDEN AUCH ZU VIEL „KLEIDERMÜLL“.

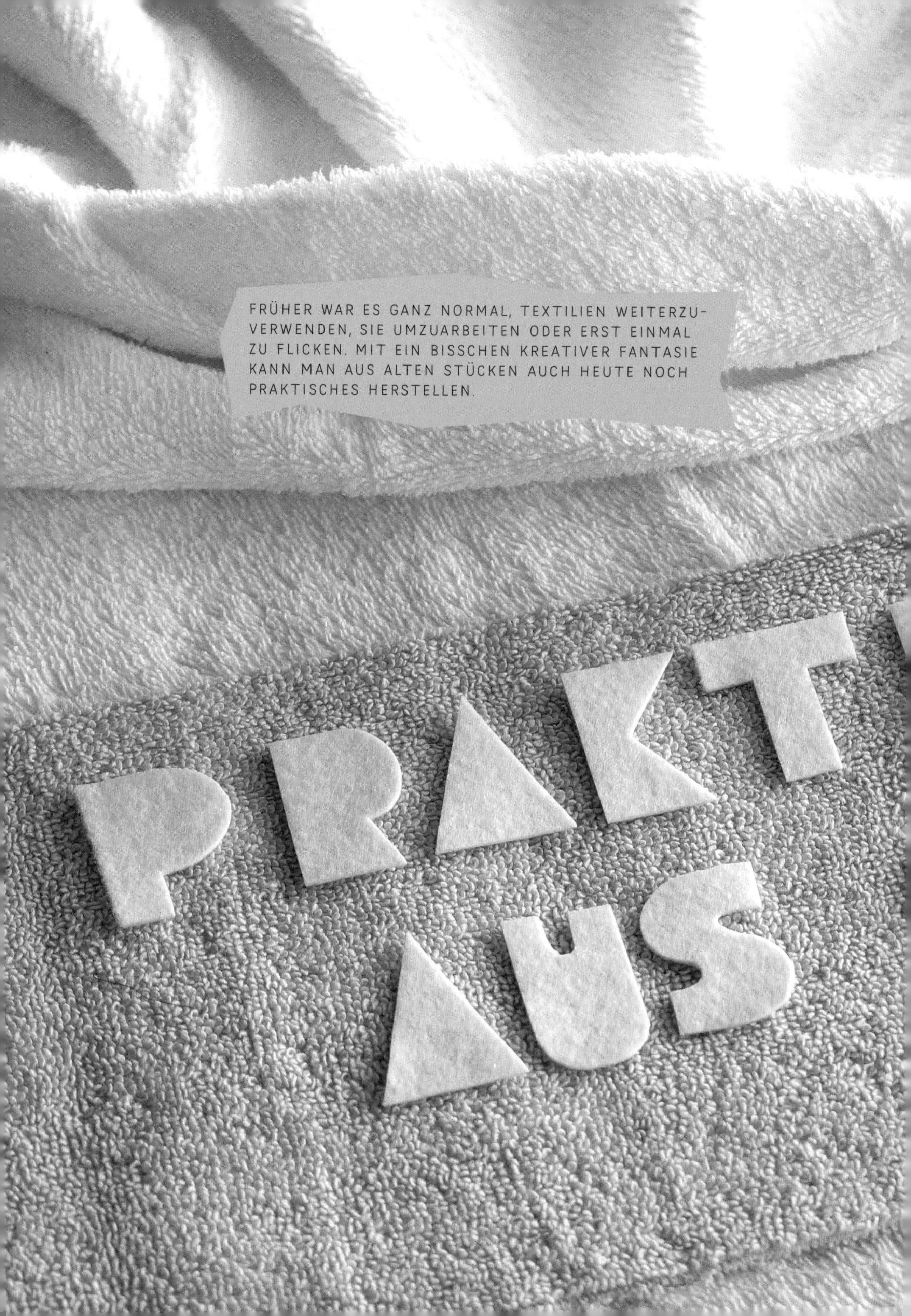

FRÜHER WAR ES GANZ NORMAL, TEXTILIEN WEITERZUVERWENDEN, SIE UMZUARBEITEN ODER ERST EINMAL ZU FLICKEN. MIT EIN BISSCHEN KREATIVER FANTASIE KANN MAN AUS ALTEN STÜCKEN AUCH HEUTE NOCH PRAKTISCHES HERSTELLEN.

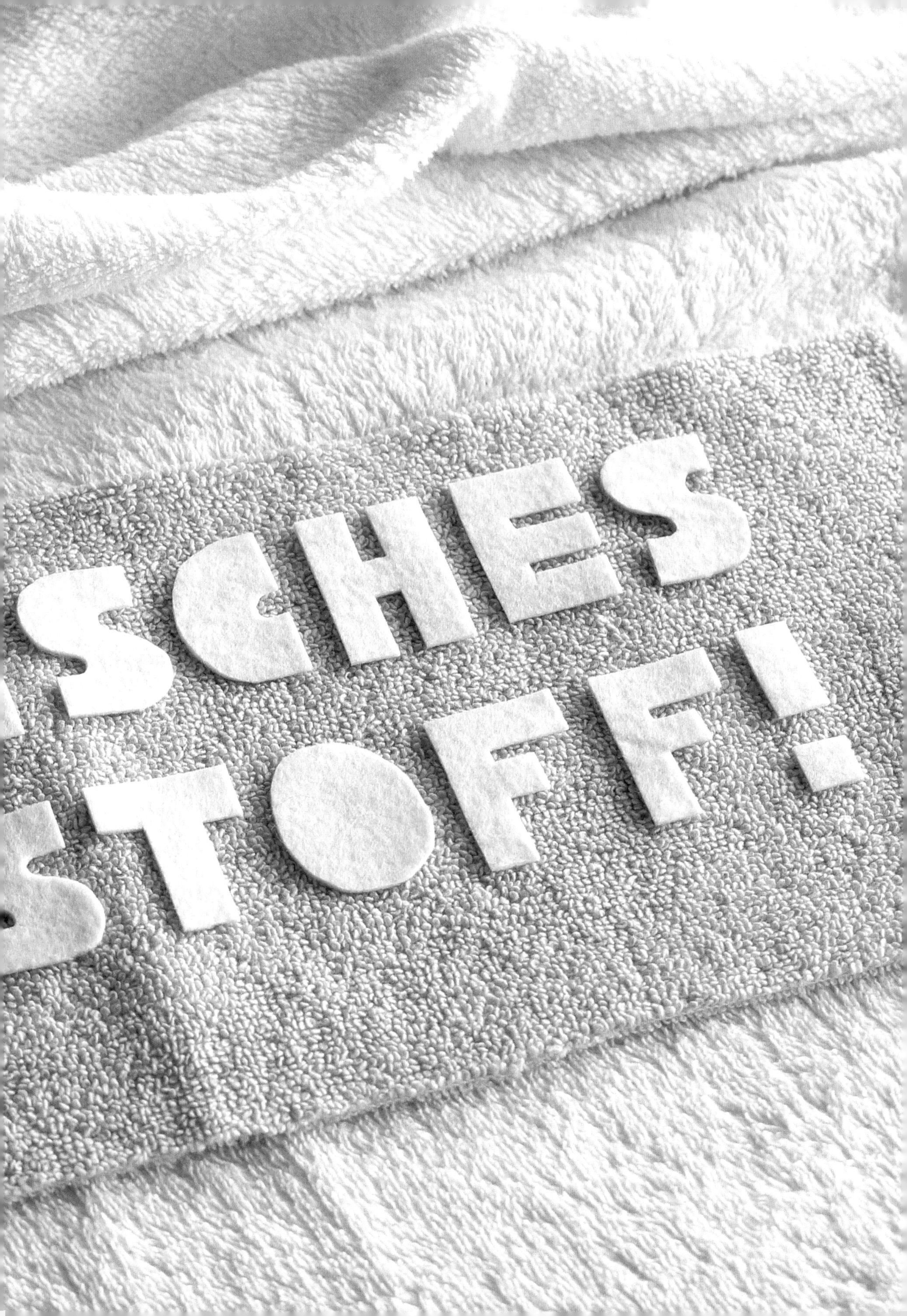
SCHES
STOFF!

Schutzmaßnahmen

MATERIAL:
BESCHICHTETE BAUMWOLLRESTE, GUMMIBAND, STIFT, SCHERE, LINEAL, CLIPS, NÄHMASCHINE, SICHERHEITSNADEL, SCHÜSSEL

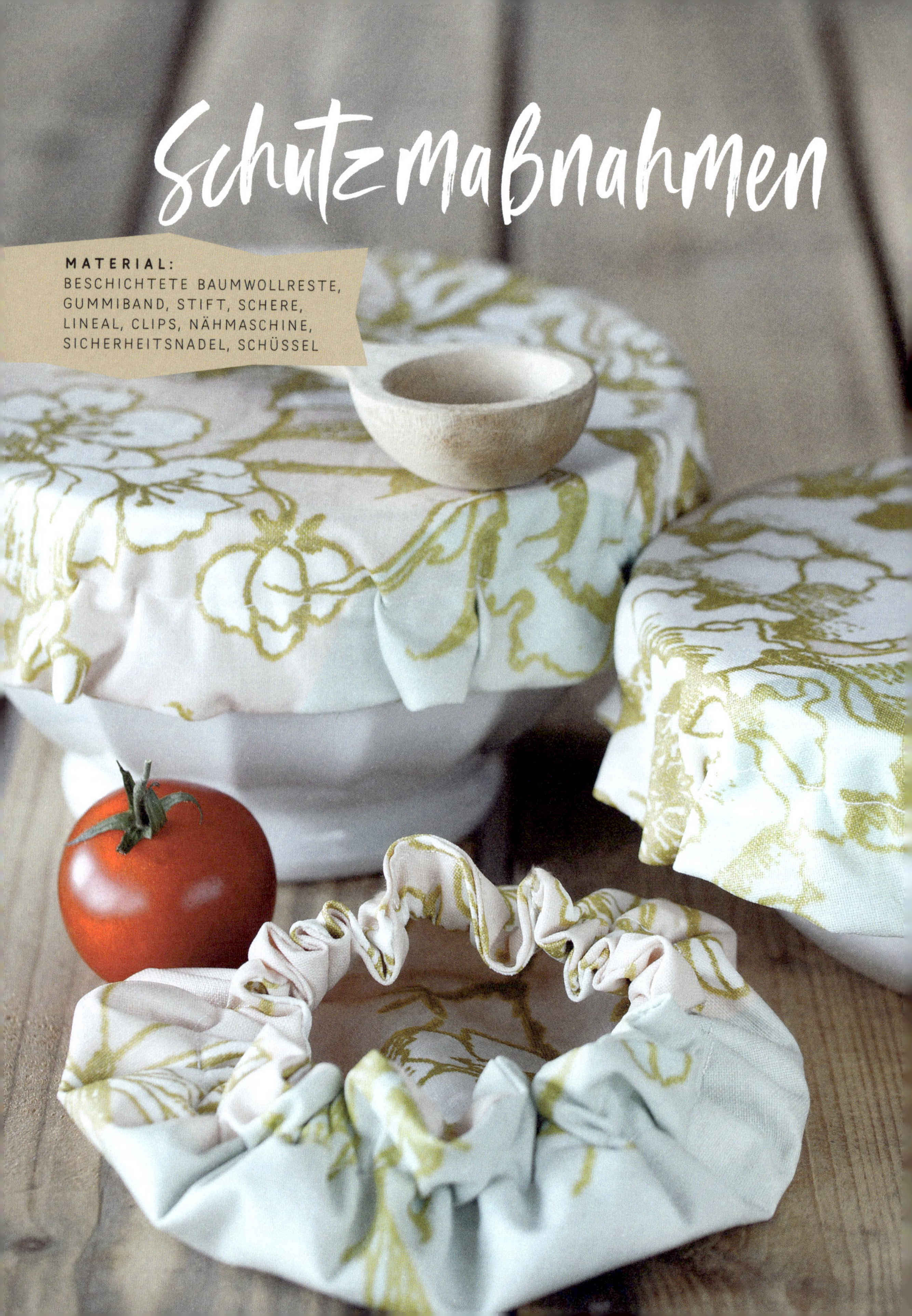

LEBENSMITTEL SCHÜTZEN? O.K. ABER BITTE NICHT MIT PLASTIK- ODER ALUFOLIE. WER EIN BISSCHEN WAS FÜR DIE UMWELT TUN MÖCHTE, DER MACHT SICH DIE ABDECKUNGEN FÜR SEINE SCHÜSSELN SELBST. EIN SUPER ZERO-WASTE-PROJEKT – IMMER WIEDER VERWENDBARE ABDECKUNGEN AUS BESCHICHTETER BAUMWOLLE.

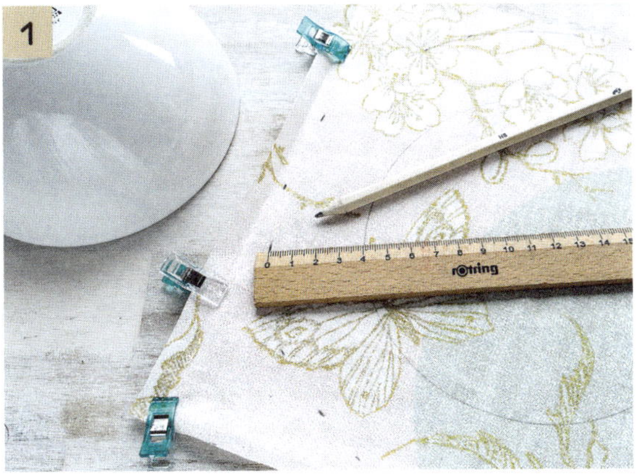

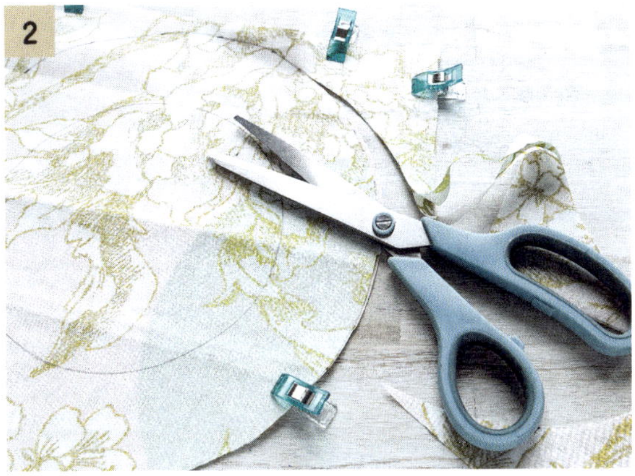

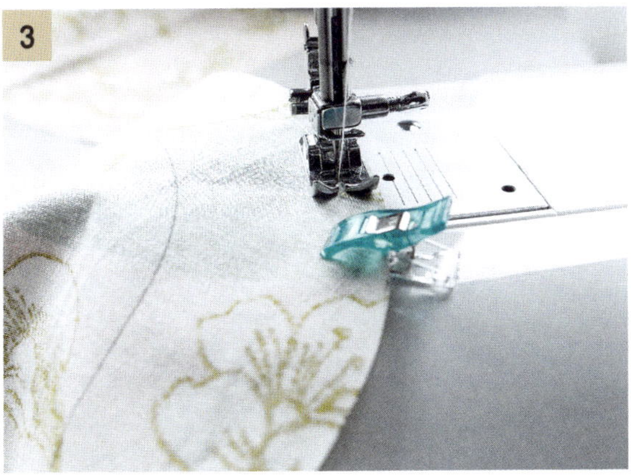

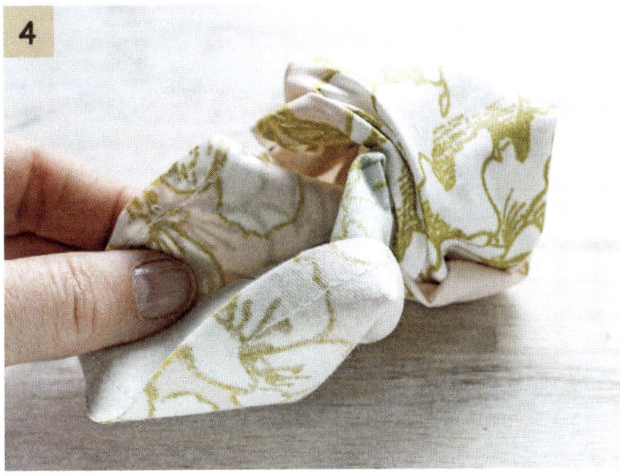

1. Für die Schutzhauben verwendet man besten beschichtete Baumwolle, etwa eine alte Gartentischdecke aus Wachstuch. Das ist abwaschbar.

Für die Form legt man 2 Stoffstücke rechts auf rechts aufeinander. Mit Clips fixieren, damit die Teile nicht verrutschen. Dann stülpt man die Schüssel, die man später abdecken möchte, auf die Stoffe und zeichnet die Form mit einem Bleistift nach. Anschließend zeichnet man im Abstand von 4 cm bis 5 cm außerhalb dieses Kreises einen zweiten Kreis. Dazu misst man die Strecke mit einem Lineal und markiert den Abstand mit kleinen Strichen, die man dann verbindet.

2. An dieser Kante schneidet man den Kreis aus und verwendet wiederum die Clips, damit nichts verrutscht. Diese Clips sind dafür praktischer als Stecknadeln, weil sie keine Löcher im beschichteten Stoff hinterlassen.

3. Anschließend kann man die beiden Stoffstücke mit der Nähmaschine zusammennähen. Dabei eine entsprechend große Öffnung lassen, um den Stoff danach zu wenden. Schließlich ist die beschichtete Seite gerade innen.

4. Durch diese Öffnung wendet man dann den Stoff und formt den Kreis von innen mit den Fingern aus.

Fortsetzung auf der nächsten Seite.

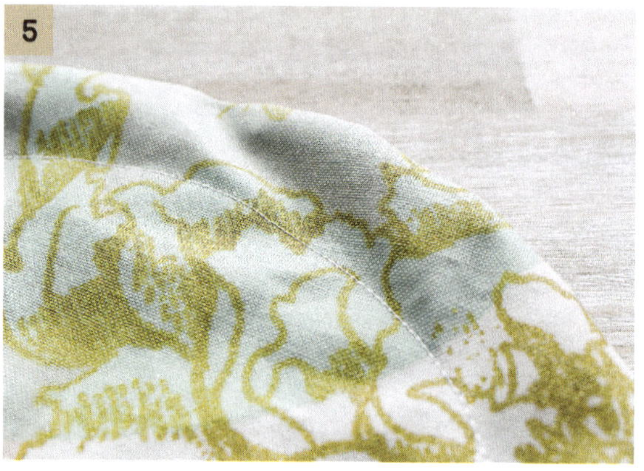

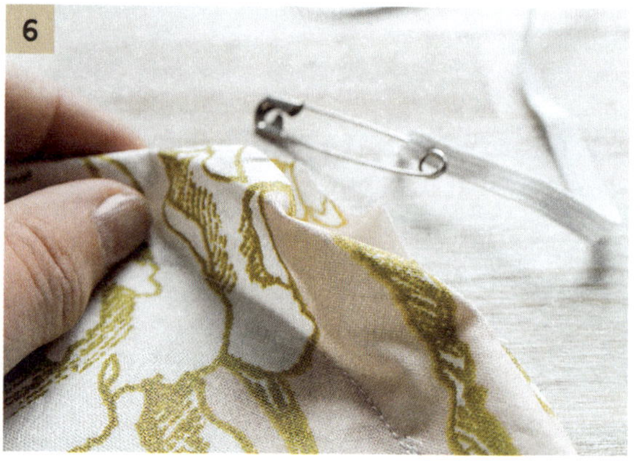

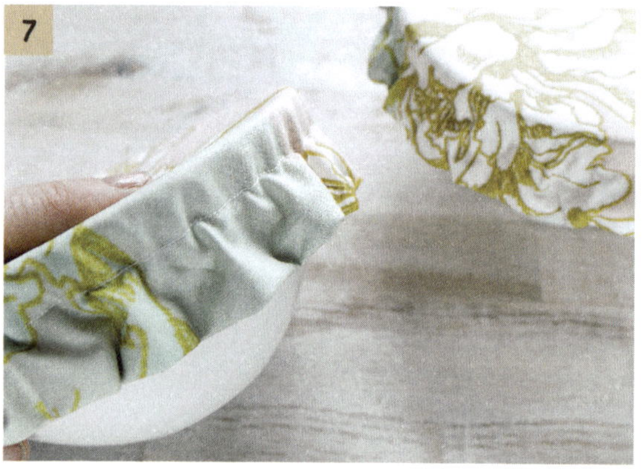

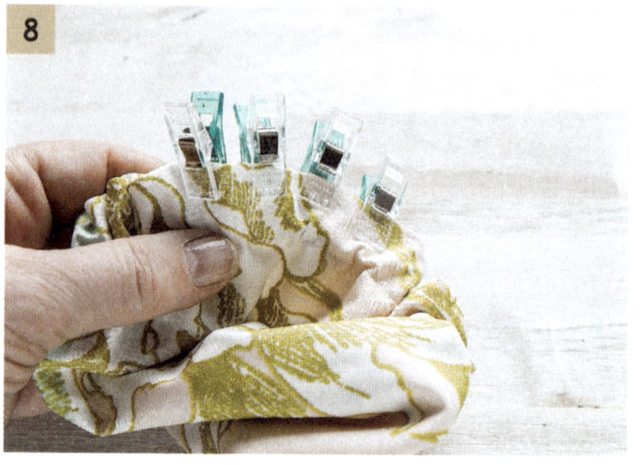

5. Nun kann man mit der Nähmaschine einen ca. 2 cm breiten Rand auf dem Kreis abnähen. Nicht vergessen, die Nähte am Anfang und am Ende zu vernähen.

6. Mit einer Sicherheitsnadel fädelt man nun das Gummi durch den Rand.

7. Nach einer kurzen Anprobe auf der Schüssel kann man das Gummi entweder verknoten oder mit der Nähmaschine zusammennähen.

8. Zum Schluss muss man noch die offene Kante mit der Nähmaschine schließen. Dabei darauf achten, dass man die Kreisform beibehält.

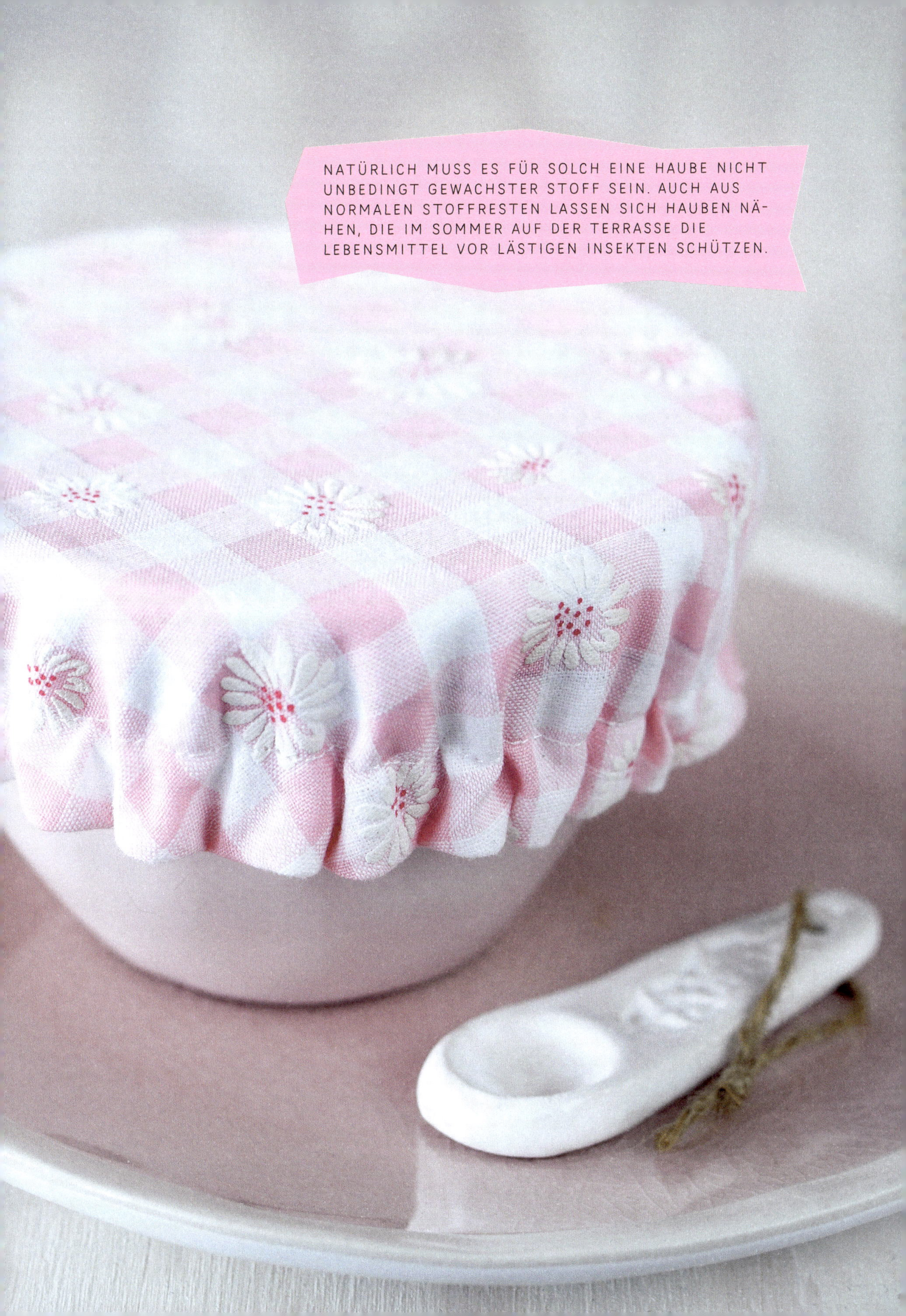

NATÜRLICH MUSS ES FÜR SOLCH EINE HAUBE NICHT UNBEDINGT GEWACHSTER STOFF SEIN. AUCH AUS NORMALEN STOFFRESTEN LASSEN SICH HAUBEN NÄHEN, DIE IM SOMMER AUF DER TERRASSE DIE LEBENSMITTEL VOR LÄSTIGEN INSEKTEN SCHÜTZEN.

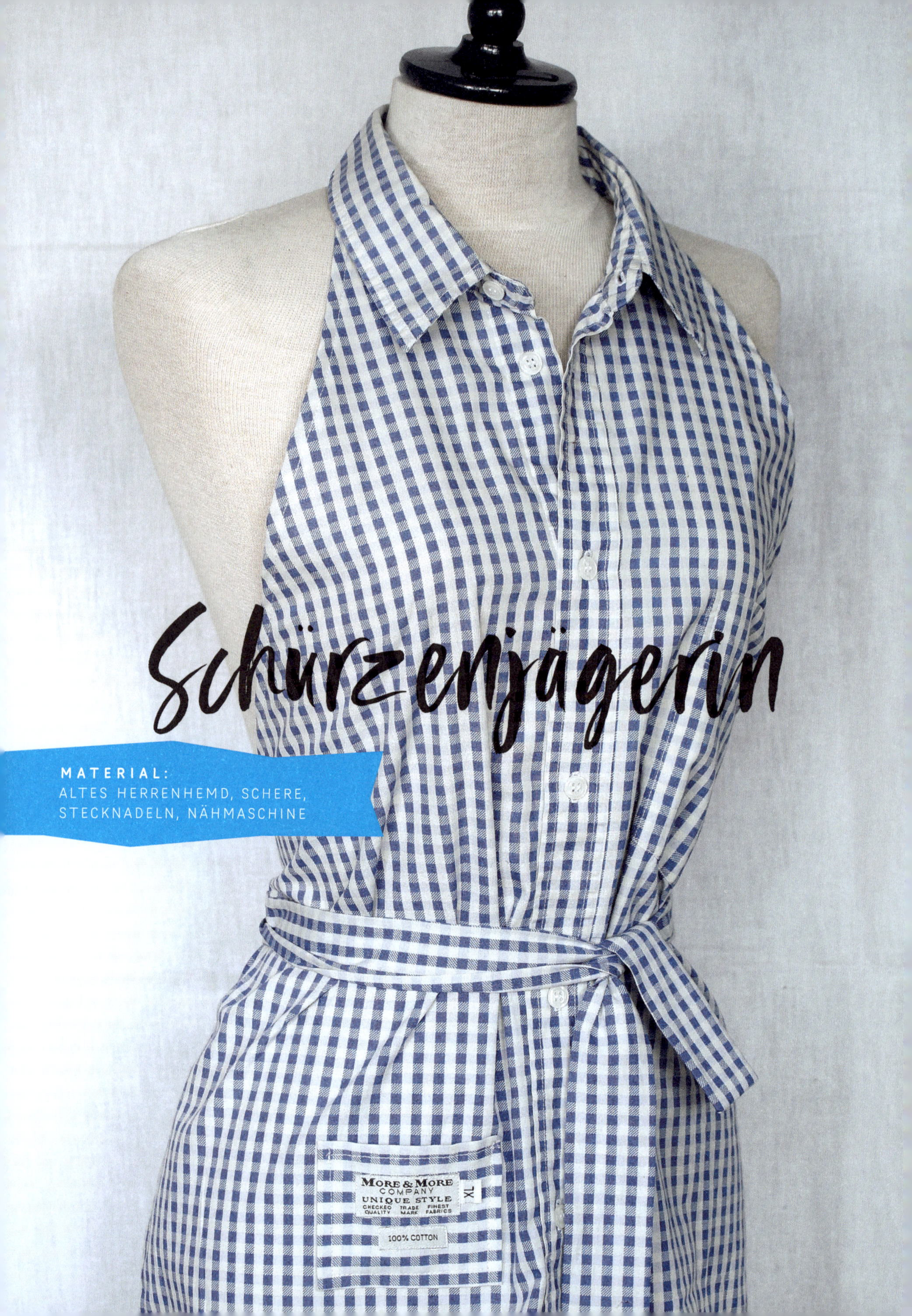

Schürzenjägerin

MATERIAL:
ALTES HERRENHEMD, SCHERE,
STECKNADELN, NÄHMASCHINE

PAPAS ALTES LIEBLINGSHEMD WIRD ZU MAMAS NEUER LIEBLINGSSCHÜRZE. GEHT GANZ EINFACH UND VOR ALLEM SUPER SCHNELL. AUSSERDEM IST DIE SCHÜRZE EIN ECHTER HINGUCKER. UND DIE ALTEN BAUMWOLLHEMDEN LASSEN SICH AUCH IN DER WASCHMASCHINE HEISS GENUG WASCHEN, UM ALLE FLECKEN WIEDER RAUSZUBEKOMMEN.

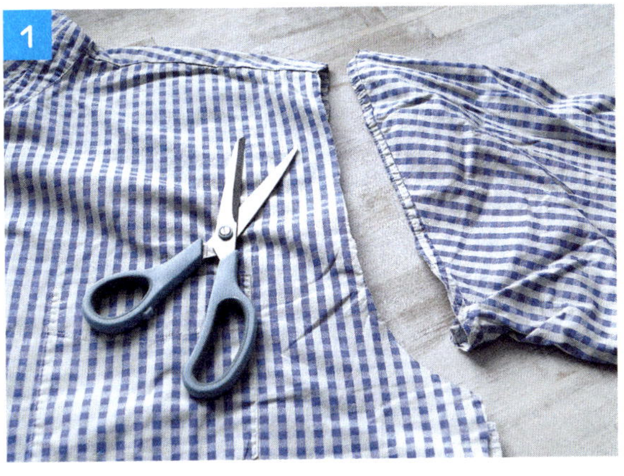

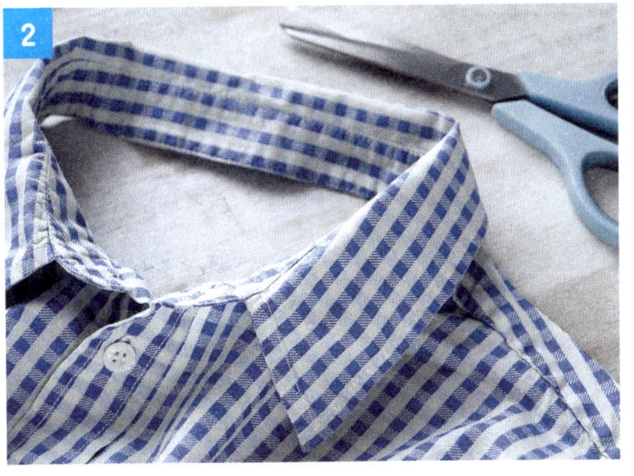

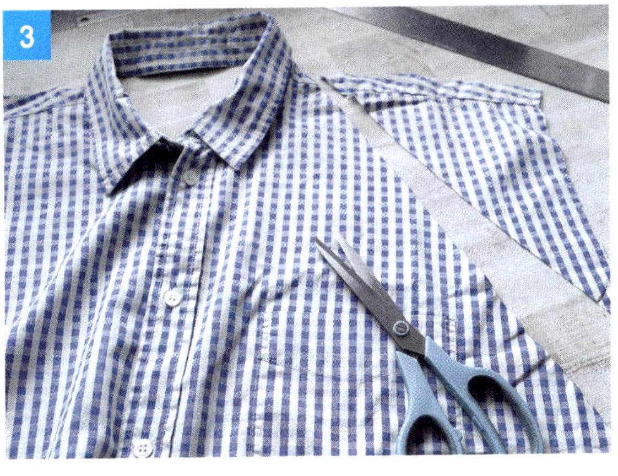

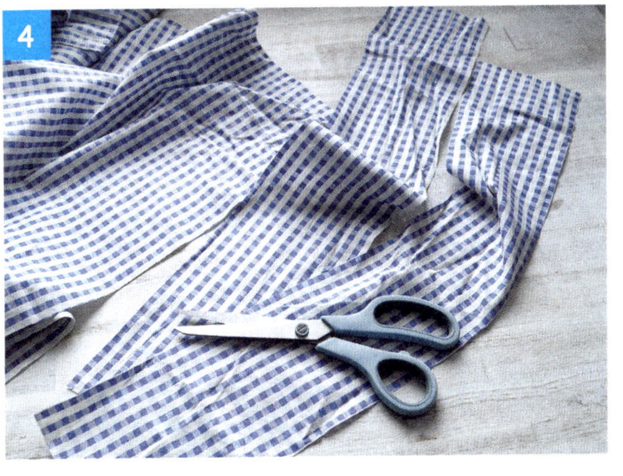

1. Zunächst legt man das Hemd flach hin und schneidet es an den Seiten rechts und links auf und an den Ärmeln entlang ab.

2. Dann mit der Schere von den Ärmelausschnitten bis zum Kragen einschneiden, dabei zunächst ein kleines Stück der Passe stehen lassen. An der Kragennaht entlangschneiden und auf der anderen Seite wieder bis zum Ärmelausschnitt. Somit ist die Rückseite des Hemdes komplett entfernt.

3. Nun schneidet man rechts und links diagonal vom unteren Ärmelausschnitt bis zum Kragen den verbliebenen Ärmelausschnitt ab.

4. Aus dem Rückenteil kann man nun 2 breite Streifen herausschneiden für die Schürzenbänder (ca. 8 cm breit). Sie sollten lang genug sein, dass man die Schürze locker hinten zusammenbinden kann.

Fortsetzung auf der nächsten Seite.

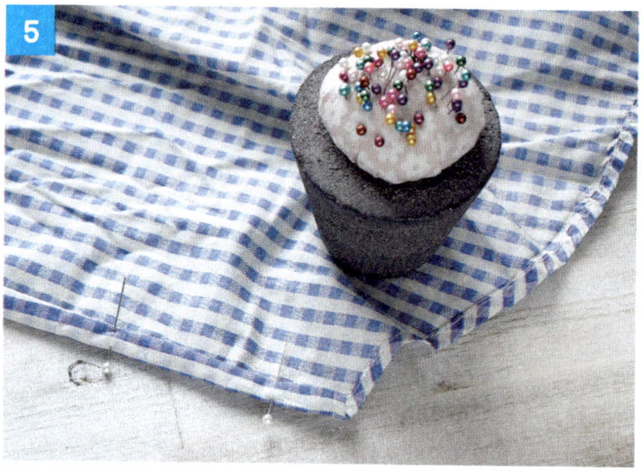

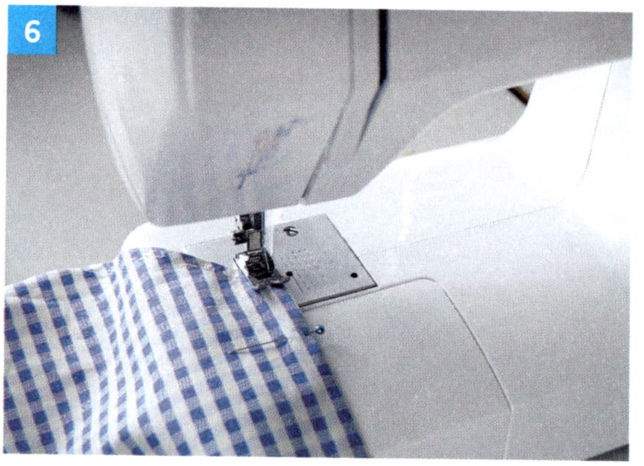

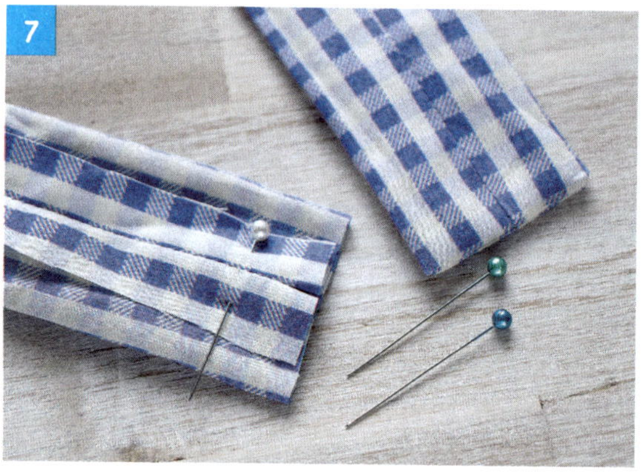

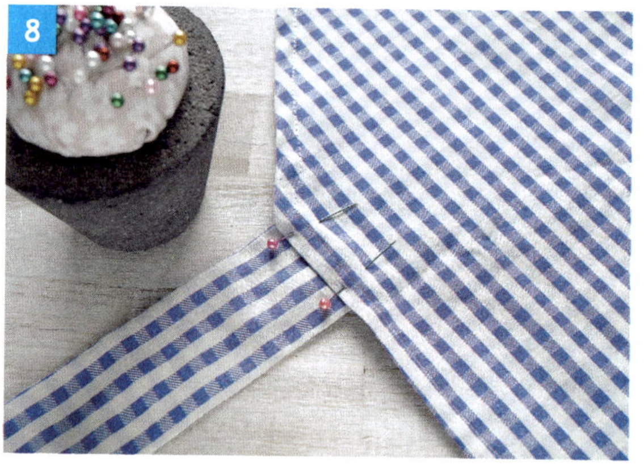

5.–6. Alle Seitennähte müssen noch umgesteckt und abgenäht werden.

7. Die Streifen für die Bänder längs zusammennähen, die Naht auffalten, mittig nehmen und noch einmal an der kurzen Seite abnähen. Dann den so genähten Schlauch auf rechts wenden.

8. Anschließend die beiden Bänder links und rechts unterhalb der Diagonalen an die Schürze nähen.

Wer mag, kann die Bänder auch so lang machen, dass er sie später auch vorne zusammenbinden kann.

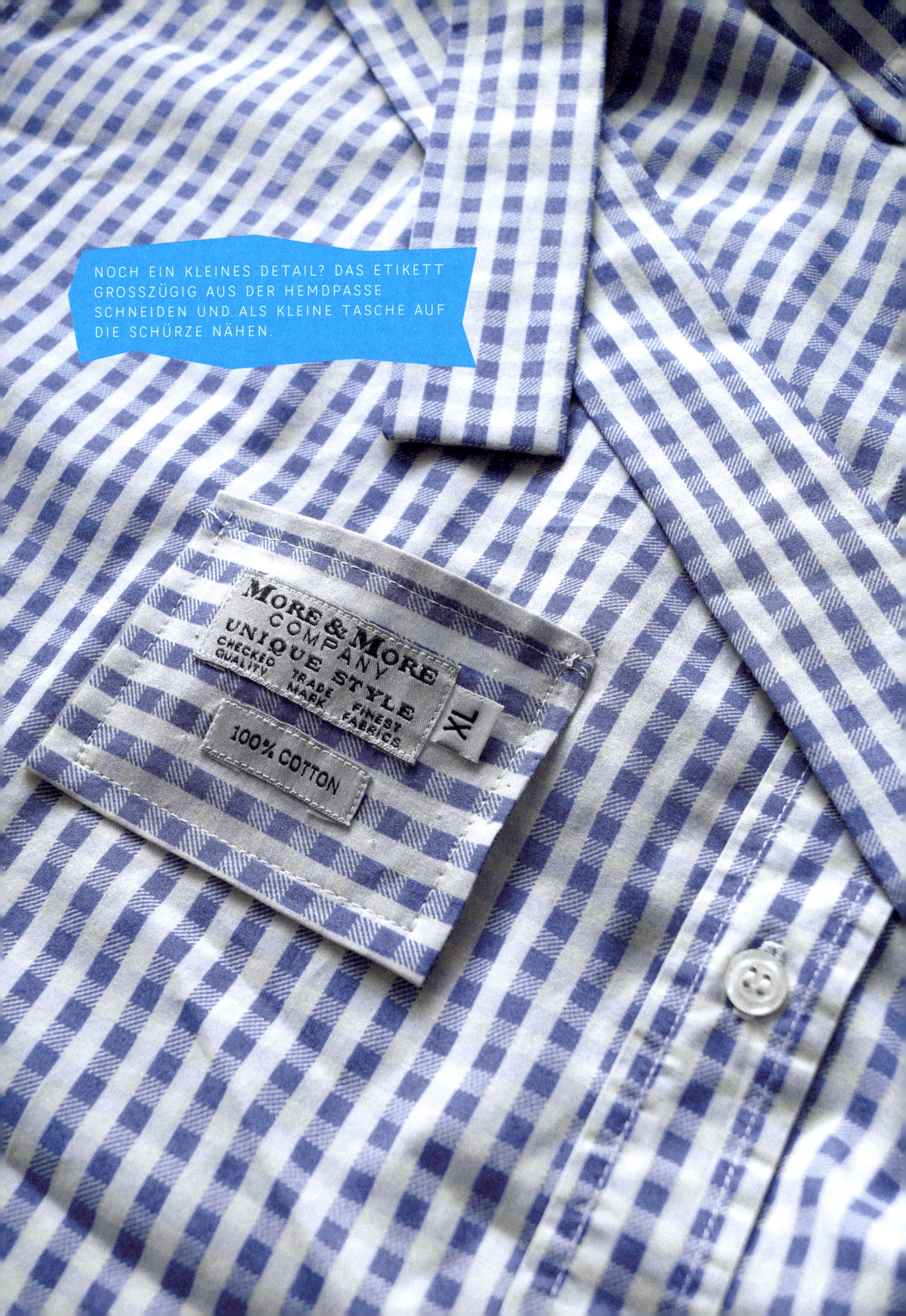

NOCH EIN KLEINES DETAIL? DAS ETIKETT GROSSZÜGIG AUS DER HEMDPASSE SCHNEIDEN UND ALS KLEINE TASCHE AUF DIE SCHÜRZE NÄHEN.

Alles in Ordnung!

MATERIAL:
ALTES HEMD, SCHERE, CLIPS,
NÄHMASCHINE

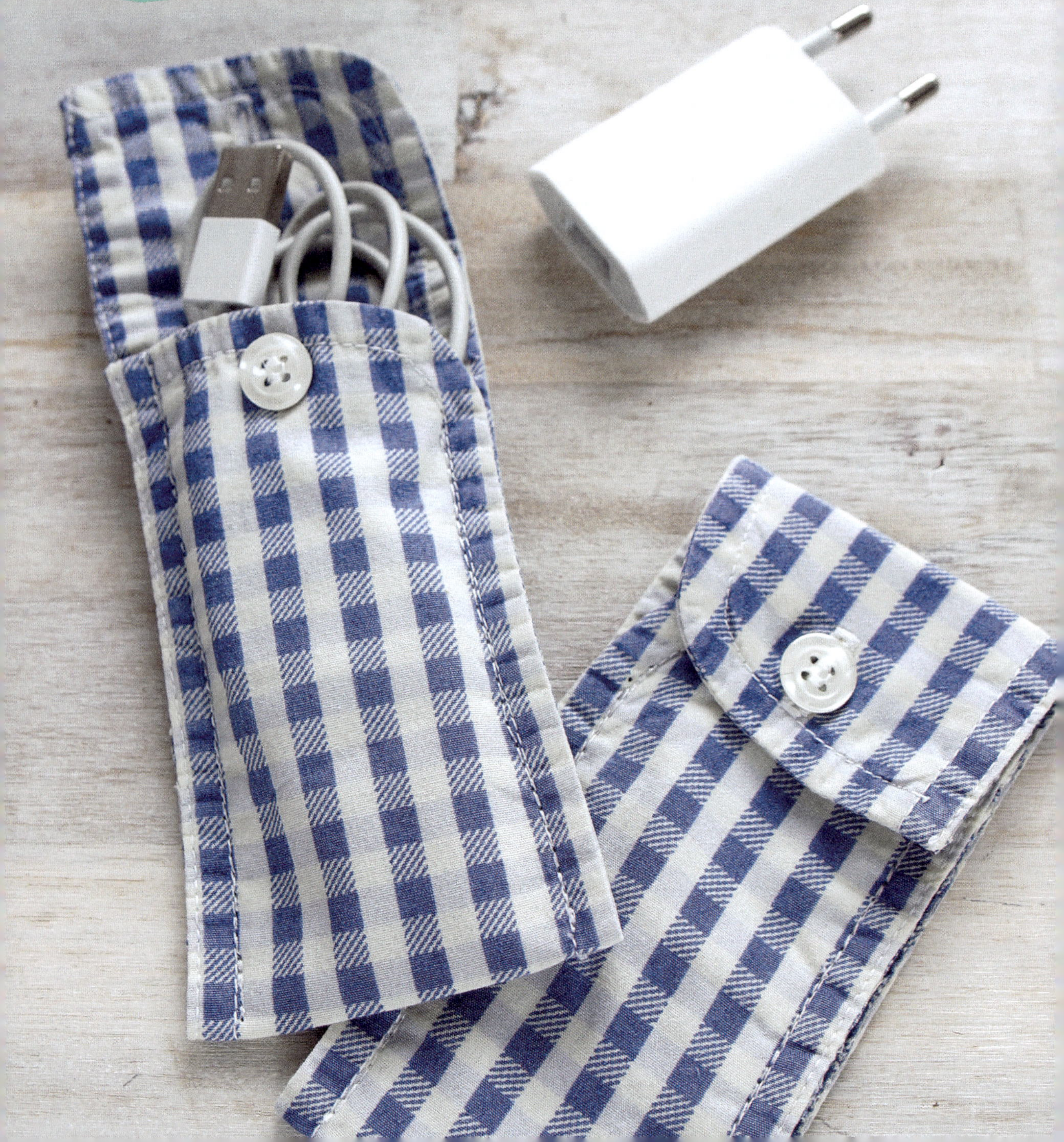

SIE HABEN SICH SCHON EINE SCHÜRZE AUS PAPAS LIEBLINGSHEMD GENÄHT UND NOCH STOFF ÜBRIG? DA BIETET SICH EIN „EASY PEASY DIY“ AN. KLEINE BEUTELCHEN BRAUCHT MAN IMMER. ETWA FÜR LADEKABEL ODER KOPFHÖRER, USB-STICKS, SD-KARTEN UND, UND, UND. HEMDMANSCHETTEN SORGEN FÜR ORDNUNG.

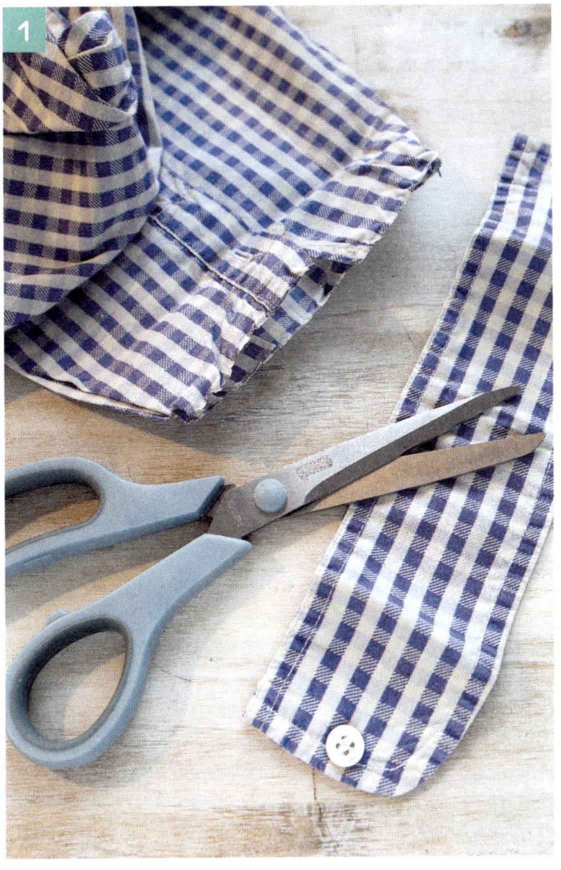

1. Die Manschetten des Hemdes mit der Schere vorsichtig ganz knapp an der Naht entlang abschneiden.

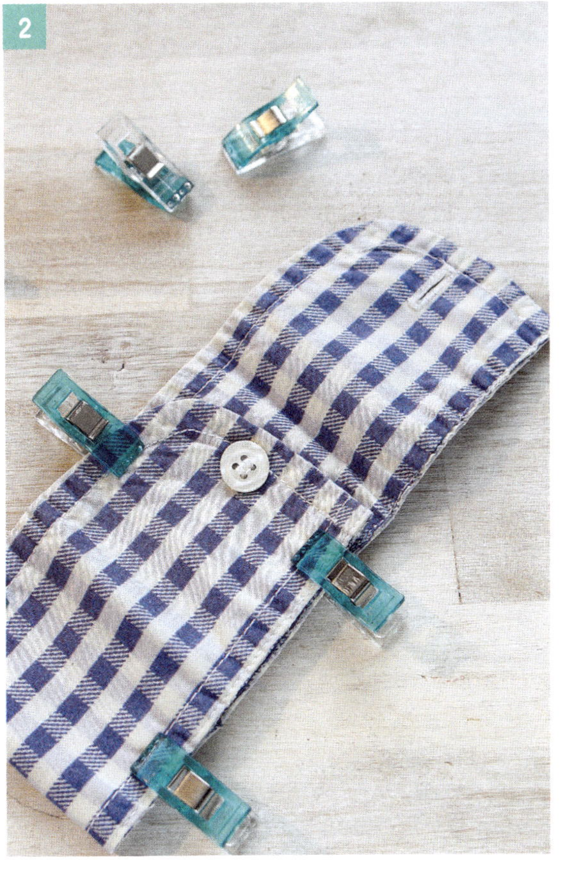

2. Mit Clips in der entsprechenden Position zusammenklemmen und mit der Nähmaschine genau über die rechte und linke Naht der Manschette nähen. Fertig!

Vorsicht: heiß!

MATERIAL:
STOFFRESTE, THERMOLAM 272, SCHRÄGBAND, SCHABLONE, STIFT, SCHERE, CLIPS, NÄHMASCHINE

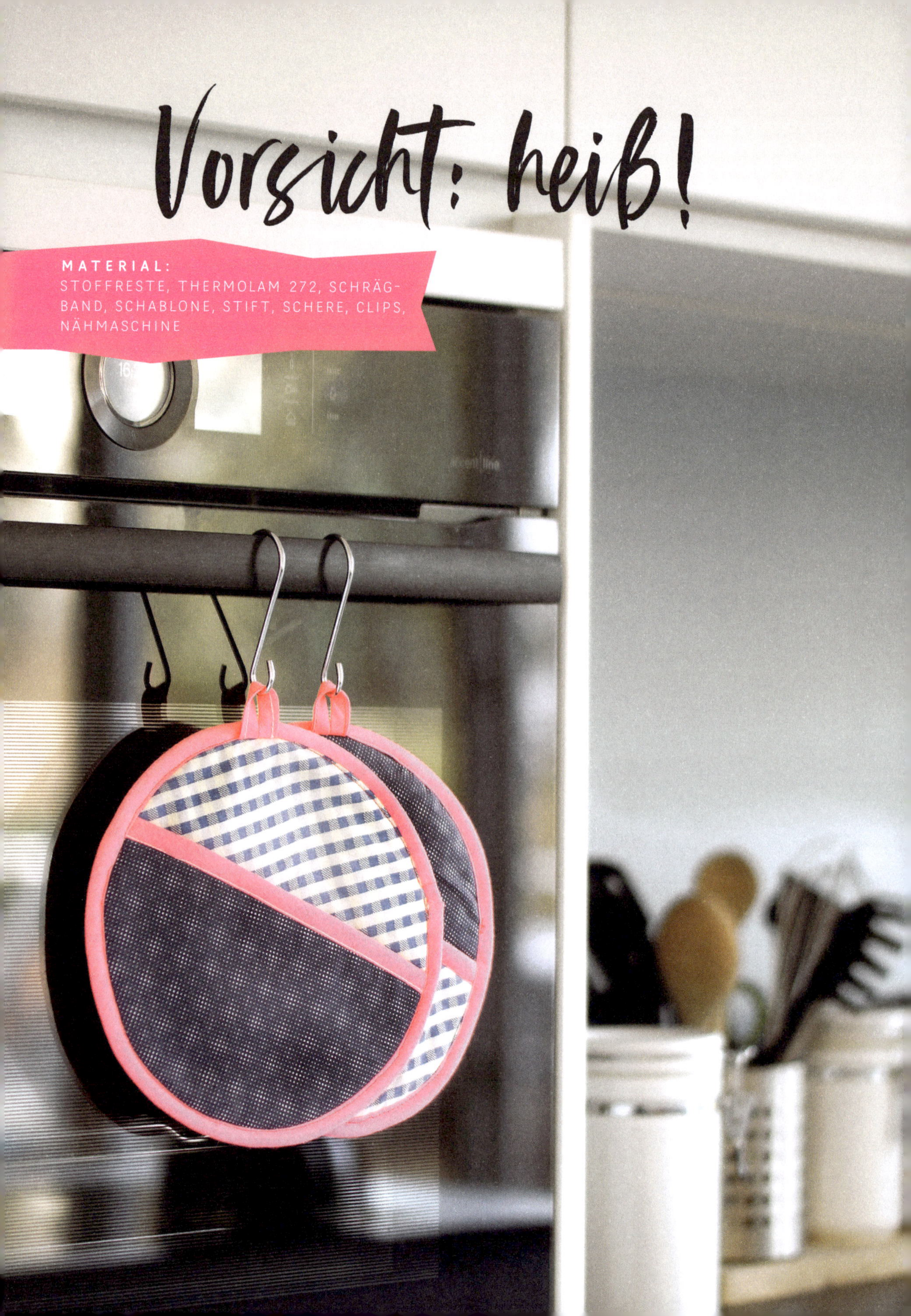

IMMER NOCH STOFFRESTE VOM HEMD ÜBRIG? WIE WÄRE ES MIT EINEM SATZ TOPFLAPPEN? DAS EINZIGE, WAS MAN HIER DAZUKAUFEN SOLLTE, SIND SCHRÄGBAND UND THERMOLAM. DIESES VOLUMEN-VLIES WIRD ZWISCHEN DIE STOFFTEILE GELEGT. ES ISOLIERT GUT GEGEN WÄRME UND KÄLTE.

1
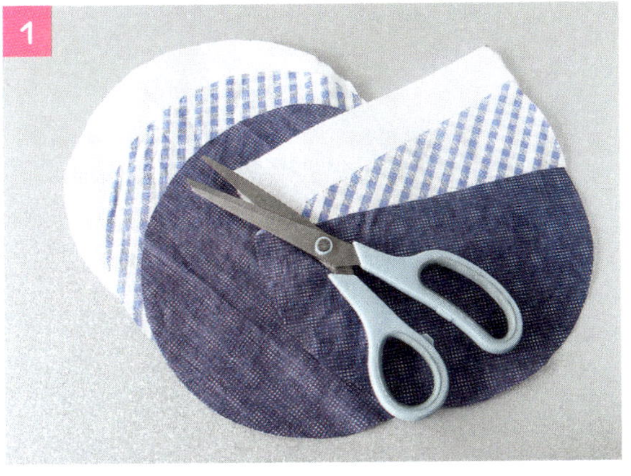

2
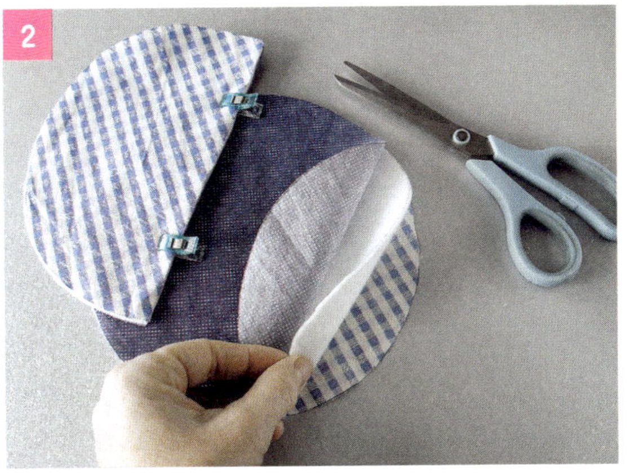

3
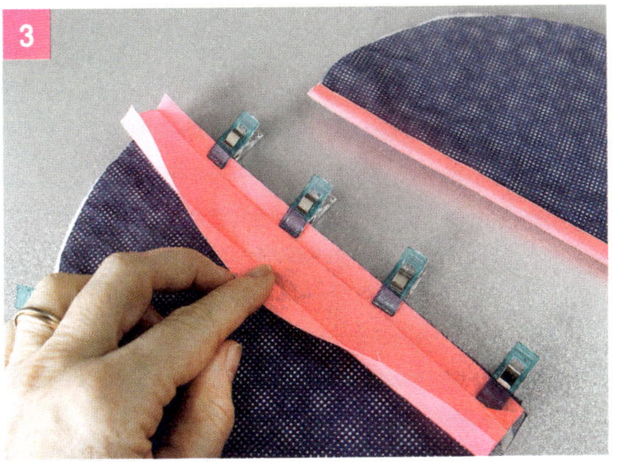

4
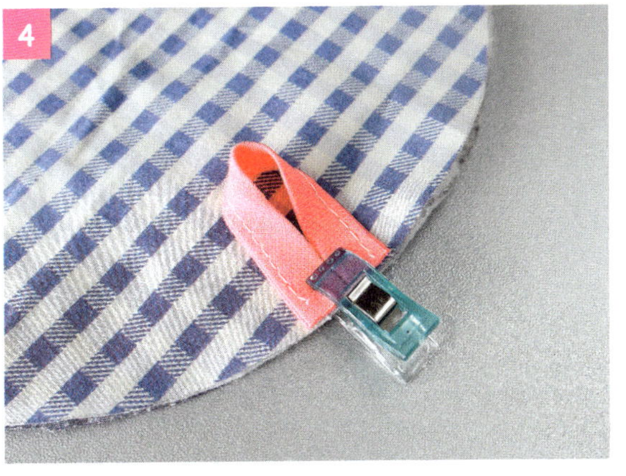

1. Zunächst die Stoffteile für 2 Topflappen zuschneiden. Mit einer Schablone (Kreis, Durchmesser ca. 20 cm) zeichnet man sich die Vorlagen auf den Stoff und das Vlies. 4 x den kompletten Kreis aus Stoff, 4 x einen Halbkreis aus Stoff (bzw. etwas mehr als einen Halbkreis) sowie 2 x einen Thermolam-Kreis und 2 Thermolam-Halbkreise.

2. Nun die Stoffe zusammenlegen. Zwischen 2 Stoffteile kommt jeweils ein Stück Thermolam. Die Stoffe liegen mit der rechten Seite bereits nach außen. Mit Clips fixieren.

3. Dann zuerst an den Halbkreis das Schrägband anbringen. Festklemmen und mit der Nähmaschine annähen.

4. Aus einem Stück Schrägband kann man sich noch eine Schlaufe nähen. Dazu einfach ein Stück in der gewünschten Länge abschneiden und mit der Maschine zusammennähen. Diese Schlaufe nun an dem Stoffkreis befestigen. Die Schlaufe zeigt in Richtung Kreismitte. Mit der Maschine festnähen.

Fortsetzung auf der nächsten Seite.

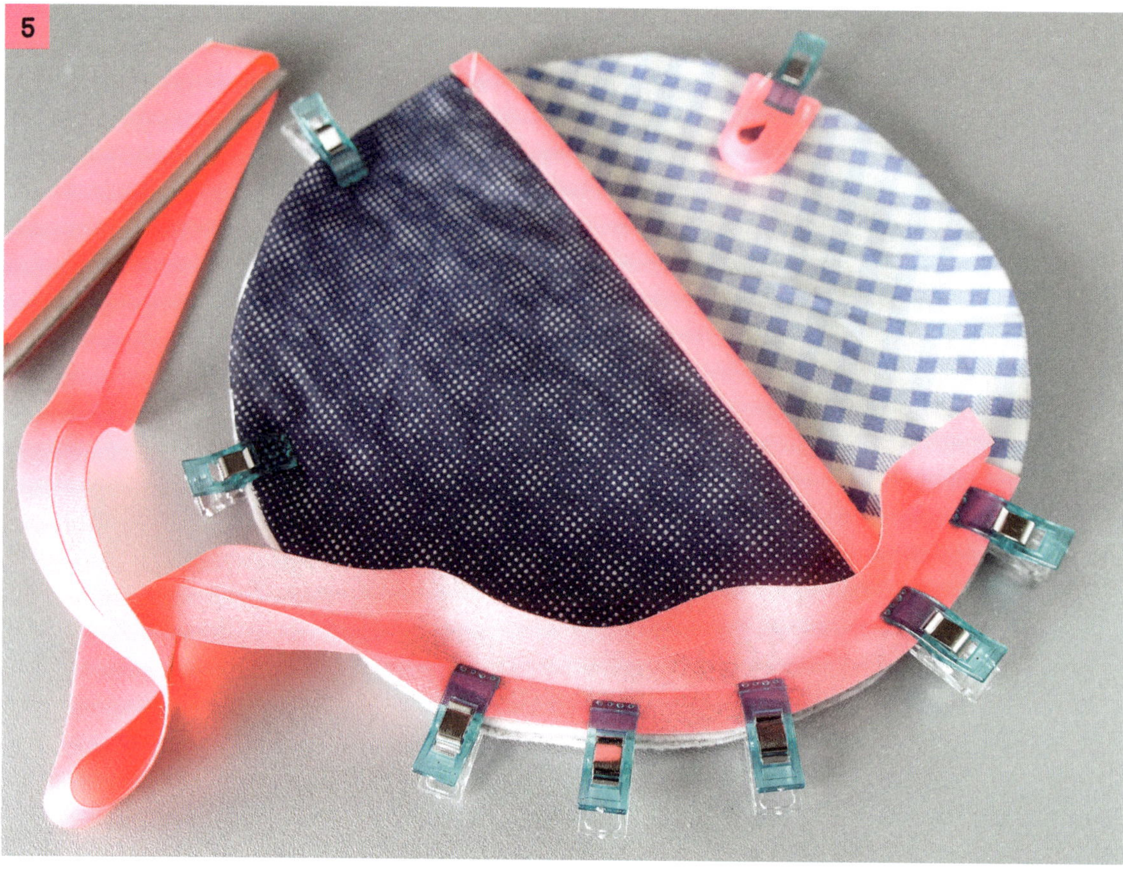

5. Dann werden 2 passende Teile aufeinandergelegt und das Schrägband wird rundherum mit Clips befestigt. Dabei Anfang und Ende des Bandes ein wenig umschlagen. Mit der Nähmaschine nun die eine Seite festnähen.

Sollten die Stoffschichten etwas zu dick sein beim Umschlagen des Bandes, schneidet man mit der Schere den Rand ein wenig rundum ab.

Dann das Band komplett umschlagen, festclipsen und knapp annähen.

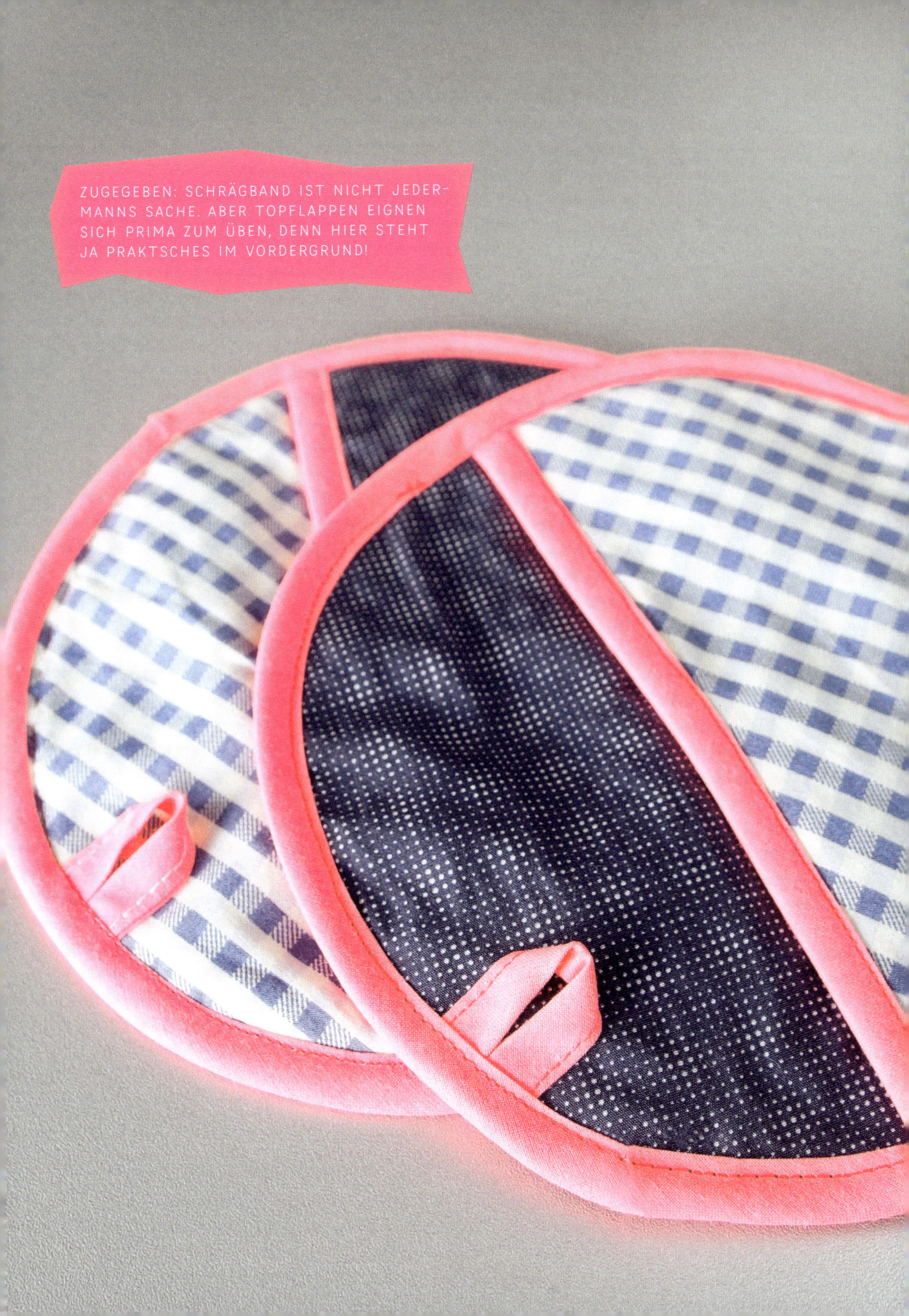

ZUGEGEBEN: SCHRÄGBAND IST NICHT JEDERMANNS SACHE. ABER TOPFLAPPEN EIGNEN SICH PRIMA ZUM ÜBEN, DENN HIER STEHT JA PRAKTSCHES IM VORDERGRUND!

Blockprint

MATERIAL:
ALTES WEISSES BETTLAKEN, SCHERE, PAKETSCHNUR, HOLZKLOTZ, TEXTILFARBE, SCHAUMSTOFFROLLE, EVTL. NÄHMASCHINE, BÜGELEISEN

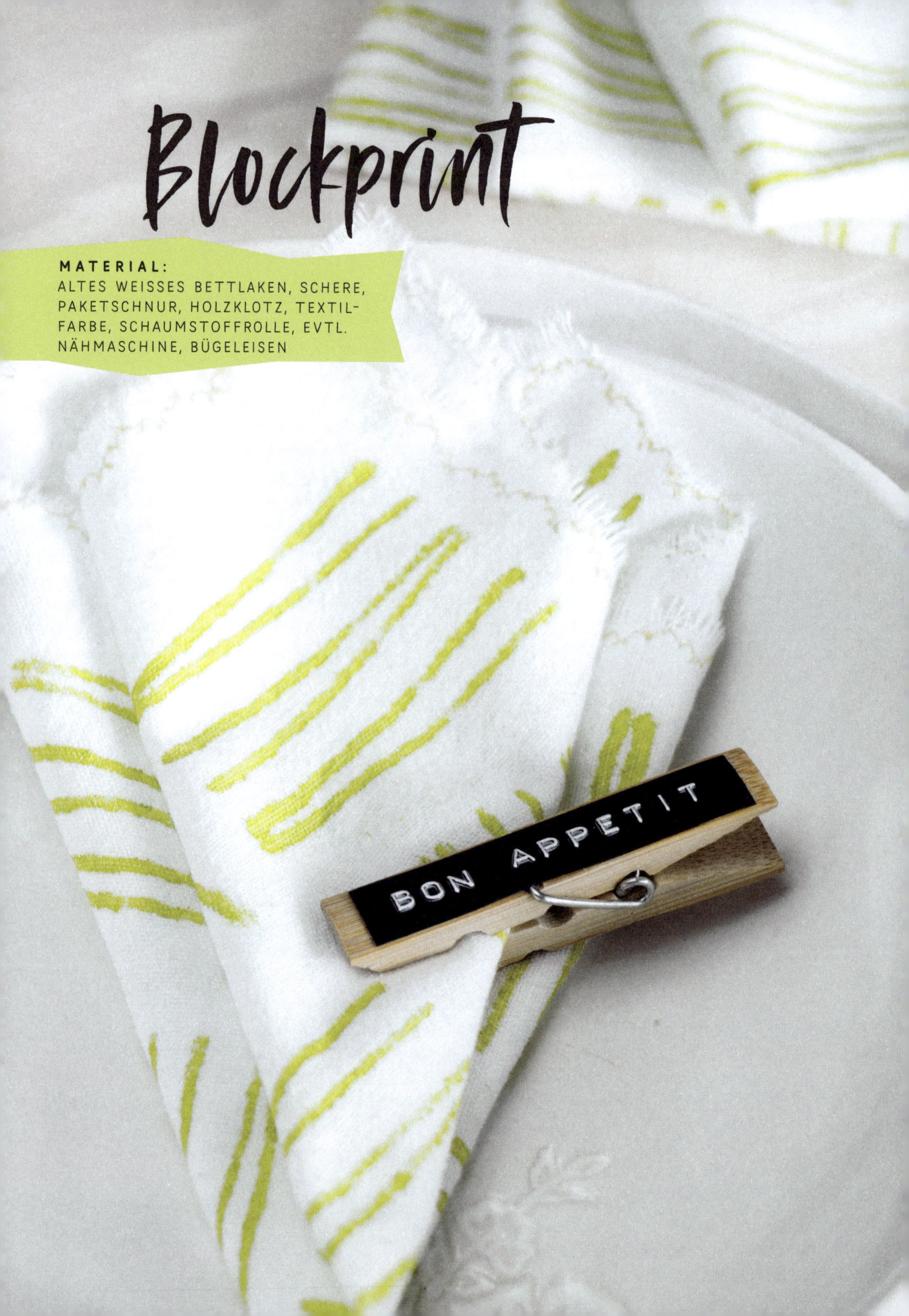

ETWAS BESSERES ALS EIN ALTES WEISSES BETTLAKEN KANN EINEM GAR NICHT PASSIEREN. DIE MÖGLICHKEITEN, DARAUS WIEDER ETWAS NEUES HERZUSTELLEN, SIND NAHEZU UNERSCHÖPFLICH. WIE WÄRE ES MIT EINEM ORDENTLICHEN STAPEL SELBST BEDRUCKTER STOFFSERVIETTEN?

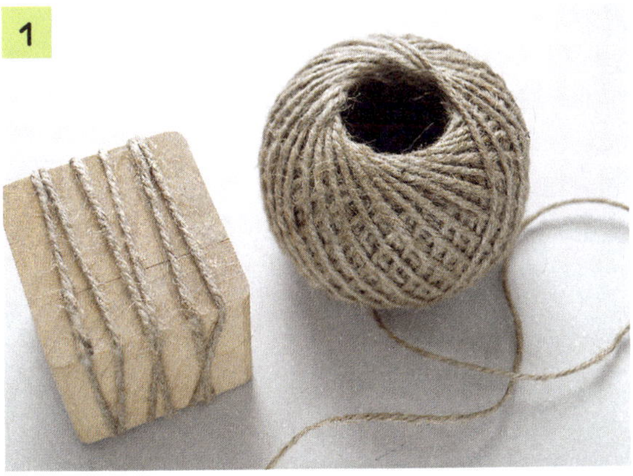

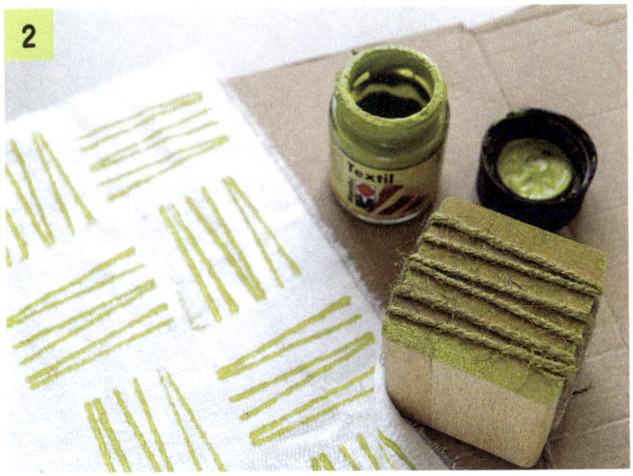

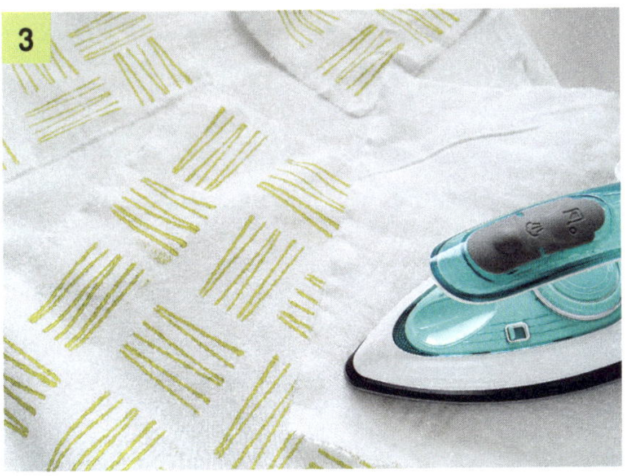

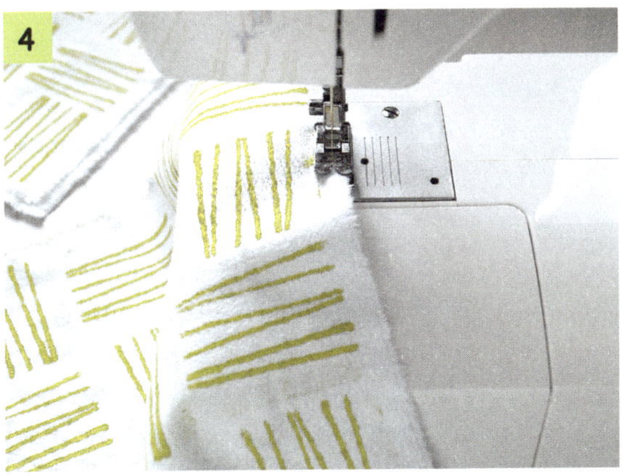

1. Die Stoffstücke zunächst auf die richtige Größe zuschneiden oder wie hier im Beispiel reißen. Dann kann man die Ränder ein wenig ausfransen.

Den Druckblock erstellt man ganz einfach aus einem Holzklotz und einem Stück Paketschnur. Die Schnur um den Klotz wickeln und anschließend gut verknoten.

2. Die Textilfarbe kann man mit einer Schaumstoffrolle auf die Paketschnur rollen. Und das Muster im Wechsel auf den glatten Stoff drücken.

Zur Sicherheit sollte man eine Unterlage verwenden, damit die aufgesaugte Farbe darunter nichts einfärbt.

3. Nachdem die Farbe trocken ist, den Stoff ca. drei Minuten heiß bügeln (Herstellerhinweis der Farbe beachten). So wird die Farbe fixiert.

4. Wer mag, kann die Servietten auch mit der Nähmaschine abnähen. Vielleicht mit einer hübschen Zierkante in der Farbe des Drucks.

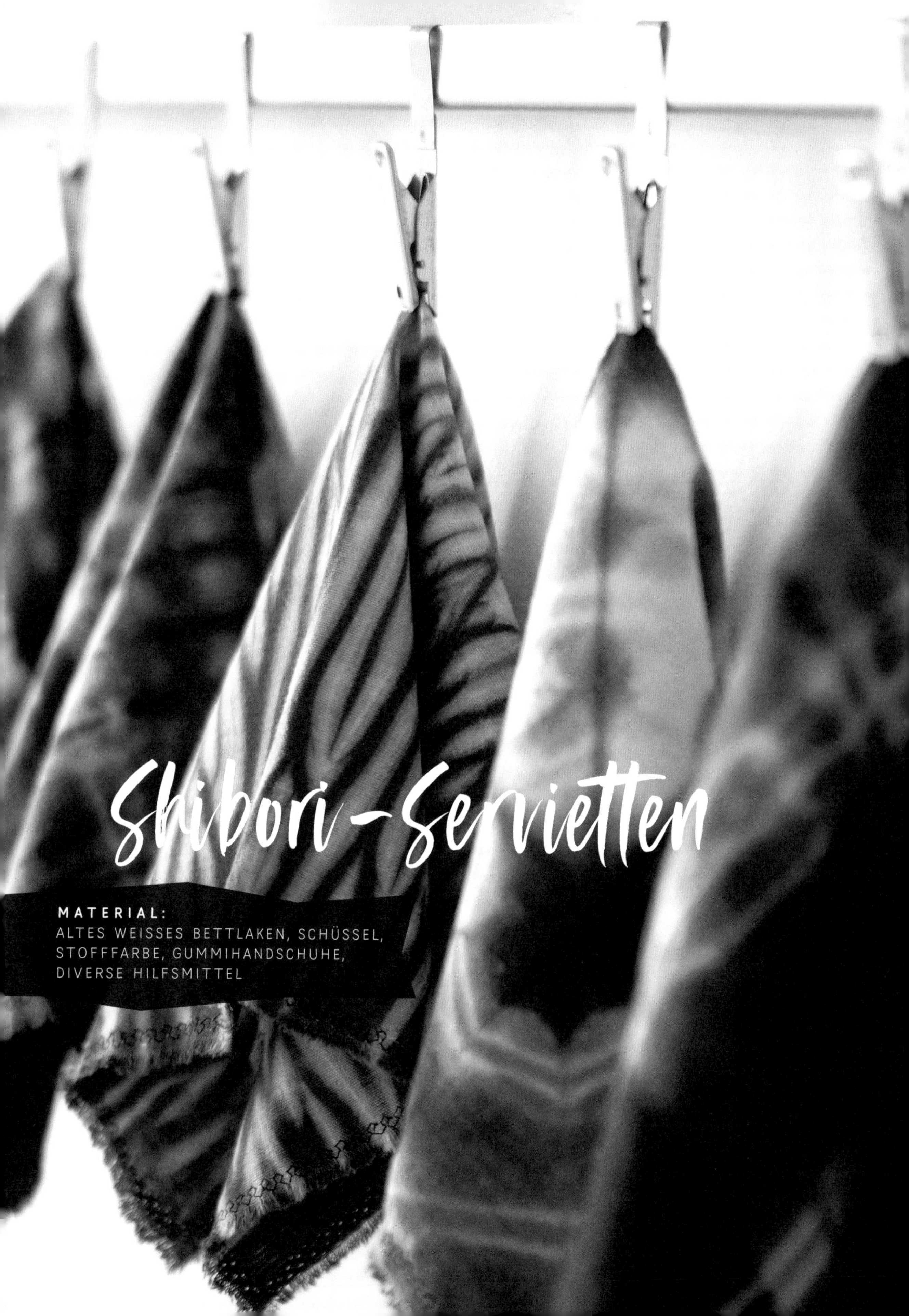

Shibori-Servietten

MATERIAL:
ALTES WEISSES BETTLAKEN, SCHÜSSEL, STOFFFARBE, GUMMIHANDSCHUHE, DIVERSE HILFSMITTEL

UND WEIL SO EIN BETTLAKEN JA SEHR GROSS IST UND MAN VIELE SERVIETTEN BENÖTIGT, GIBT ES NATÜRLICH AUCH NOCH DIE MÖGLICHKEIT, DEN STOFF AUF JAPANISCHE ART EINZUFÄRBEN. SHIBORI – HIER WIRD GEWICKELT UND GEKNOTET, GEKLEMMT UND GESCHOBEN.

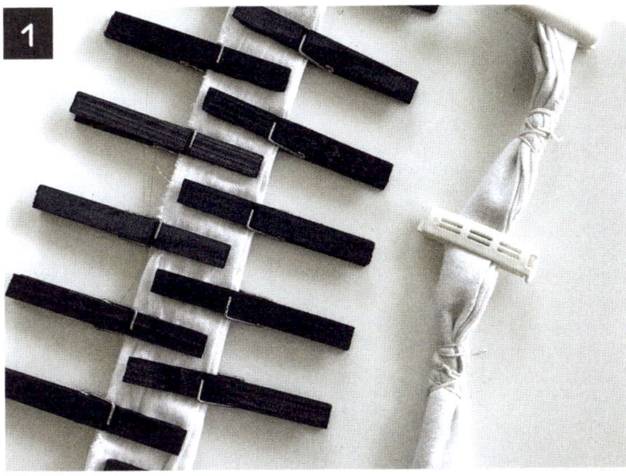

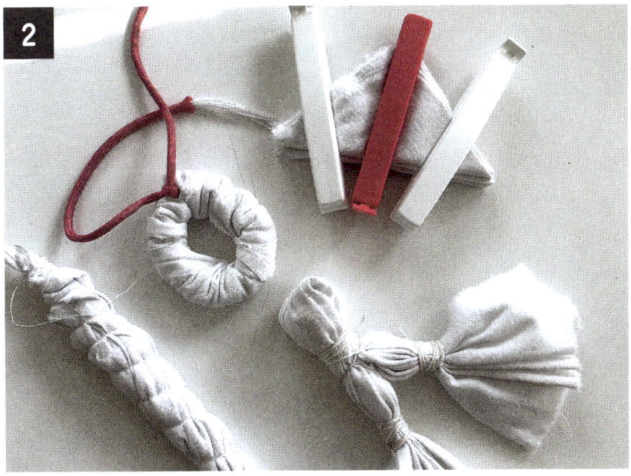

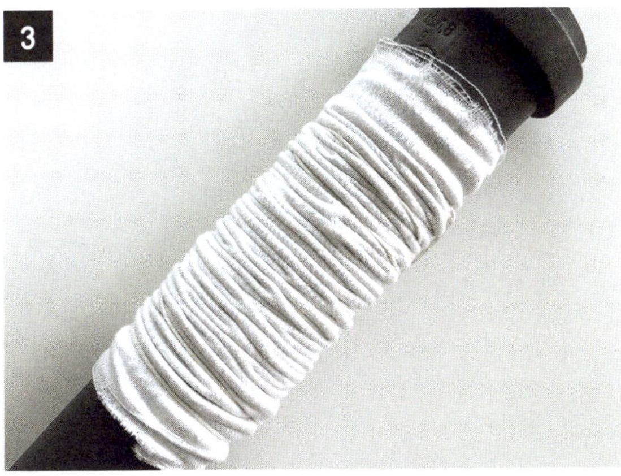

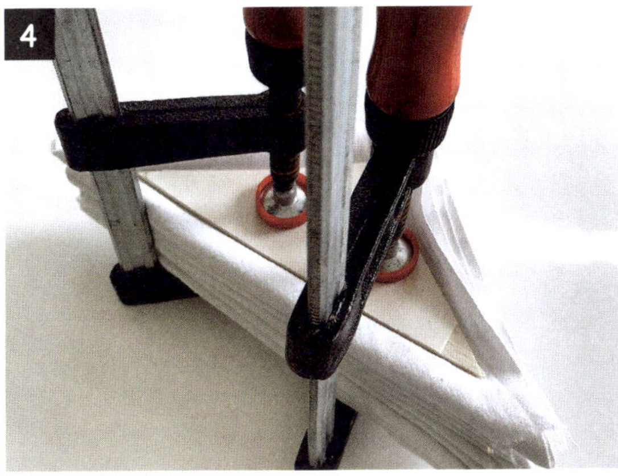

1. Für die verschiedensten Muster gibt es unzählige Varianten des Abbindens und Abklemmens. Eine Möglichkeit ist es, ein Stück Stoff wie einen Fächer zu falten und an beiden Seiten versetzt Wäscheklammern anzubringen. Oder den gefalteten Stoff mit Schnur abzubinden und dazwischen Plastikklemmen zu verwenden.

2. Man kann auch den Stoff auf eine dicke Schnur aufrollen. Anschließend schiebt man den Stoff zusammen und verknotet die Schnur zu einem Kreis. Oder den gefalteten Stoff über Eck falten, sodass ein kleines Dreieck übrigbleibt, das dann mit großen Plastikklemmen zusammengehalten wird.

3. Ein weiteres, ganz tolles Muster entsteht, wenn man den Stoff auf einer Plastikrolle (oder einem dicken Holzstab) aufrollt, das Ganze mit Garn umwickelt und anschließend zusammenschiebt.

4. Ein größeres Stück Stoff kann man auch wieder fächerartig falten, zu einem Dreieck zusammenlegen, dann oben und unten Holzdreiecke auflegen und mit Schraubzwingen richtig festdrücken.

Fortsetzung auf der nächsten Seite.

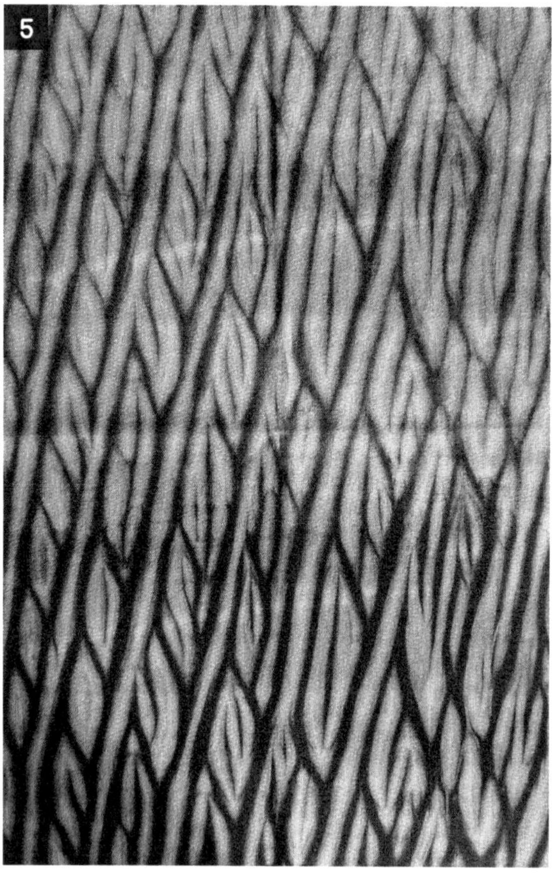

5. So sieht das Muster später aus, wenn man den Stoff auf ein Plastikrohr oder einen dicken Holzstab wickelt und zusammenschiebt.

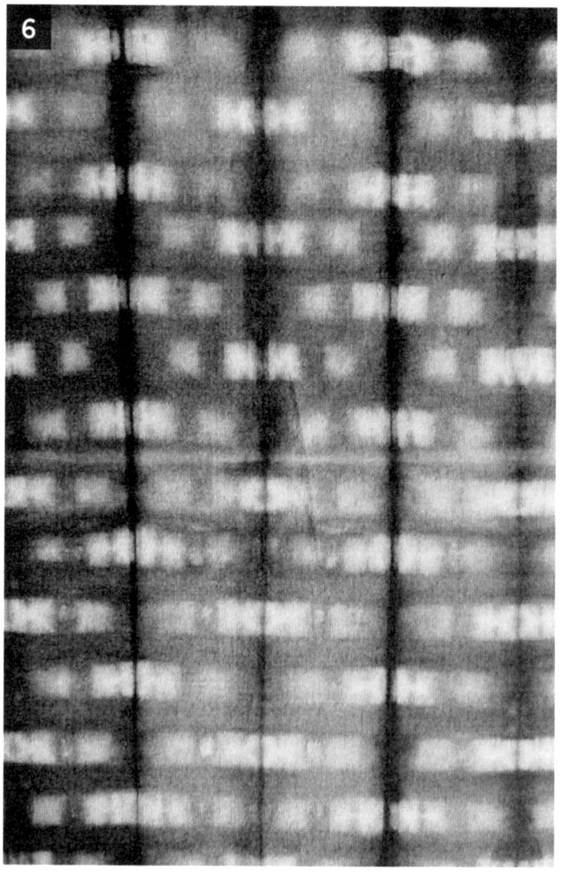

6. Und so sieht der Stoff aus, wenn man ihn abwechselnd faltet und mit Wäscheklammern abklemmt.

Nach dem Abbinden, Verknoten oder Wickeln kommen die Stoffstücke ins Färbebad. Hier reicht eine handelsübliche Batik- und Färbefarbe. (Genaue Angaben der Packung entnehmen.) Danach gut auswaschen, bis das Wasser klar ist. Ein Bad in einem Fixiermittel verbessert die Waschbeständigkeit.

Egal, wie man wickelt, bindet oder presst, das Ergebnis ist immer wieder eine Überraschung.

Anschließend zum Trocknen aufhängen und später bügeln.

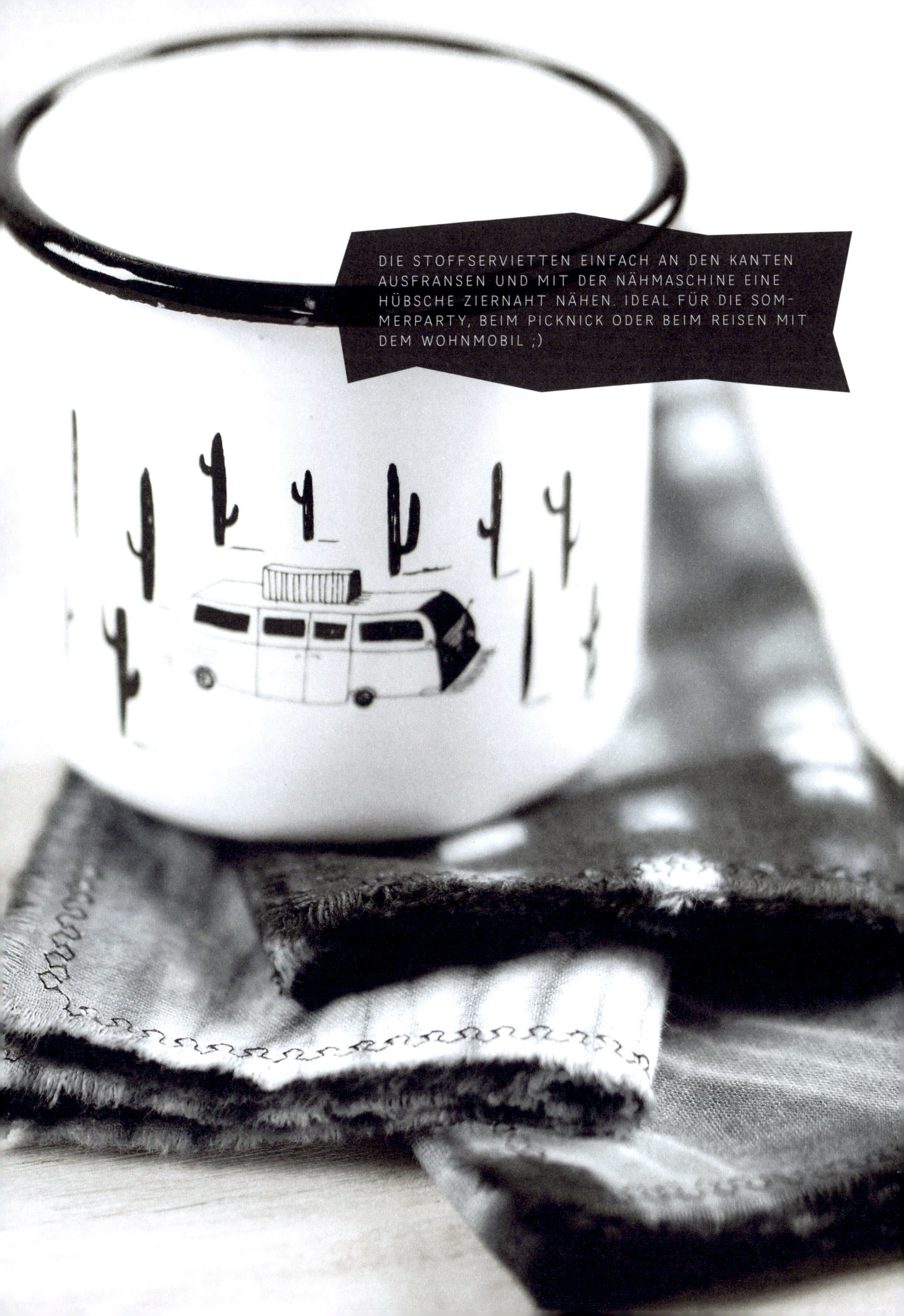

DIE STOFFSERVIETTEN EINFACH AN DEN KANTEN AUSFRANSEN UND MIT DER NÄHMASCHINE EINE HÜBSCHE ZIERNAHT NÄHEN. IDEAL FÜR DIE SOMMERPARTY, BEIM PICKNICK ODER BEIM REISEN MIT DEM WOHNMOBIL ;)

Grüner shoppen

MATERIAL:
ALTES WEISSES BETTLAKEN, SCHERE, ZIRKEL, LINEAL, BLEISTIFT, NADEL UND GARN, SCHÜSSEL, STOFFFARBE, WASSER, GUMMIHANDSCHUHE, NAHTAUFTRENNER, NÄHMASCHINE, BÜGELEISEN

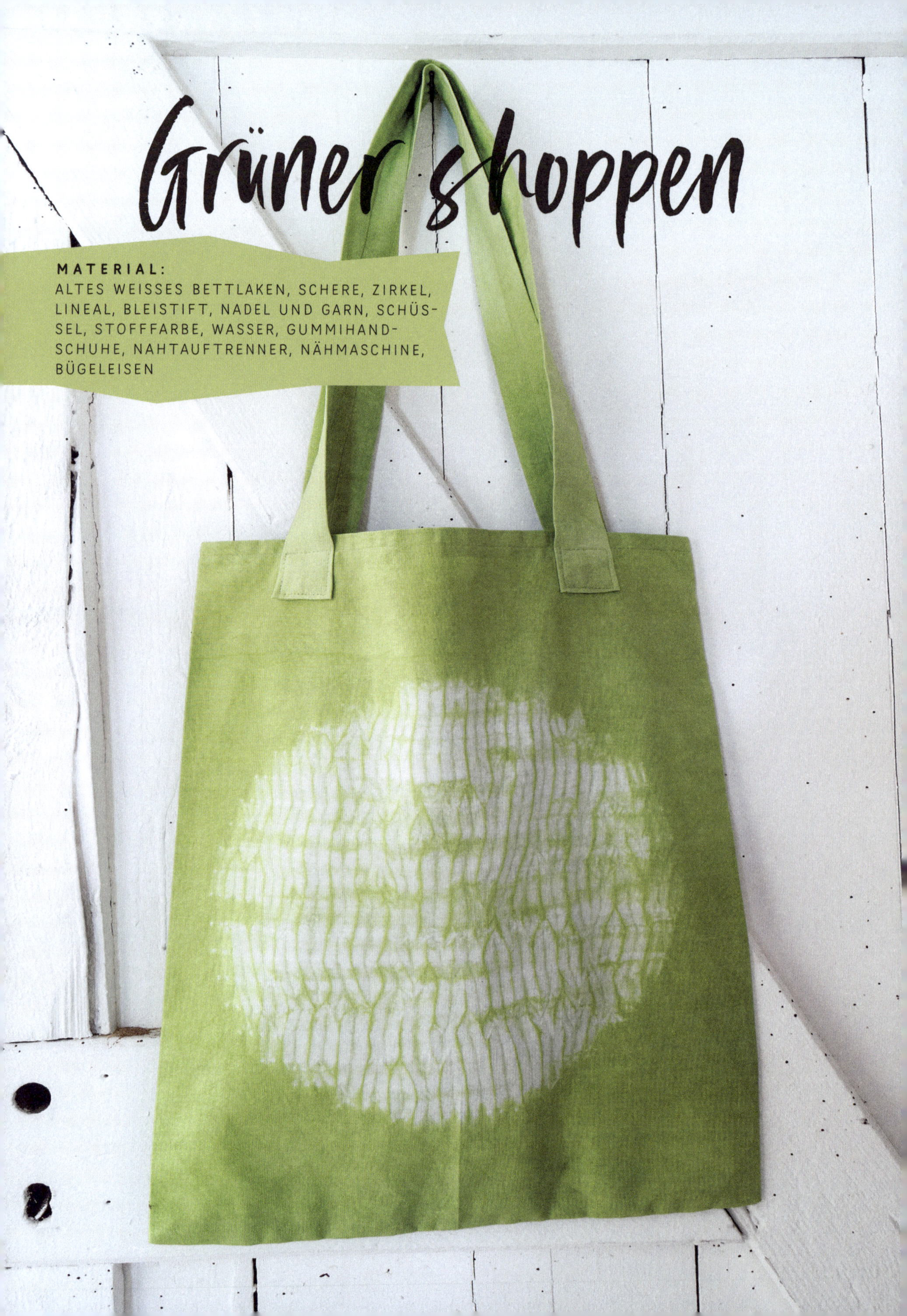

BLEIBEN WIR NOCH KURZ BEIM BETTLAKEN UND BEI DER JAPANISCHEN ART DER STOFFFÄRBETECHNIK. EINE WEITERE MÖGLICHKEIT, EIN TOLLES MUSTER ZU ERSTELLEN, IST DAS ABNÄHEN. ES ERFORDERT ETWAS MEHR ZEIT, ABER DAS ERGEBNIS IST AUF JEDEN FALL EINMALIG.

1
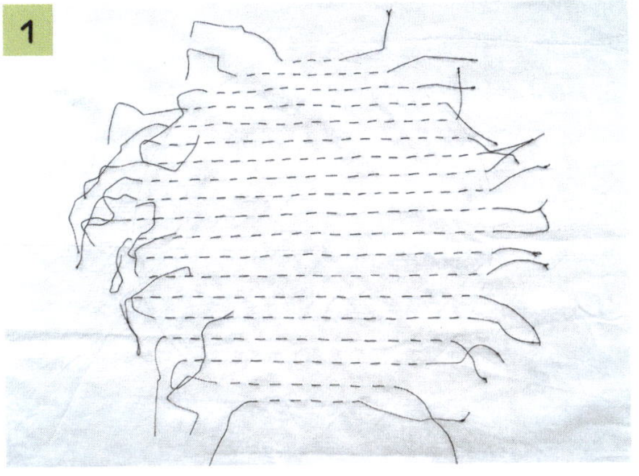

2
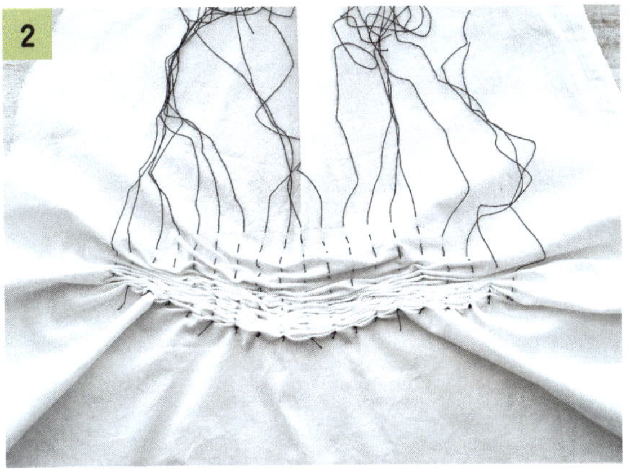

3
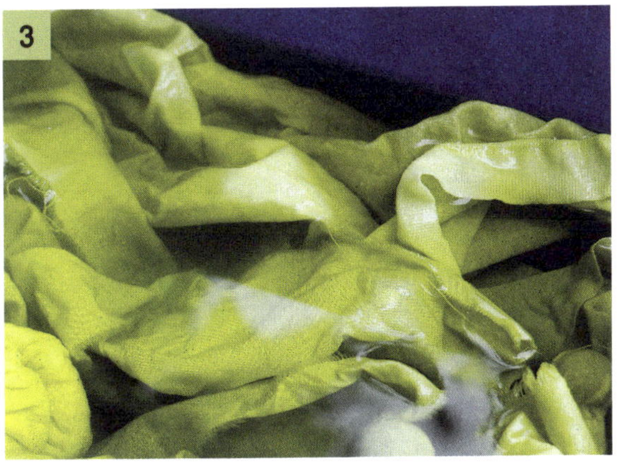

4
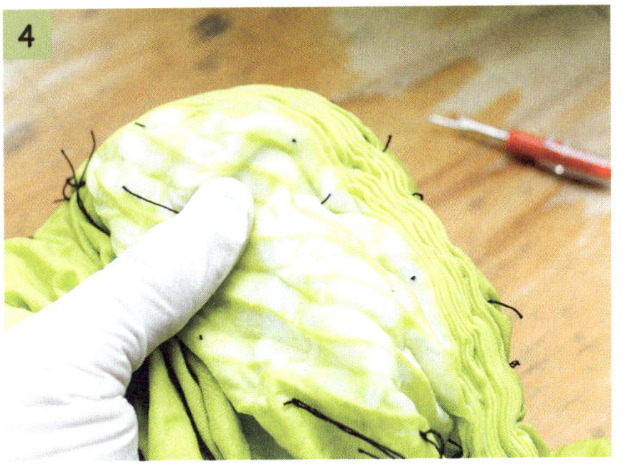

1. Die Größe der Tasche kann man individuell bestimmen. Diese hier ist 34 cm x 45 cm. Für das Muster auf der Vorderseite sollte man zuvor zumindest diesen Teil bereits in der passenden Größe zurechtschneiden.

Auf den Stoff zeichnet man dann mit einem Zirkel den Kreis in der gewünschten Größe. Mit Lineal und Bleistift zieht man sich in gleichmäßigen Abständen die Nahtlinien. Dann näht man einen Faden (am besten Sternchenzwirn) in jede Reihe. Den Anfang mit einem dicken Knoten versehen. Das Ende etwas länger lassen.

2. Sind alle Linien nachgenäht, zieht man die Fäden nach und nach an. Gut festziehen und immer 2 Fäden miteinander verknoten.

3. Dann kommt der gesamte Stoff für die Tasche ins Färbebad. (Genaue Angaben der Packung entnehmen.) Danach gut auswaschen, bis das Wasser klar ist.

4. Nun beginnt der etwas mühselige Teil. Am besten Gummihandschuhe tragen, da der Stoff immer noch abfärben kann. Mit einem Nahtauftrenner löst man nun die Nähte wieder auf und zieht sie heraus. Anschließend noch mal auswaschen und dann den Stoff in ein Fixierbad geben, damit die Farbe länger hält. Den Stoff trocknen und aufbügeln.

Fortsetzung auf der nächsten Seite.

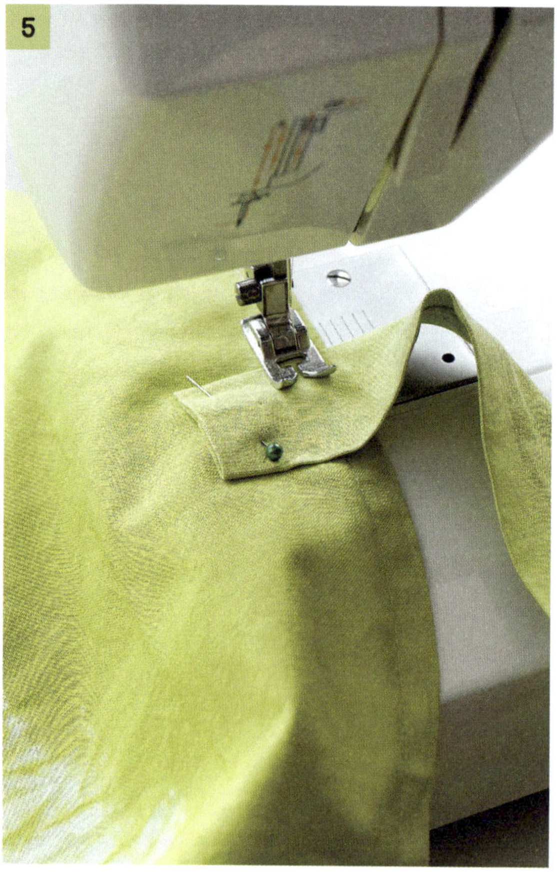

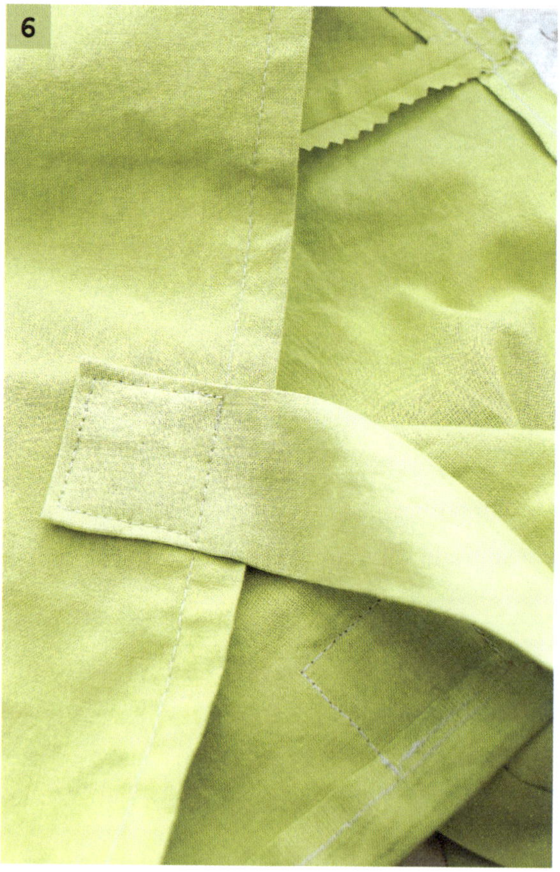

5. Die Länge der Bänder kann man ebenfalls individuell wählen. Diese Tasche hat Bänder, die jeweils 76 cm lang sind.

Den Stoff also wie gewünscht zu einem Beutel zusammennähen. Aus langen Stoffstreifen die Henkel der Tasche anfertigen. Diese dann an die Tasche nähen.

6. Wer keine Stoffhenkel möchte, kann zum Beispiel auch Ösen an der Tasche anbringen und eine dicke Kordel hindurchziehen.

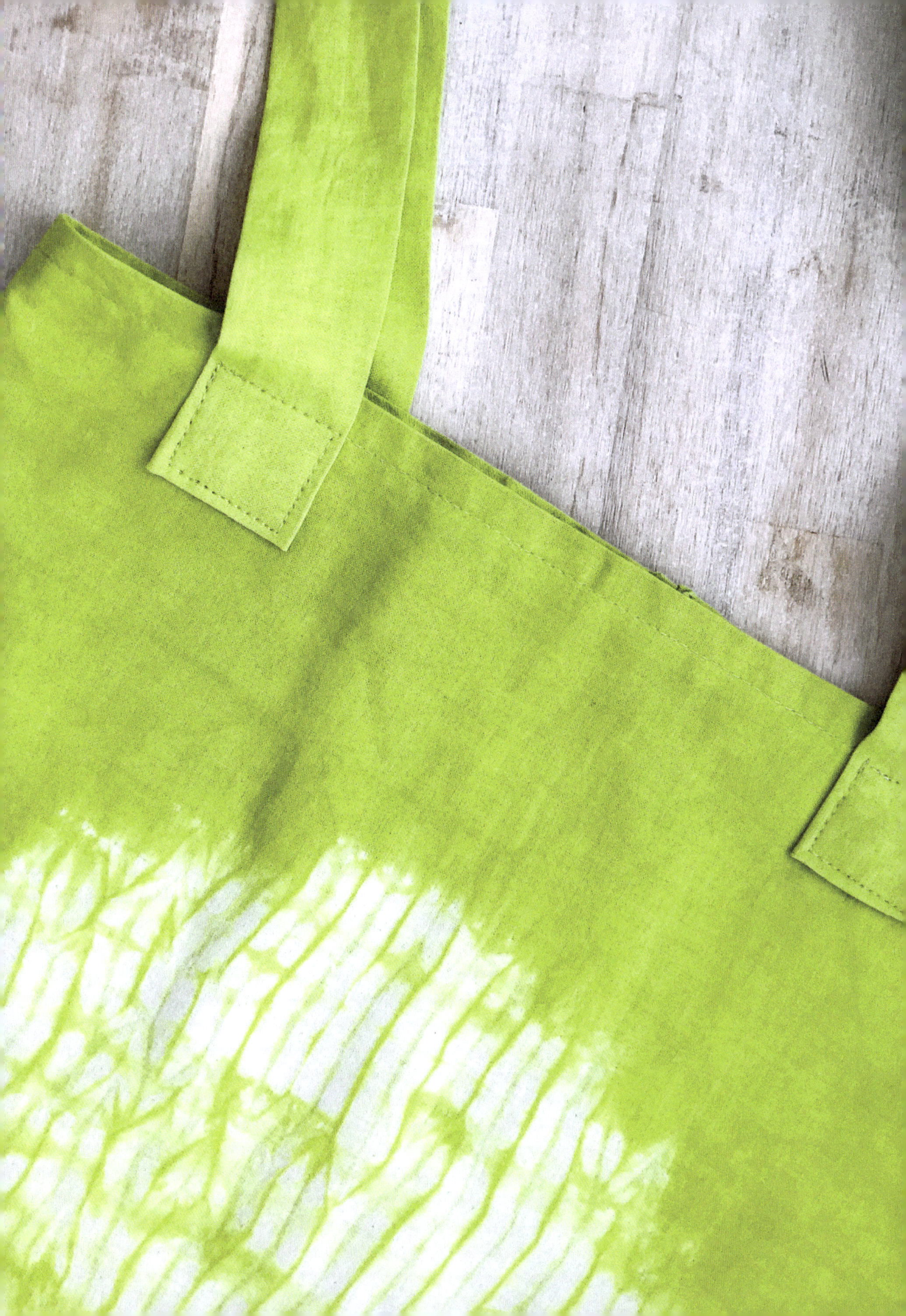

Sashiko Undercover

MATERIAL:
ALTE JEANSHOSE, VLIESSTOFF, SCHERE, STIFT, ZIRKEL, NADEL, BAUMWOLLGARN, CLIPS, NÄHMASCHINE, NAHTAUFTRENNER, KLEINE DRAHTBÜRSTE

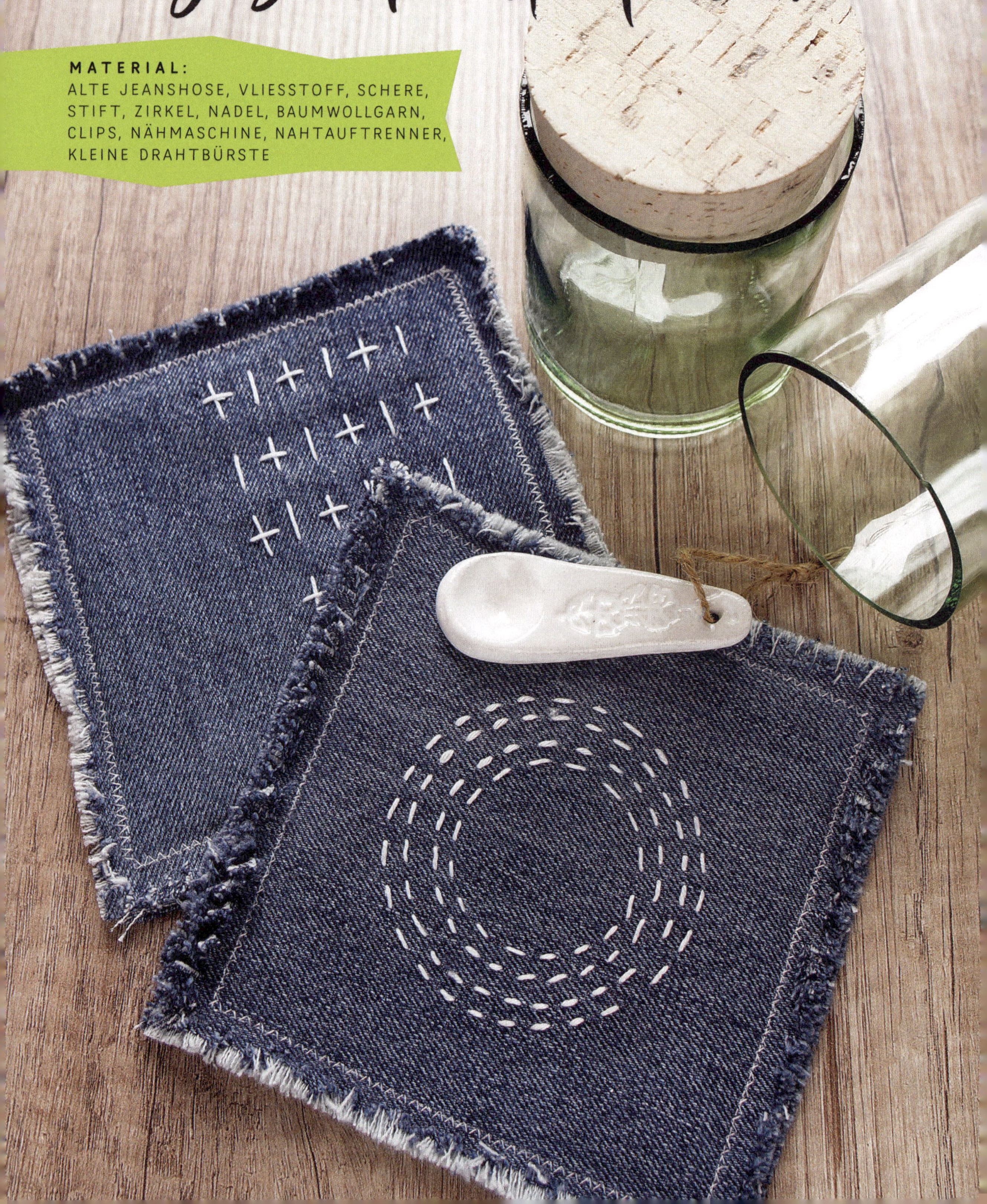

SASHIKO IST URSPRÜNGLICH EINE JAPANISCHE REPARATURTECHNIK, UM KLEIDUNG AUSZUBESSERN. DURCH DIE STICHE KÖNNEN ABER AUCH SCHÖNE MUSTER ENTSTEHEN. ES IST DAHER EINE TOLLE TEXTILE VERZIERTECHNIK. TRADITIONELL VERWENDET MAN WEISSEN ODER BLAUEN FADEN – PERFEKT FÜR EINE KLEINE ARBEIT MIT ALTEN JEANSSTOFFEN.

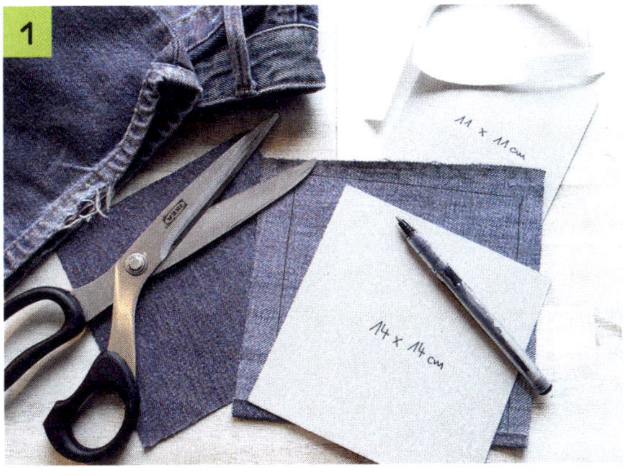

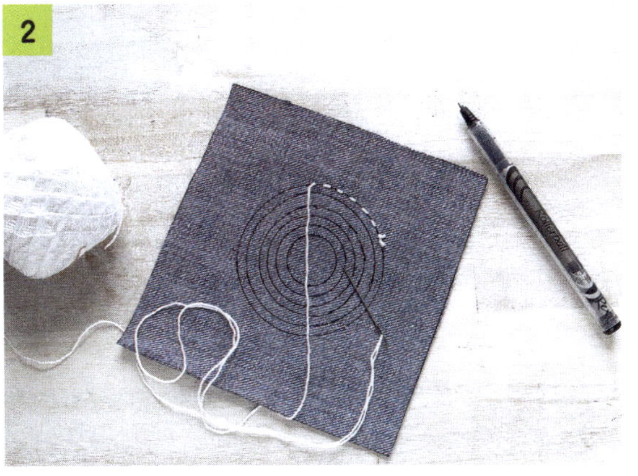

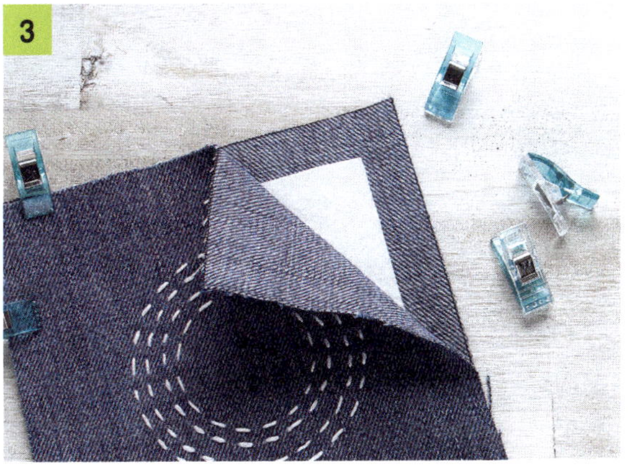

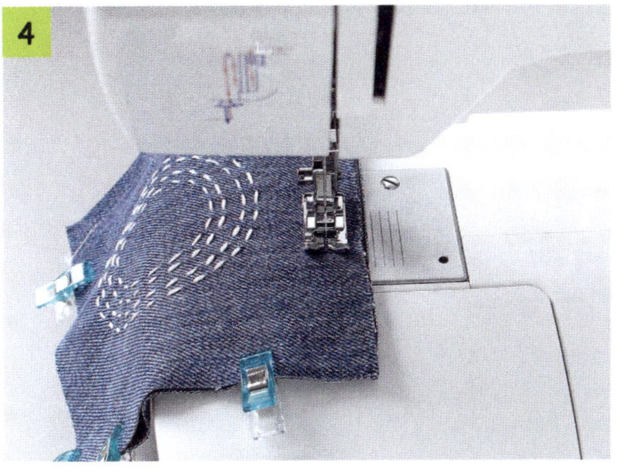

1. Mit vorgefertigten Pappschablonen (14 cm x 14 cm und 11 cm x 11 cm) kann man sich eine entsprechende Menge Stoffe schnell zuschneiden: pro Untersetzer je 2 Jeansquadrate und 1 Vliesquadrat.

2. Mithilfe eines Zirkels oder passender Kreisvorlagen (Deckel, Gläser, Stopfen etc.) zeichnet man sich nun mit einem Filzstift Kreise auf die Rückseite des Jeansstoffes. (Wer einen Trickmarker hat, kann dies auch auf der Vorderseite tun, denn die Linien verschwinden dann nach ein paar Tagen von selbst.)

Mit weißem Baumwollgarn nun in kleinen Stichen die Kreise nachnähen. Am Anfang einen Knoten machen, das Ende durch ein paar Stiche durchziehen und so vernähen.

3. Mit Clips nun 3 Stofflagen zusammenlegen. Der Vliesstoff liegt in der Mitte. Die rechten Seiten des Jeansstoffes liegen jeweils außen.

4. Anschließend mit der Nähmaschine zusammennähen. Dabei einen ca. 1,5 cm breiten Rand lassen. Entweder mit einem Gradstich oder Zickzack. Auch Ziernähte können sehr hübsch aussehen.

Fortsetzung auf der nächsten Seite.

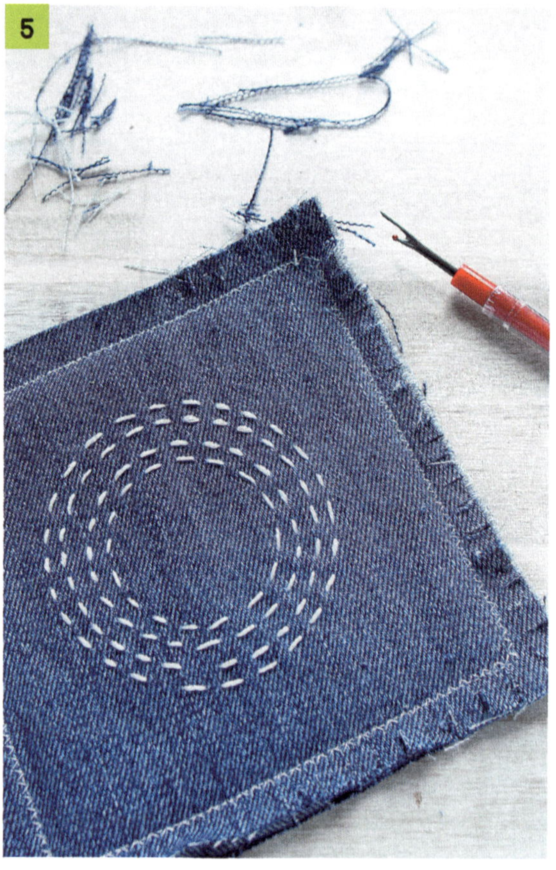

5. Mit einem Nahtauftrenner nun den Rand des Untersetzers bearbeiten. Dazu den Stoff von der Naht nach außen hin in ca. 5-mm-Abständen einschneiden. Anschließend mit dem Auftrenner den Stoff weiter ausfransen. Einzelne Fäden herauszupfen.

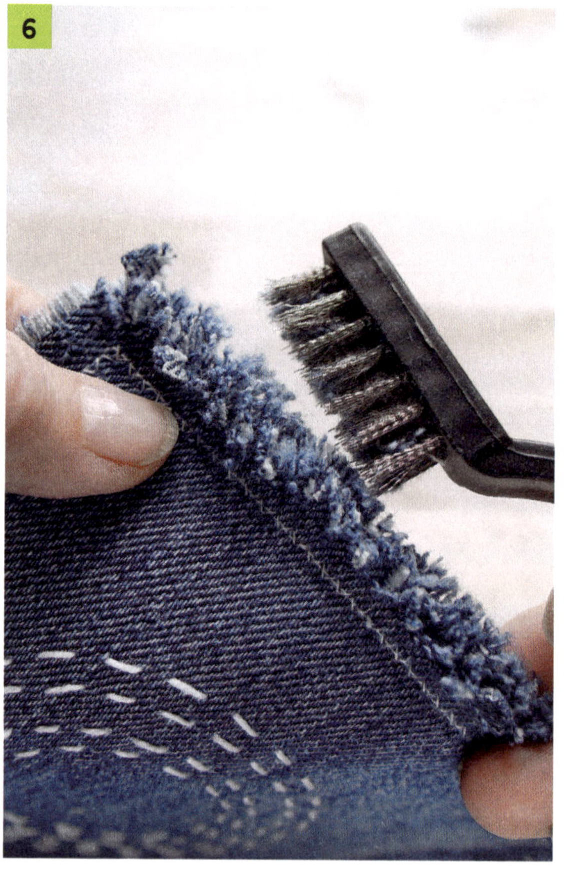

6. Am Ende mit einer kleinen Drahtbürste vorsichtig über den Rand bürsten, damit er schön flauschig wird.

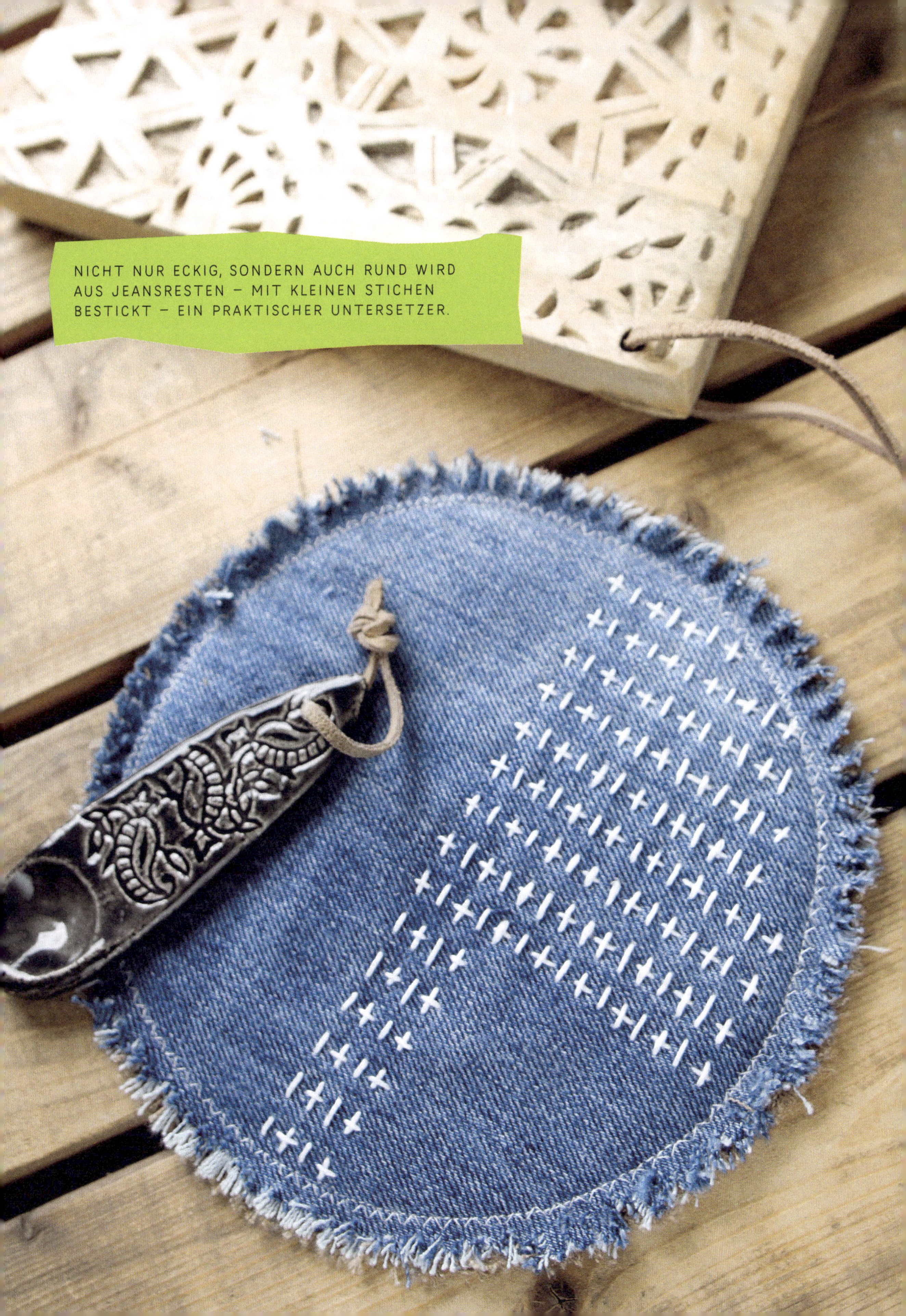

NICHT NUR ECKIG, SONDERN AUCH RUND WIRD AUS JEANSRESTEN – MIT KLEINEN STICHEN BESTICKT – EIN PRAKTISCHER UNTERSETZER.

Blattwerk

MATERIAL:
JEANSHOSE, SCHERE, PAPPE, STEMPEL, STOFFFARBE, GUMMIROLLE, CLIPS, STIFT, NÄHMASCHINE, ZICKZACKSCHERE, BÜGELEISEN

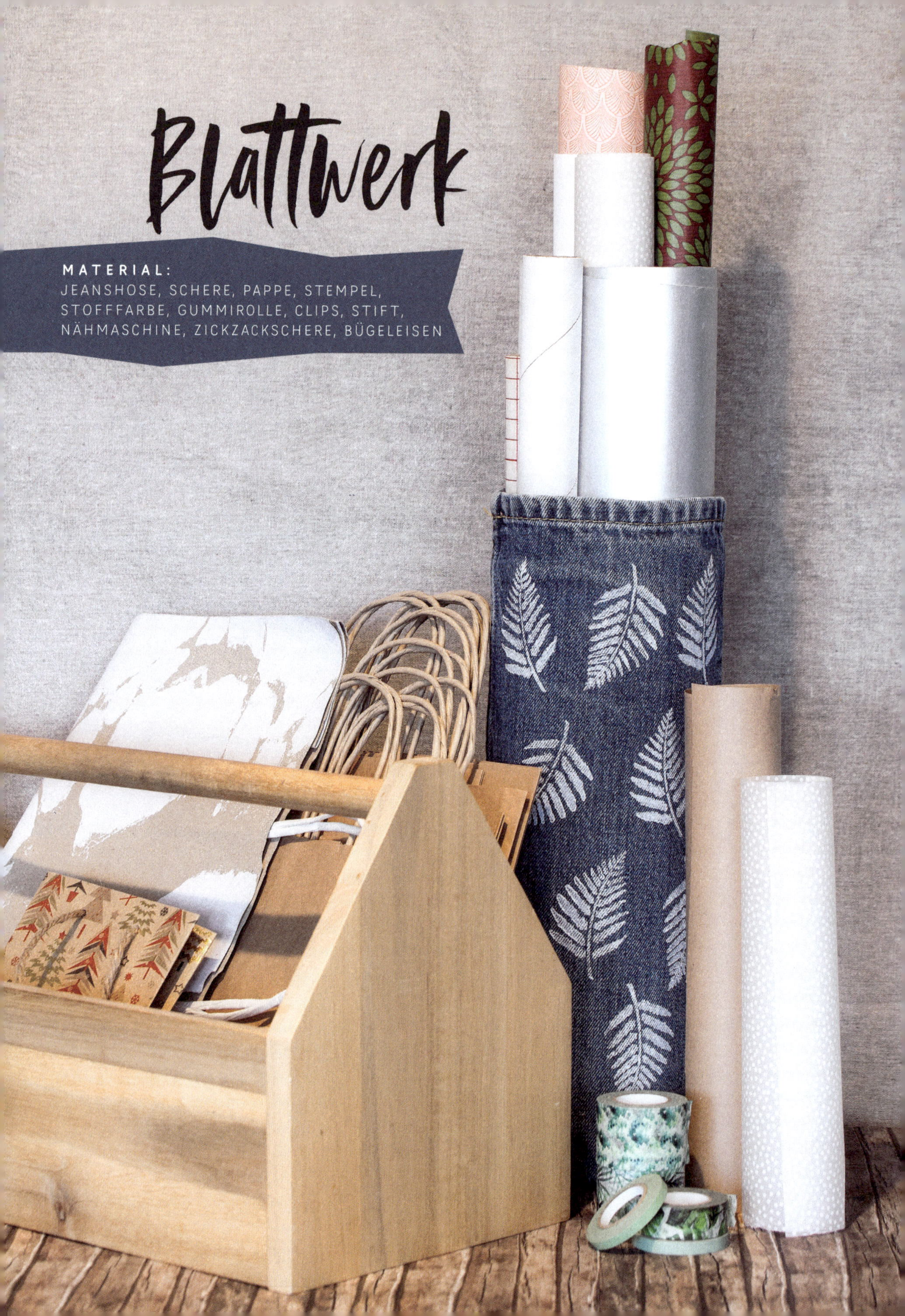

AUS PAPIER EINE TÜTE BASTELN, DAS KENNT JEDER. GENAUSO LÄSST SICH AUCH AUS STOFF EIN BEUTEL FABRIZIEREN. EINEN STOFFBEUTEL MIT BODEN NÄHEN IST NICHT SCHWER UND AUF JEDEN FALL EINE PRAKTISCHE SACHE. SO WIRD AUS EINEM HOSENBEIN EBEN GANZ SCHNELL EIN AUFBEWAHRUNGSBEHÄLTER.

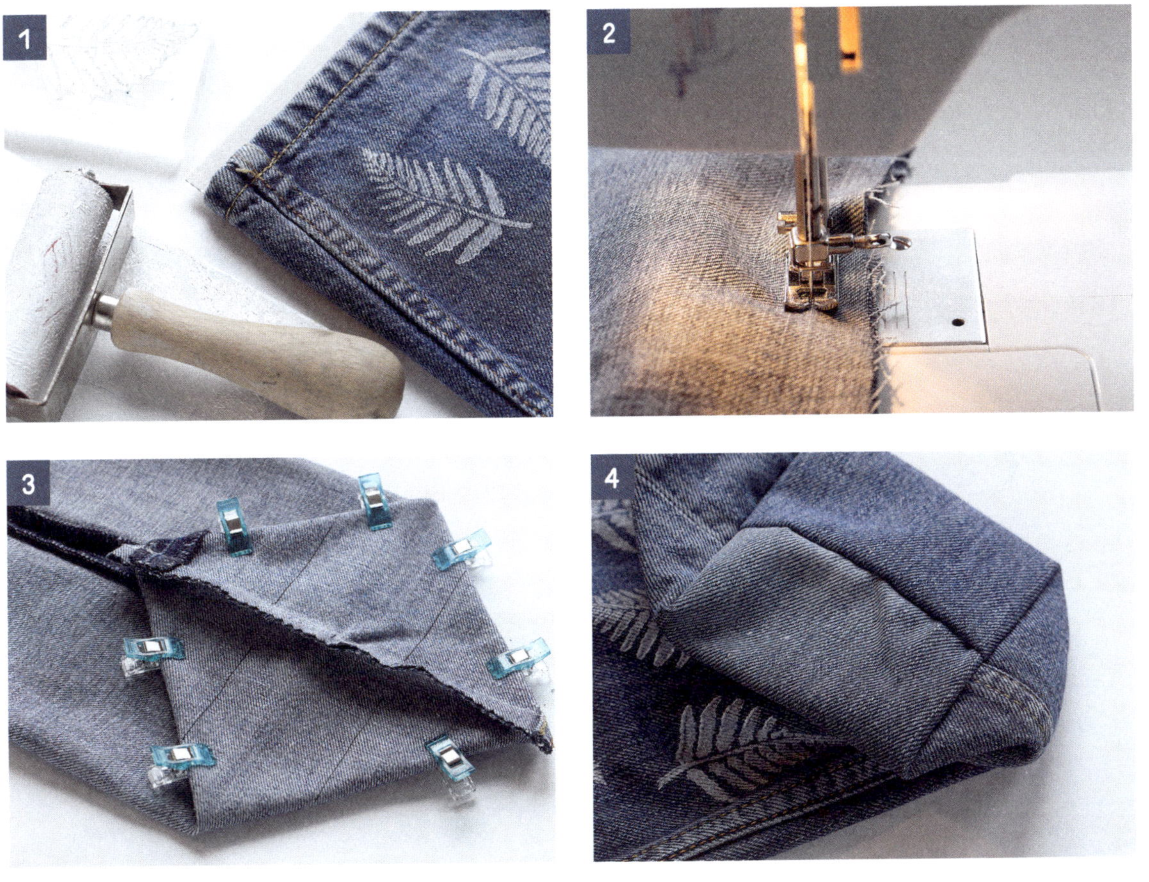

1. Ein Hosenbein einer Jeans oder dicken Baumwollhose in der gewünschten Länge abschneiden. Dabei ist zu beachten, dass der Beutel durch das Nähen des Bodens noch ein wenig kürzer wird. Nun wird der Stoff mit einem Stempel bedruckt. Dazu die Stofffarbe mit der Gummirolle auf den Stempel auftragen. Vorher ein Stück Pappe in das Hosenbein schieben, damit sich keine Farbe durchdrückt. Textilfarbe verwenden, die man fixieren kann. So ist der Beutel später auch waschbar.

2. Nach dem Trocknen der Farbe das Hosenbein wenden und den Stoff so legen, dass sich die Hosennähte jeweils seitlich befinden. Das untere offene Ende der Röhre mit der Nähmaschine zunähen.

3. Nun die Seitennähte in die Mitte legen und den Stoff wie in Abb. 3 zusammenlegen. Mit Clips fixieren. Die gewünschte Naht kann man sich noch mit einem Stift zuvor aufzeichnen. Dann beide Nähte mit der Nähmaschine im Gradstich abnähen. Die abgenähten Ecken mit der Zickzackschere abschneiden.

4. Anschließend das Hosenbein wenden und kurz aufbügeln. Zur Stabilisierung kann man für den Boden noch einen festen Karton zuschneiden, den man hineinlegt.

Seife to go!

MATERIAL:
ALTES FROTTIERHANDTUCH, STOFFREST, ROLLENSCHNEIDER, CLIPS, NÄHMASCHINE, DRUCKKNÖPFE, DRUCKKNOPFZANGE, SCHERE

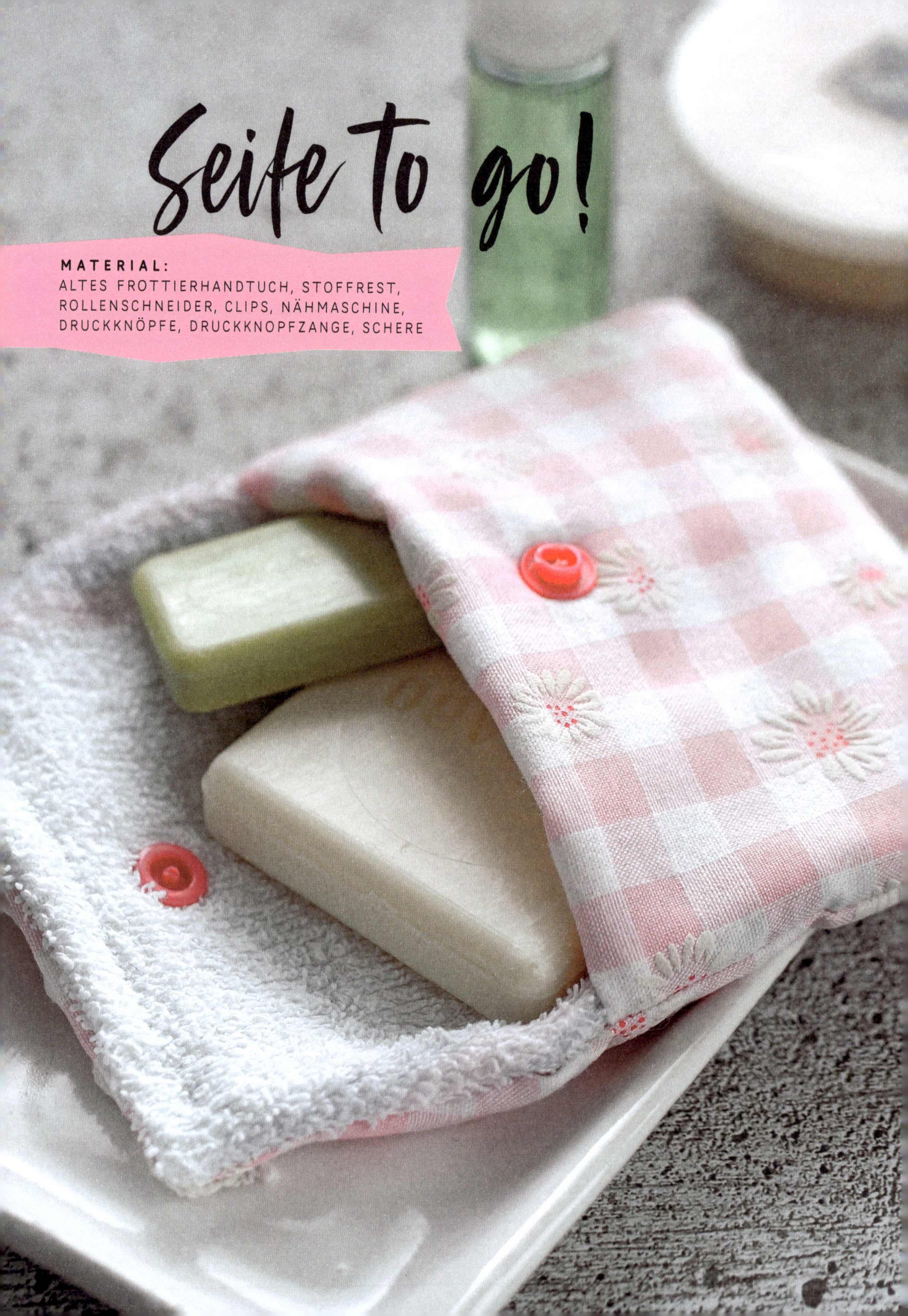

PLASTIKDOSEN FÜR DAS STÜCK SEIFE AUF REISEN SIND OUT! WER NACHHALTIG UNTERWEGS SEIN MÖCHTE, NÄHT SICH DIESES KLEINE SEIFENTÄSCHCHEN. DER FROTTEESTOFF VERTRÄGT AUCH MAL EIN NASSES STÜCK SEIFE UND ÜBERHAUPT KANN MAN DIE KLEINE TASCHE SCHNELL WIEDER AUSWASCHEN.

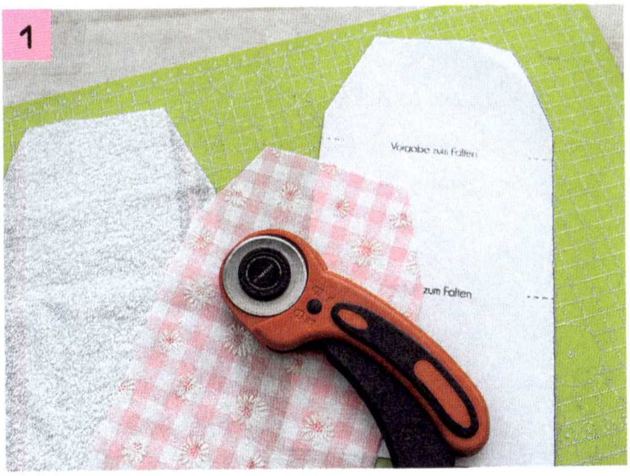

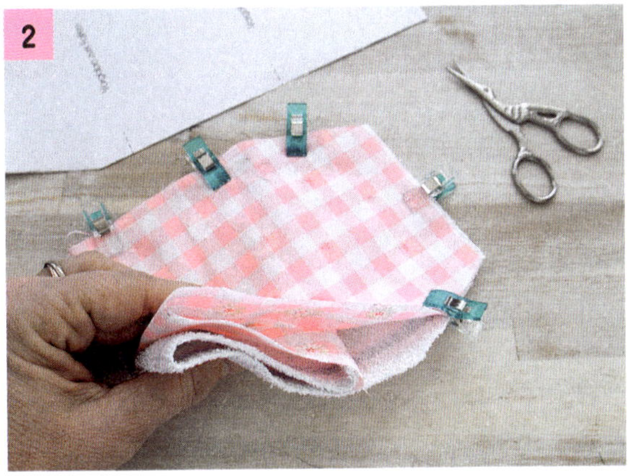

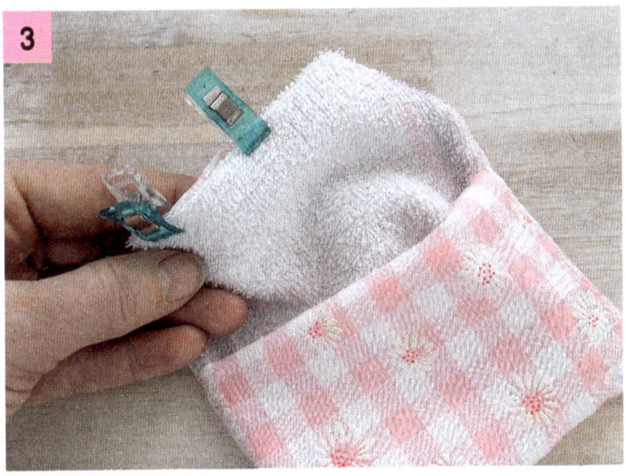

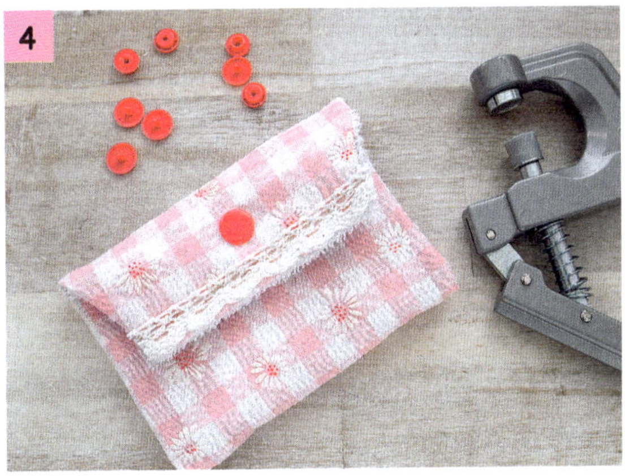

1. Zunächst die Vorlage von Seite 119 kopieren und ausschneiden. Die Form auf die beiden Stoffe übertragen und mit dem Rollenschneider ausschneiden. Die Faltmarkierungen ebenfalls übertragen. Anschließend die beiden Teile rechts auf rechts zusammenlegen und die untere schmale Seite zusammennähen.

2. Dann den Stoff an den Markierungen wie in Abb. 2 zusammenlegen. Die rechte Seite liegt auch hier innen. Das Ganze mit Clips festklemmen und die Seiten bis zur oberen Schräge rechts und links zusammennähen. Die kurze Seite oben zum Wenden offen lassen.

3. Durch diese Öffnung nun die kleine Tasche komplett wenden und die Ecken ausmodellieren. Die obere Kante nach innen schlagen und mit der Nähmaschine zunähen.

4. Zum Verschließen noch zwei passende Druckknöpfe anbringen.

Alternativ kann man z. B. auch Klettverschlüsse aufnähen. Wer das Ganze mit einem Knopf verschließen möchte, muss vor dem Zunähen der oberen Kante noch eine kleine Schlaufe einnähen.

T-Shirt-Tasche

MATERIAL:
ALTES BAUMWOLL-T-SHIRT, EVTL. EIN ZWEITES IN EINER ANDEREN FARBE, SCHERE, HÄKELNADEL, BÜGELBILD, BÜGELEISEN

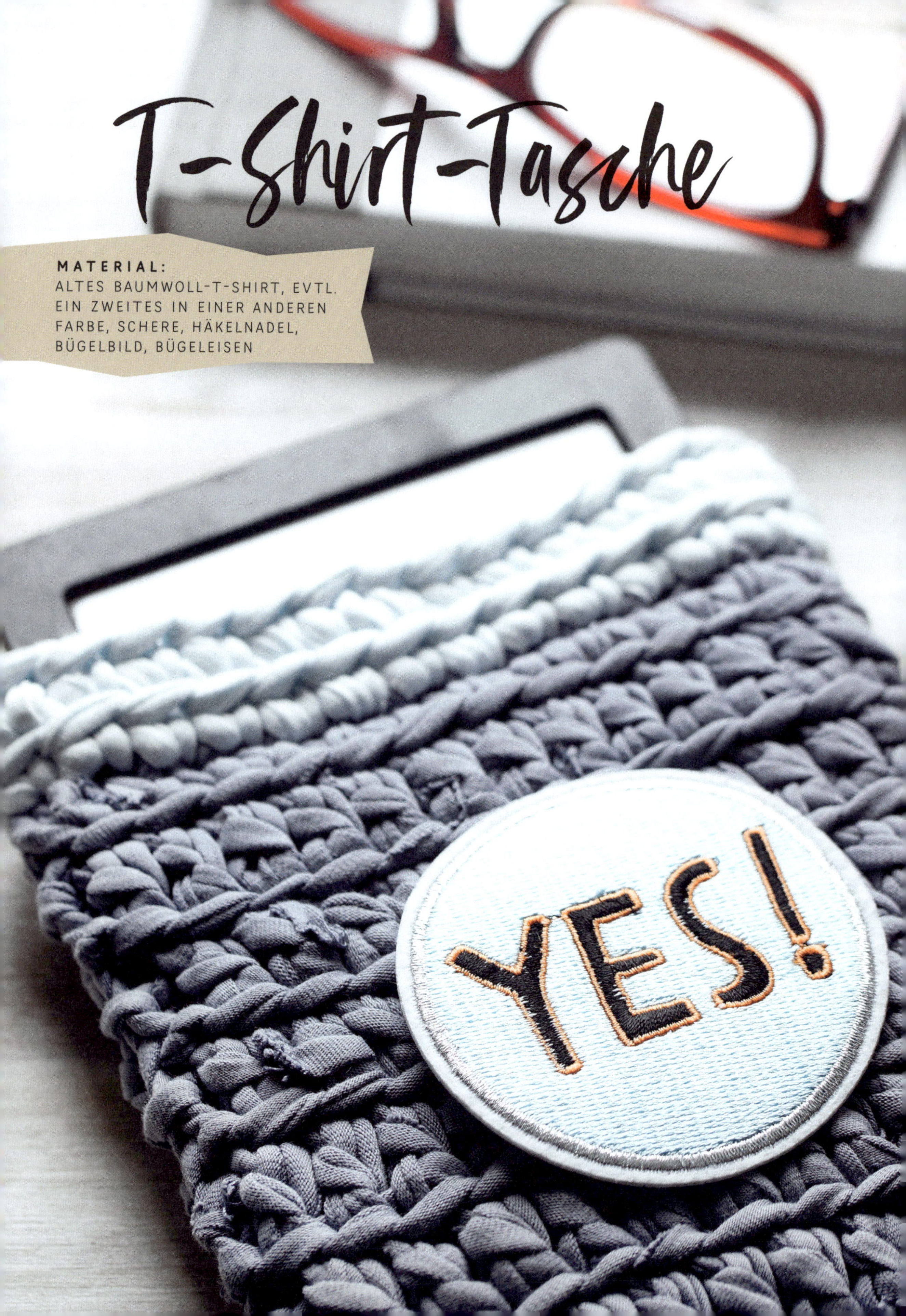

ZUGEGEBEN, ALTE BAUMWOLL-T-SHIRTS KANN MAN SUPER ALS PUTZTÜCHER VERWENDEN. ABER EIGENTLICH SIND SIE DOCH ZU SCHADE DAFÜR. IN STREIFEN GESCHNITTEN UND ZU KORDEL VERARBEITET, LÄSST SICH AUS EINEM T-SHIRT NOCH SO EINIGES MACHEN ...

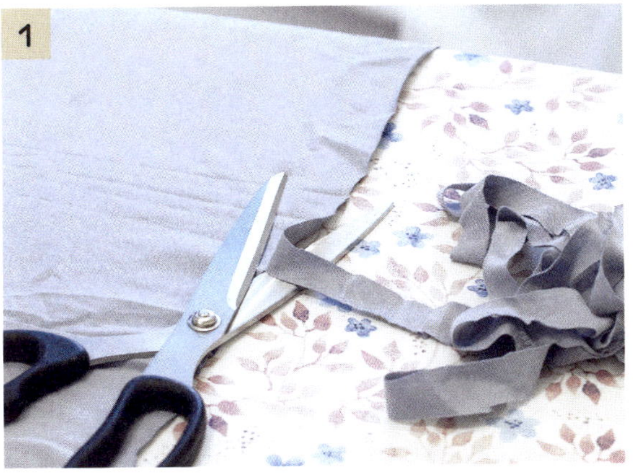

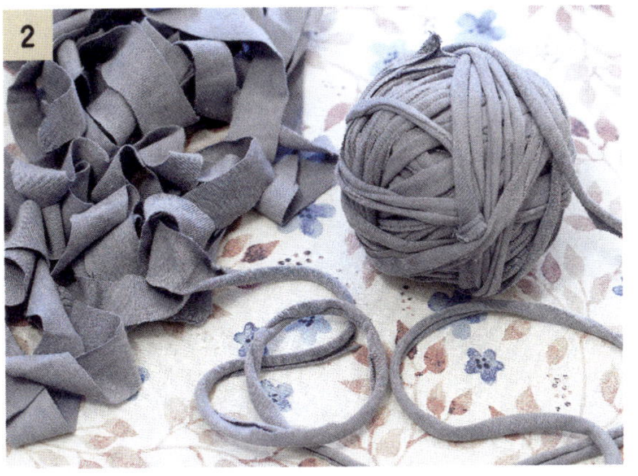

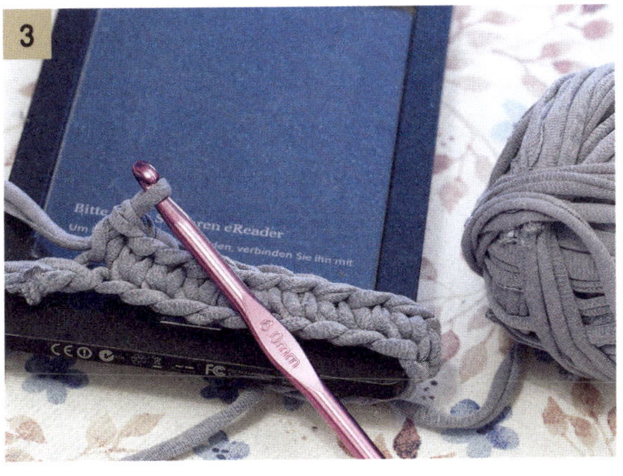

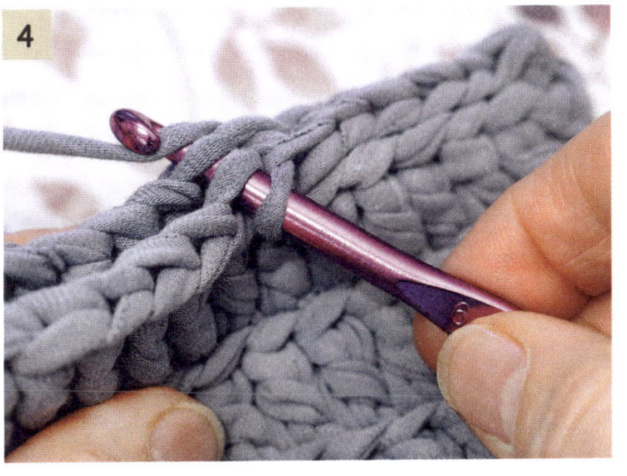

1. Von einem alten T-Shirt schneidet man zunächst den Bund am unteren Ende ab. Dann wird mit der Schere das Shirt spiralförmig zu einem Streifen geschnitten. Am besten funktioniert das, wenn man das Shirt über ein Bügelbrett schiebt und dann einfach im Kreis schneidet. Der Streifen sollte ungefähr 1 bis 1,5 cm breit sein. Schneiden, bis man unter den Ärmeln angelangt ist.

2. Nun das Band mit den Händen dehnen. Immer ein Stück auseinanderziehen und anschließend zu einem Knäuel aufwickeln.

3. Mit einer dicken Häkelnadel (Stärke ist abhängig vom Garn, hier ist es die Stärke Nr. 6) so viele Luftmaschen häkeln, dass sie einmal rund um das entsprechende Projekt passen. Den Kreis schließen und eine Reihe feste Maschen häkeln. Anschließend kann man Stäbchen häkeln, dabei immer in die hintere Masche stechen, das ergibt auf der Vorderseite ein schöneres Muster.

4 So viele Reihen häkeln, bis das Projekt vollständig in die Hülle passt. Zum Schluss beide Teile zusammenfassen und mit dem gleichen Faden zusammenhäkeln. Den abgeschnittenen Faden mit der Häkelnadel ein paarmal innen durch die Maschen ziehen. Zur Dekoration am Ende ein Bügelbild aufbügeln.

MANCHMAL REICHT EIN EINZIGES T-SHIRT NICHT, DANN BRAUCHT MAN ENTWEDER EIN ZWEITES ODER MAN SCHNEIDET AUS DEM REST DES T-SHIRTS NOCH VIELE KLEINE STREIFEN, DIE MAN MITEINANDER VERBINDET. DIESE METHODE IST ELEGANTER, ALS DIE STREIFEN ZU VERKNOTEN.

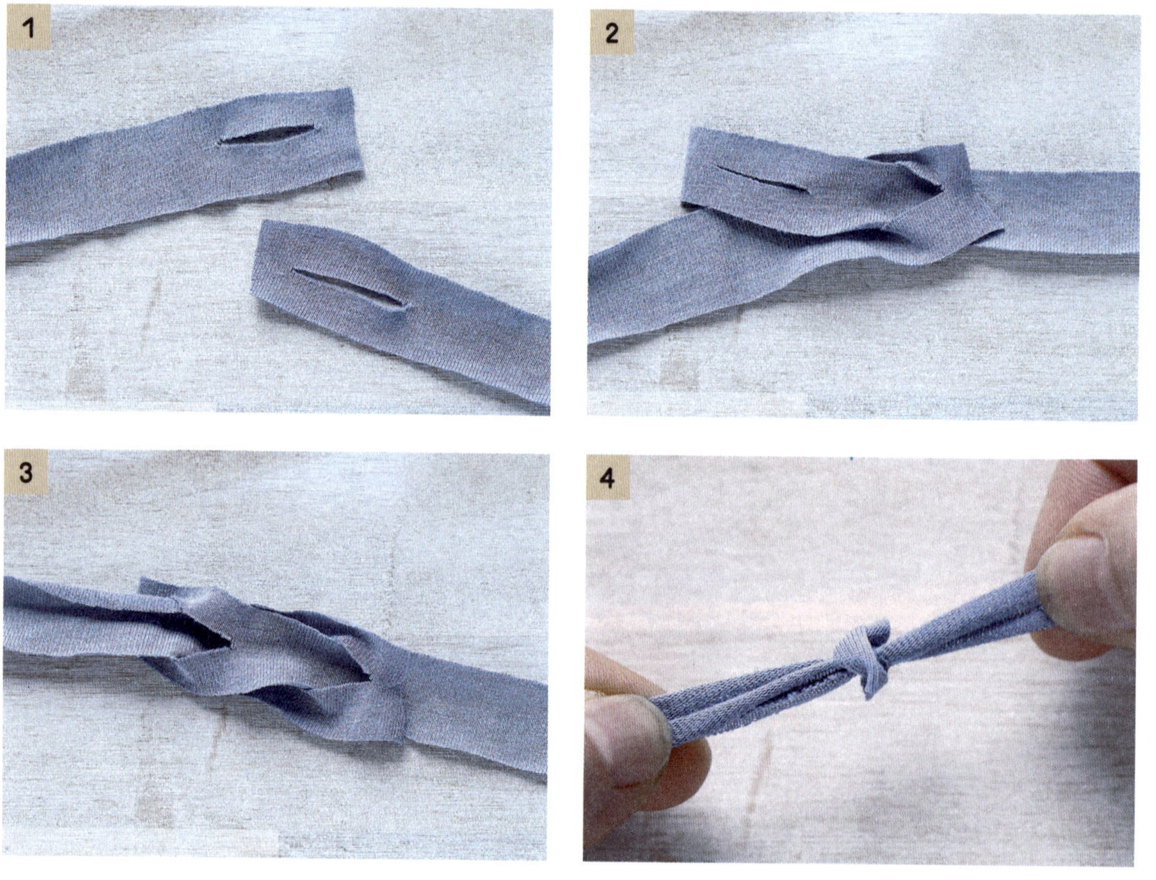

1. In die Enden zweier Streifen mit der Schere einen kleinen Schlitz schneiden.

2. Dann den rechten Streifen durch die Schlaufe des linken Streifens holen.

3. Nun den linken Streifen noch durch den rechten Streifen ziehen.

4. Anschließend festziehen.

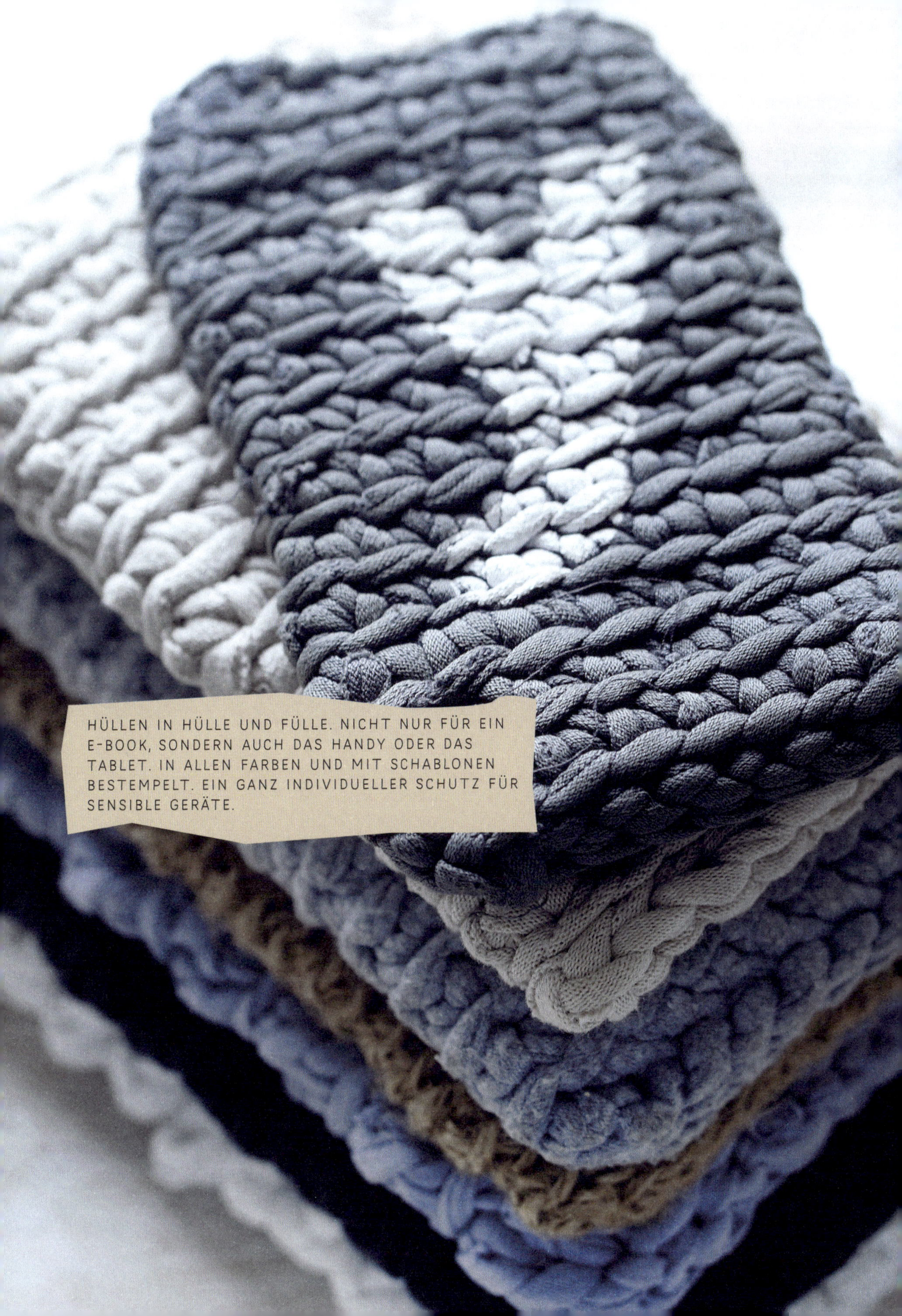

HÜLLEN IN HÜLLE UND FÜLLE. NICHT NUR FÜR EIN E-BOOK, SONDERN AUCH DAS HANDY ODER DAS TABLET. IN ALLEN FARBEN UND MIT SCHABLONEN BESTEMPELT. EIN GANZ INDIVIDUELLER SCHUTZ FÜR SENSIBLE GERÄTE.

Sattelfest

MATERIAL:
WACHSTUCH, GUMMIBAND, LINEAL, SCHERE, STIFT, STECKNADELN ODER CLIPS, NÄHMASCHINE, SICHERHEITSNADEL

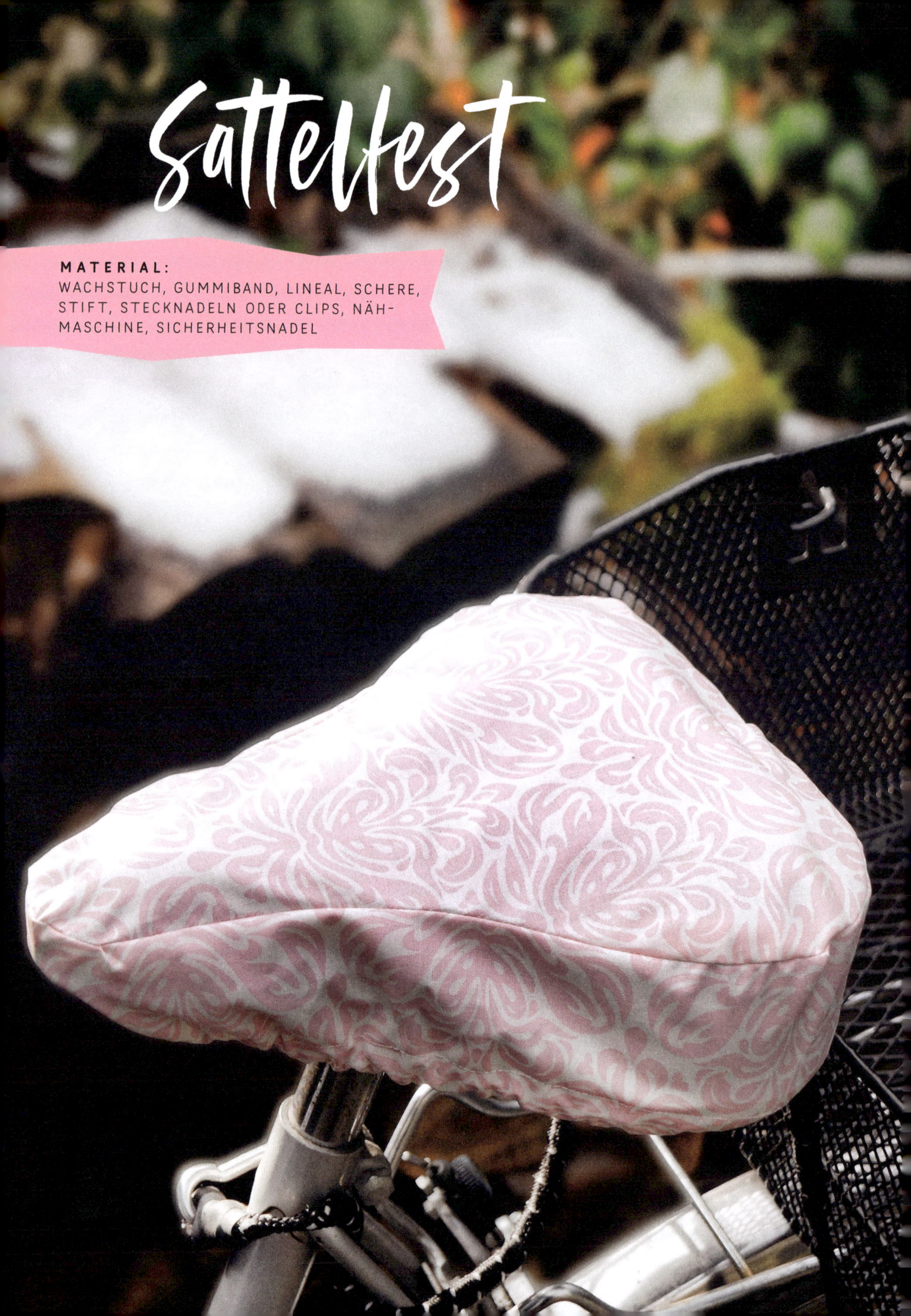

SO EIN SELBST GENÄHTER SATTELBEZUG AUS WACHSTUCH SIEHT NICHT NUR HÜBSCH AUS, ER IST AUCH PRAKTISCH, WENN ES MAL REGNET. WENN DER SATTEL NASS IST, ZIEHT MAN EINFACH DEN BEZUG ÜBER. UND NATÜRLICH FINDET MAN MIT EINEM INDIVIDUELLEN BEZUG DAS EIGENE FAHRRAD SCHNELLER WIEDER.

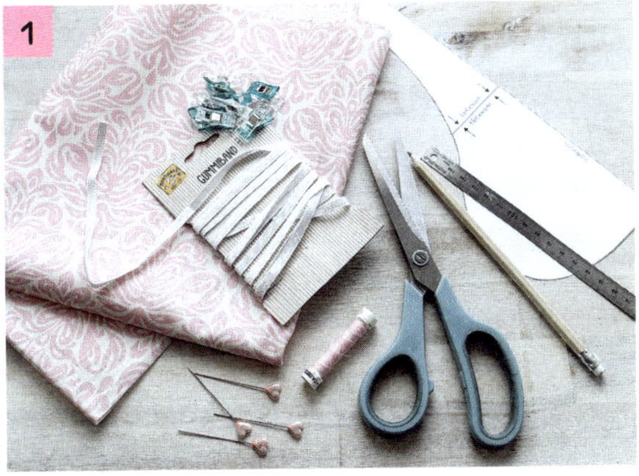

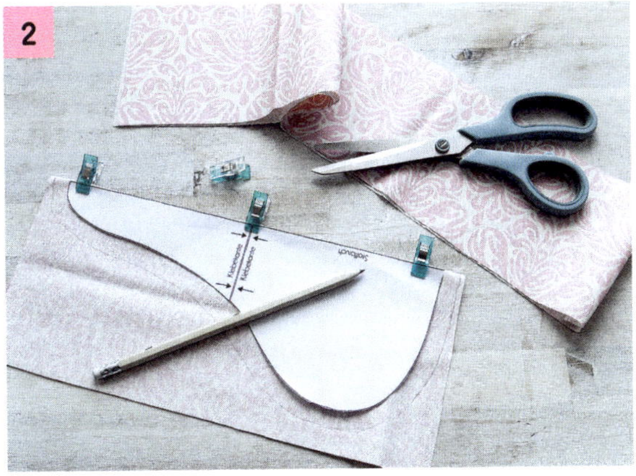

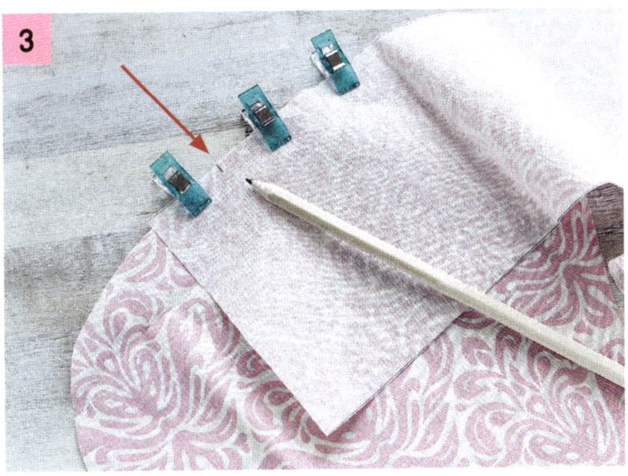

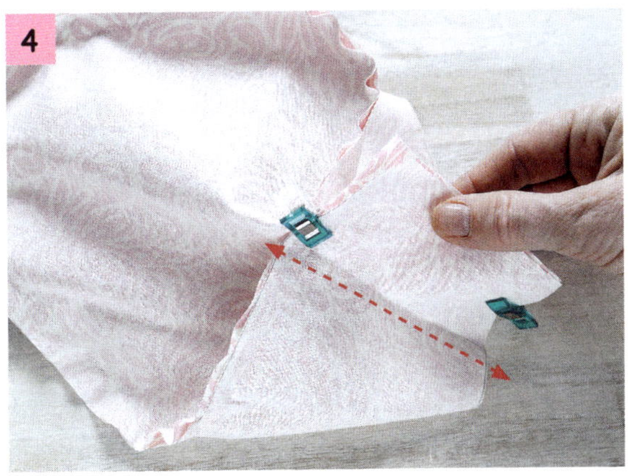

1. Als Stoff für den Sattelbezug eignet sich am besten ein beschichteter Stoff oder Wachstuch, z. B. von einer Gartentischdecke. Zunächst die Vorlage auf Seite 120 kopieren und ausschneiden.

2. Die entsprechende Größe Stoff einmal in der Mitte falten und die Vorlage im Stoffbruch mit Clips festklemmen. Anschließend mit 1 cm Nahtzugabe zuschneiden. Zusätzlich einen Stoffstreifen von 11 cm x 80 cm zuschneiden.

(Wer keine Clips hat, kann auch Stecknadeln verwenden. Diese sollten sehr dünn sein, damit es keine Löcher im Stoff gibt.)

3. Mit einem Stift die Mitte auf der breiten Seite des Sattelbezugs markieren. Auf dem Stoffstreifen 2 cm abmessen und ebenfalls markieren. Nun die Markierungen übereinanderlegen, den Streifen an der Sattelfläche festklemmen und dort zu nähen beginnen.

4. Am Ende den überstehenden Stoff zusammenfassen und zusammennähen. Den Rest abschneiden.

Fortsetzung auf der nächsten Seite.

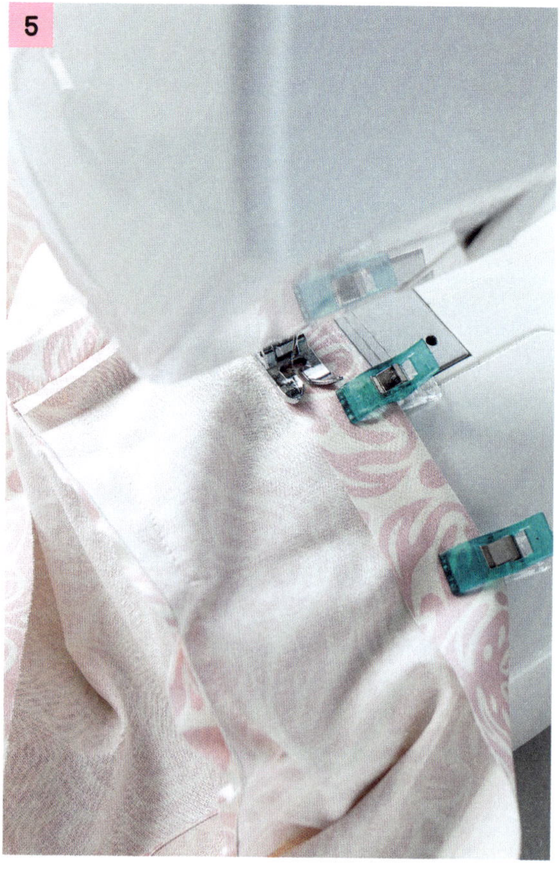

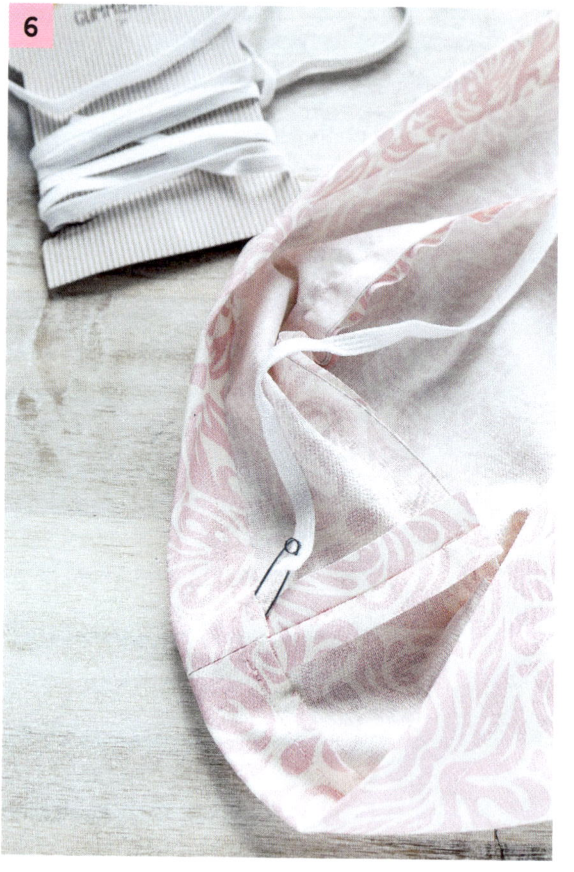

5. Nun die Kante des Stoffstreifens rundherum ca. 1,5 cm umklappen, festklemmen und anschließend mit der Nähmaschine absteppen. Dabei am Ende eine kleine Öffnung für das Gummiband lassen. Anfang und Ende der Naht gut vernähen.

6. Nun das Gummiband von ca. 30 cm mit einer Sicherheitsnadel einfädeln. Die Enden zusammennähen oder einfach verknoten. Fertig!

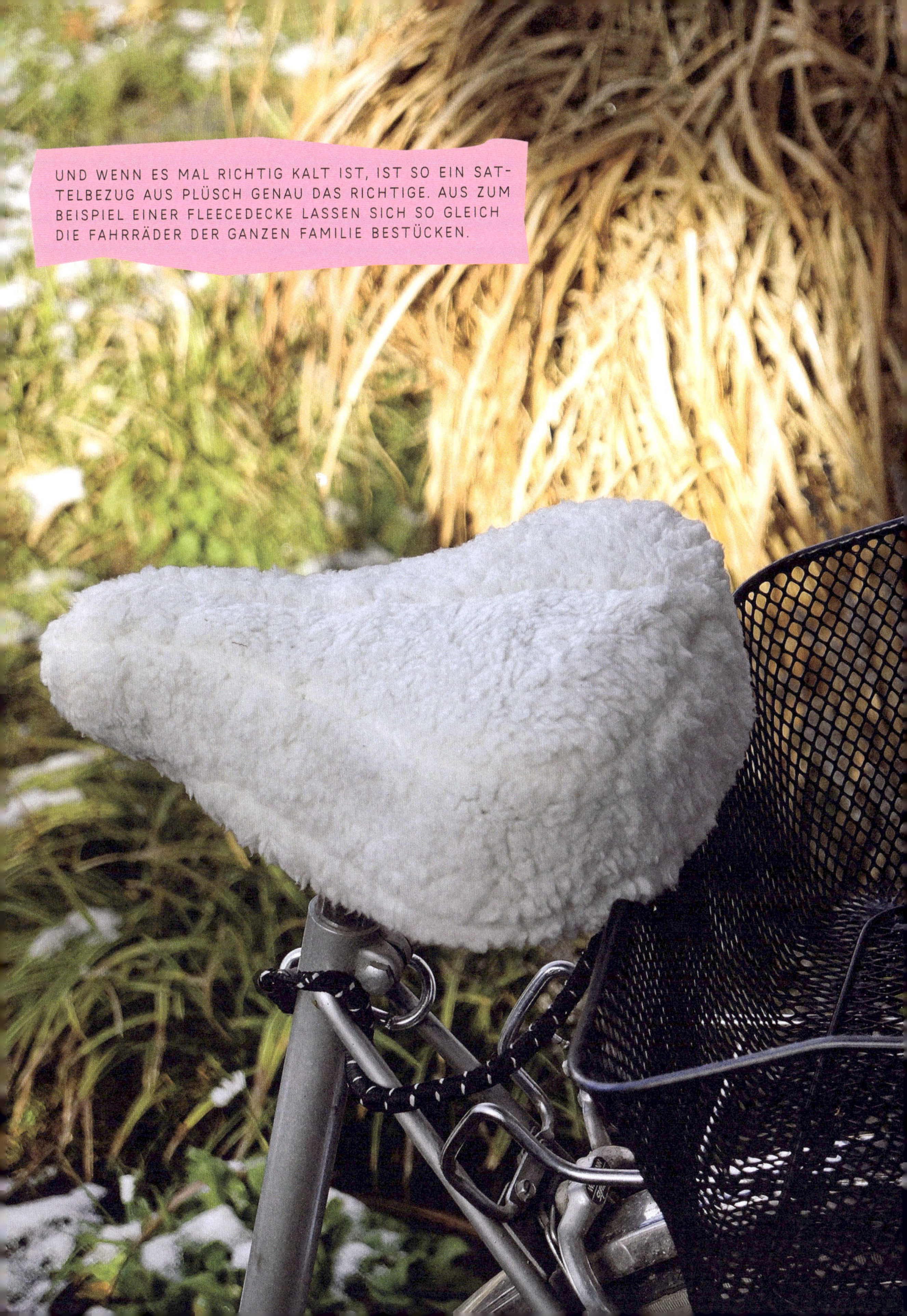

UND WENN ES MAL RICHTIG KALT IST, IST SO EIN SATTELBEZUG AUS PLÜSCH GENAU DAS RICHTIGE. AUS ZUM BEISPIEL EINER FLEECEDECKE LASSEN SICH SO GLEICH DIE FAHRRÄDER DER GANZEN FAMILIE BESTÜCKEN.

Total verklemmt

MATERIAL:
STOFFRESTE, SCHERE, CLIPS ODER STECKNADELN, GUMMIBAND, HOLZSTAB, BÜGELEISEN, FÜLLWATTE

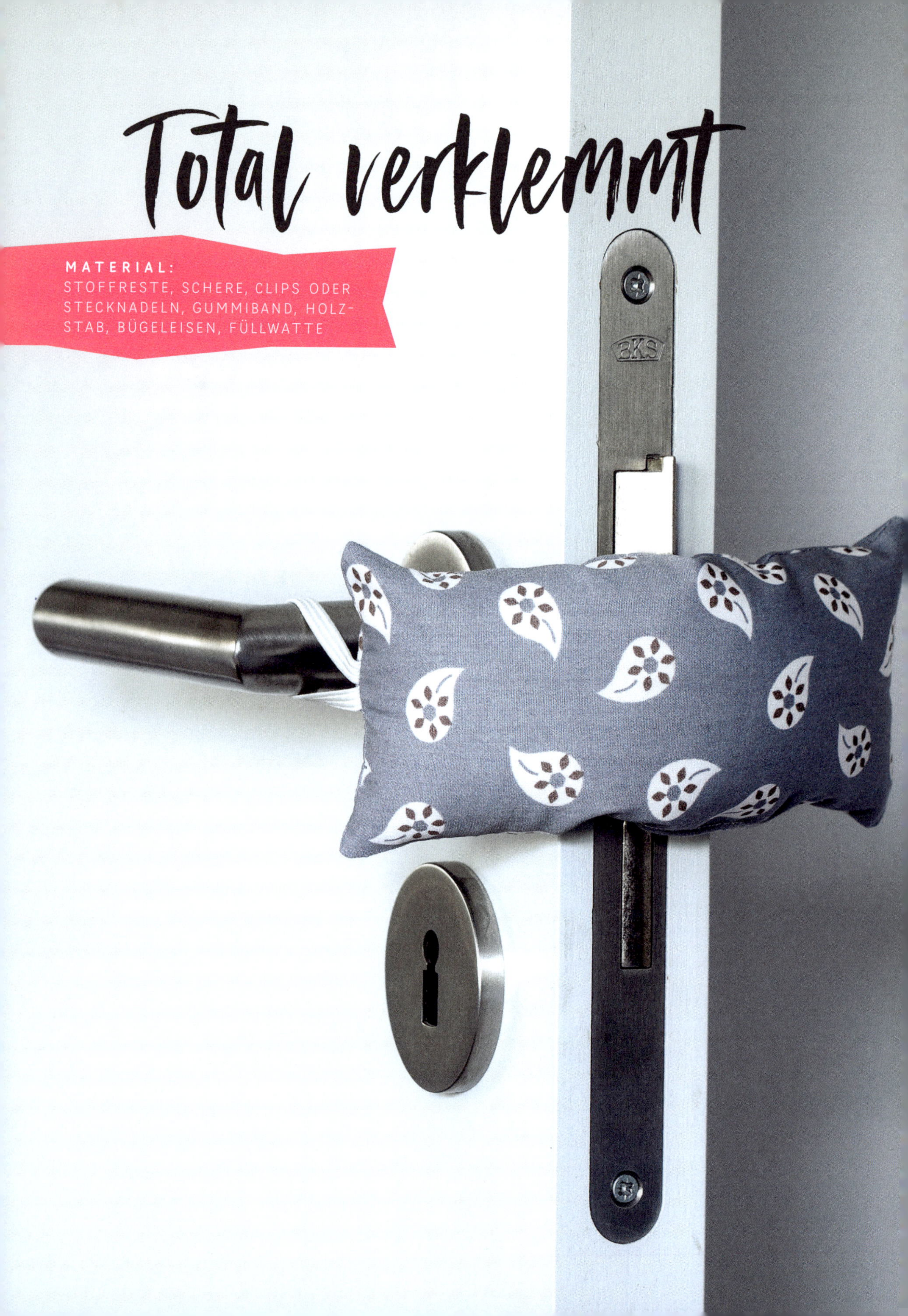

WEM IST DAS NICHT SCHON MAL PASSIERT? MAL KURZ VOR DIE TÜR, EIN KLEINER WINDSTOSS UND - ZACK - IST DIE TÜR ZU! UND DER SCHLÜSSEL DRIN. WIE GUT, WENN MAN DA VORSORGEN KANN MIT EINEM KLEINEN, KNUFFIGEN TÜRSTOPPER. SO KANN MAN SICH IN ZUKUNFT NICHT MEHR SELBST AUSSPERREN.

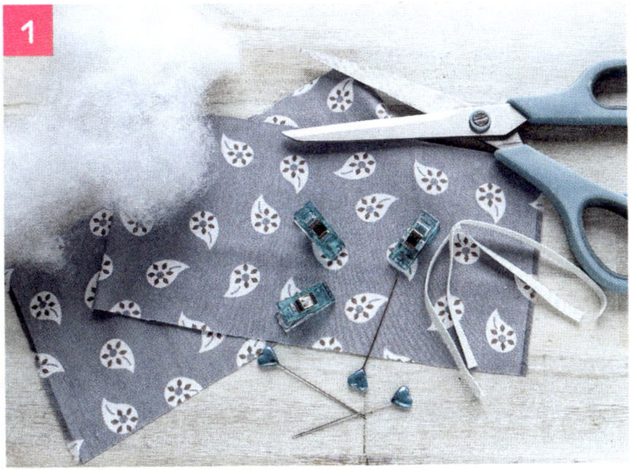

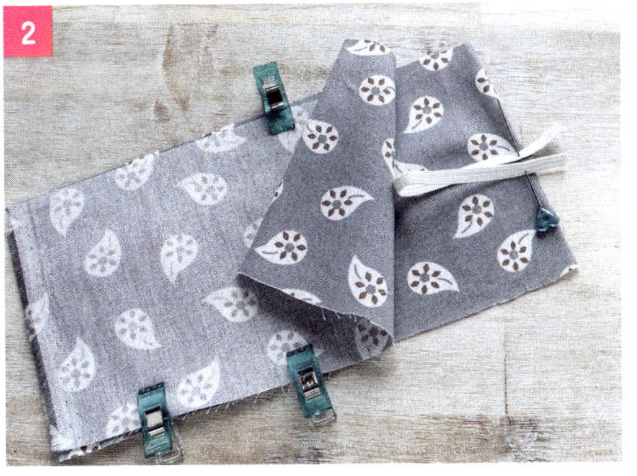

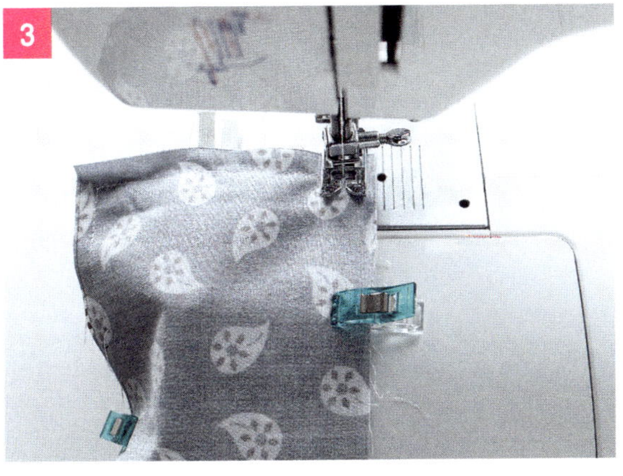

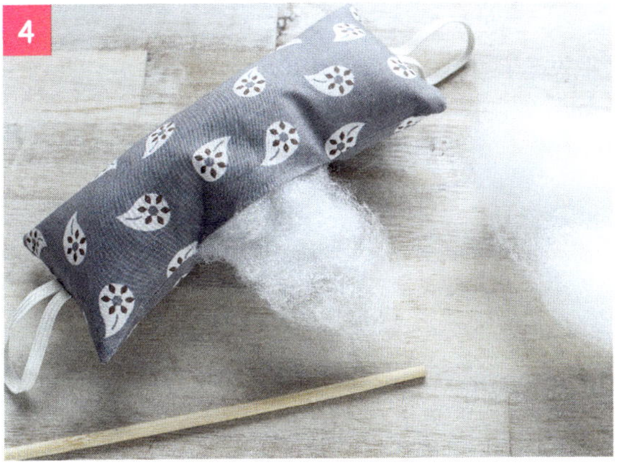

1. Zuerst schneidet man sich aus einem Stoffrest 2 Rechtecke zu. Im Beispiel haben sie die Maße 10 cm x 20 cm. Außerdem noch 2 Stücke 5-mm-Gummiband von 15 cm Länge.

2. Die Stoffstücke legt man rechts auf rechts aufeinander und fixiert sie mit Clips oder Stecknadeln. Das Gummiband faltet man in der Mitte, legt es an den Kanten der kurzen Seiten mittig nach innen und steckt es fest.

3. Anschließend näht man die Kanten füßchenbreit zusammen. Über den Gummibändern mit der Maschine ein paarmal hin- und hernähen, damit es später richtig fest ist und ein bisschen Spannung aushält.

An einer der Längsseiten eine kleine Öffnung von ca. 5 bis 6 cm lassen. Dadurch dann das Stoffstück wenden. Die Ecken kann man mit einem kleinen Holzstab herausmodellieren.

4. Am besten man bügelt den Türstopper zunächst, denn dann liegen auch die Kanten, die noch zusammengenäht werden müssen, besser aufeinander. Anschließend mit Füllwatte ausstopfen. Am Ende die offene Naht mit einer Matratzennaht zusammennähen. (Anleitung siehe nächste Seite.)

DER MATRATZENSTICH ODER DIE LEITERNAHT WIRD VERWENDET, UM ZWEI TEILE (BEISPIELSWEISE ÖFFNUNGEN NACH DEM WENDEN) MITEINANDER ZU VERBINDEN, OHNE DASS MAN EINE NAHT VON AUSSEN SIEHT. QUASI SO, ALS WÄREN DIE TEILE VON INNEN ZUSAMMENGENÄHT.

Matratzenstich oder Leiternaht

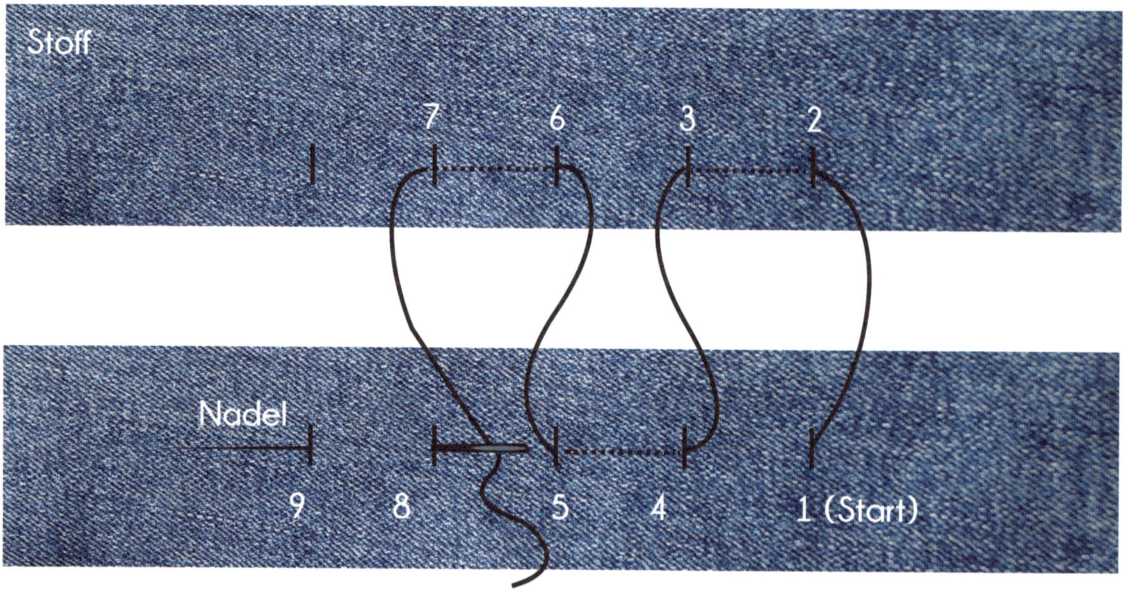

Man schlägt zunächst die beiden Nahtzugaben der Stoffteile nach innen. Am besten einmal drüberbügeln. Einen Faden auffädeln und das Ende verknoten.

Der erste Stich beginnt von innen nach außen, (1) das heißt in die umgeschlagene Nahtzugabe (Bild rechts). Dann sticht man auf der gegenüberliegenden Seite ein (2) und nach 2 bis 3 mm kommt der Faden wieder nach vorne (3).

Nun wieder zurück auf die andere Seite, einstechen (4) und nach 2 bis 3 mm den Faden wieder nach vorne (5).

Wichtig ist: Die Stiche sollten immer genau gegenüber liegen.

Zwischen den Stoffhälften entstehen nun kleine Nähte, die wie Leitersprossen aussehen. Fortfahren bis zum Ende der beiden Stoffhälften.

Am Ende den Faden stramm ziehen und somit die Naht schließen. Dann noch den Faden möglichst unsichtbar vernähen.

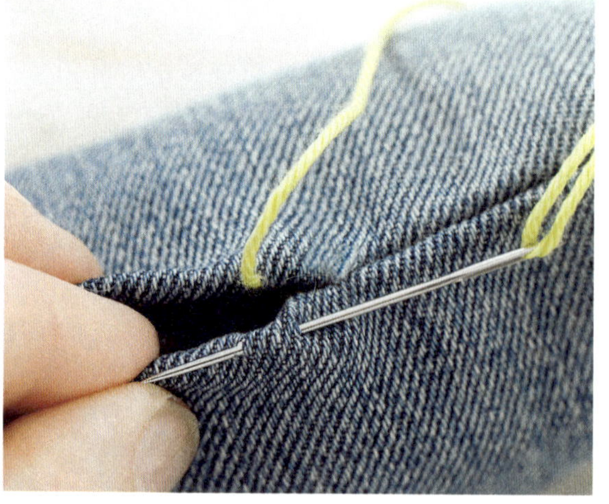

STATT DER NORMALEN GUMMIBÄNDER KANN MAN NATÜRLICH AUCH EINE FARBIGE GUMMIKORDEL VERWENDEN, DIE ZUM STOFFREST PASST.

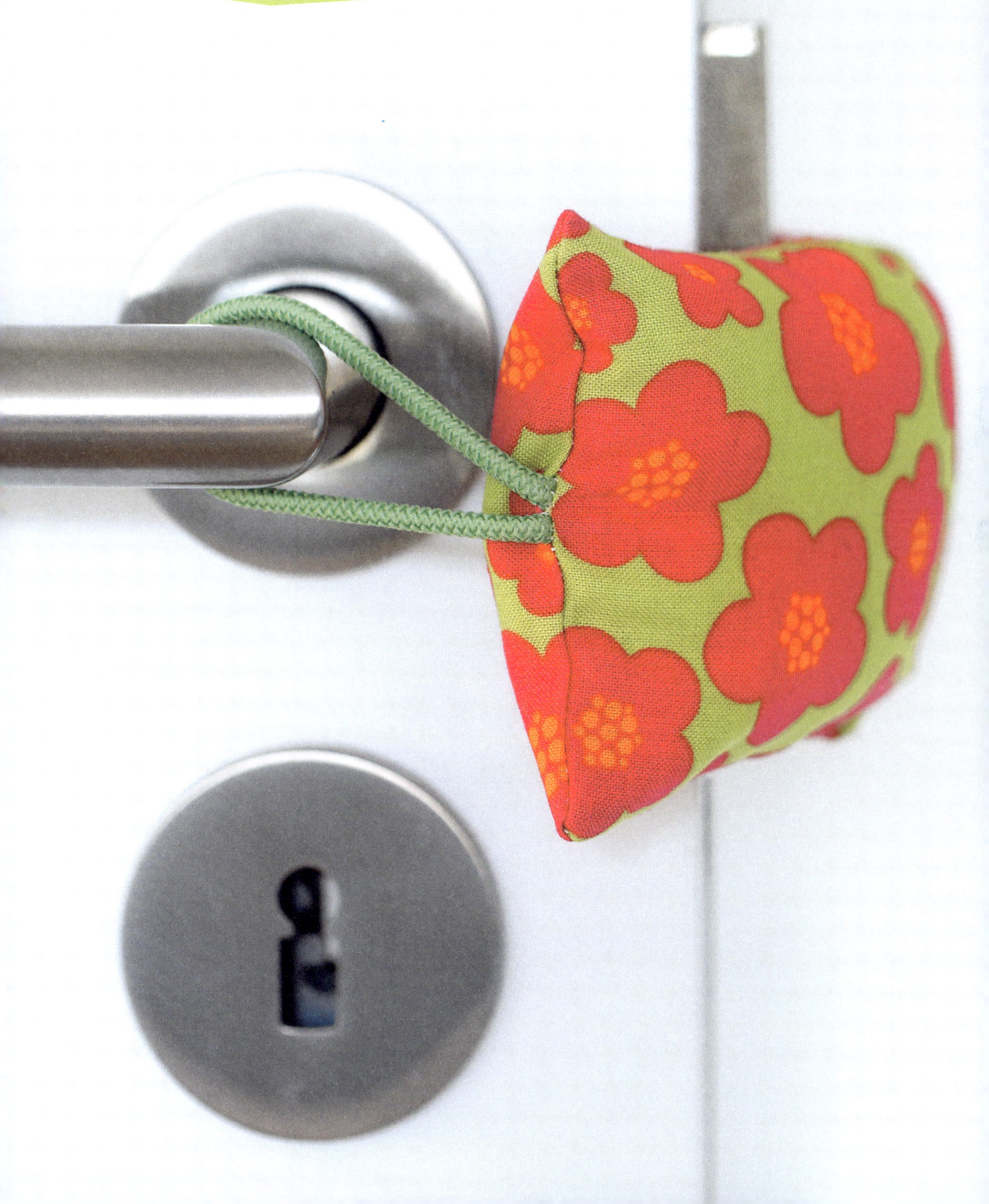

Mobile Station

MATERIAL:
STOFFREST, LINEAL, STIFT, SCHERE, ZICKZACKSCHERE, STECKNADELN, NÄHMASCHINE, BÜGELEISEN, REIS, FÜLLWATTE, TRICHTER

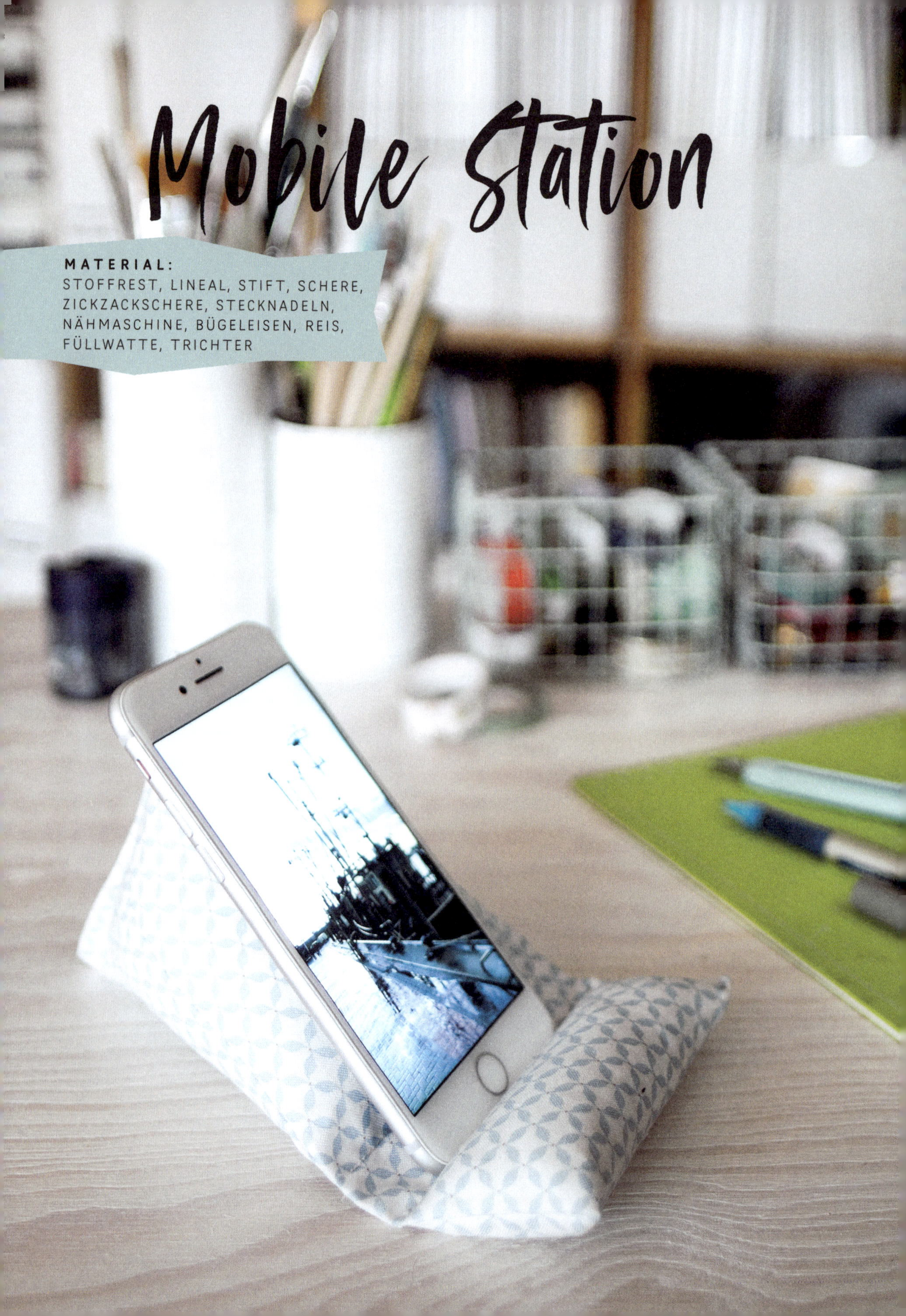

BEIDE HÄNDE FREI BEIM TELEFONIEREN UND VOR ALLEM EIN WACKELFREIES BILD BEI EINER VIDEOKONFERENZ. SO EIN HANDYHALTER DARF IM HOMEOFFICE NICHT FEHLEN. ABER AUCH SO IST ES DOCH SCHÖN, WENN DAS HANDY EINEN FESTEN PLATZ HAT UND MAN ES NICHT STÄNDIG SUCHEN MUSS.

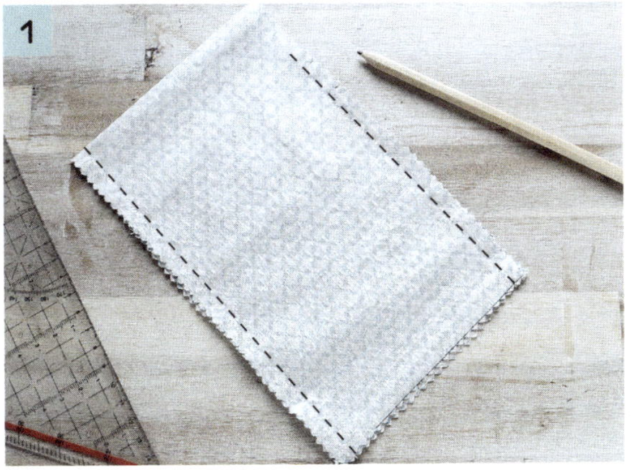

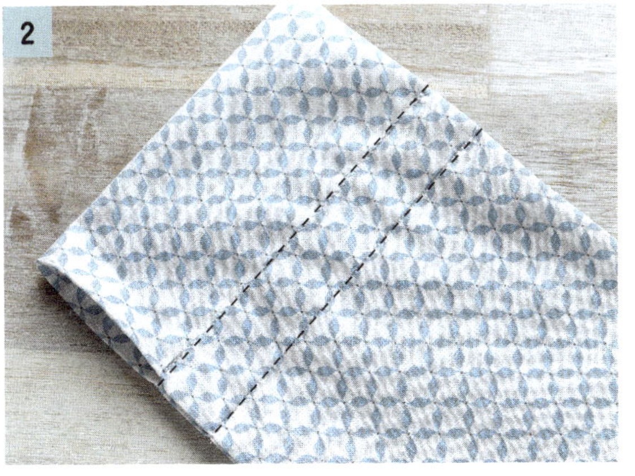

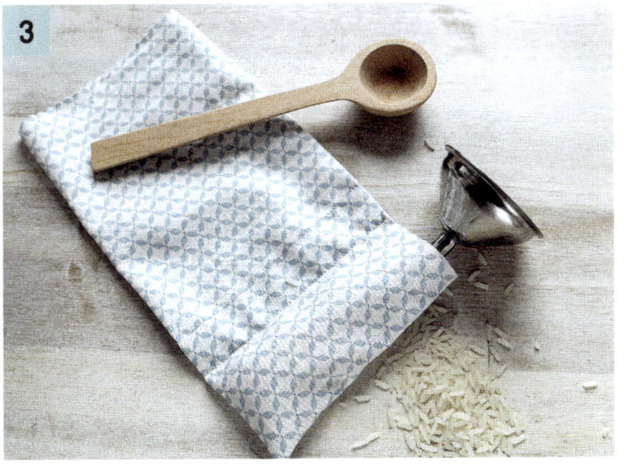

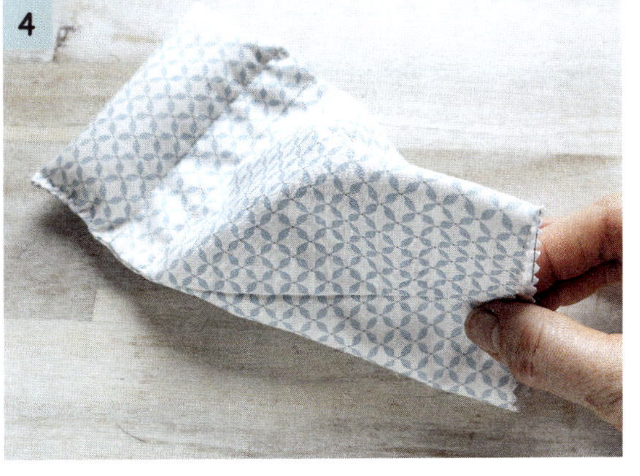

1. Aus einem Rest Stoff schneidet man einen Streifen von 13 cm x 40 cm mit der Zickzackschere zu. Diesen legt man der Länge nach doppelt (rechts auf rechts). Nun mit der Nähmaschine eine Seite komplett zunähen. Auf der gegenüberliegenden Seite misst man oben ab der geschlossenen Kante 5 cm ab. Von dort dann zunähen bis unten zur offenen Kante.

2. Nun den Stoff wenden und mit dem Bügeleisen zunächst glätten. Dann noch einmal 5 cm und 2,5 cm von oben abmessen und anschließend mit der Nähmaschine zweimal über den Stoff nähen. Dieser Bereich ist die spätere Ablage für das Handy.

3. Den noch offenen Bereich von 5 cm nun mit z. B. Reis füllen. Die Kante dann mit kleinen Matratzenstichen zusammennähen (siehe Seite 54).

4. Der hintere, größere Teil des Stoffs lässt sich nun schon zu einer Tüte zusammenlegen. Die Kanten kann man ca. 1 cm nach innen bügeln.

Fortsetzung auf der nächsten Seite.

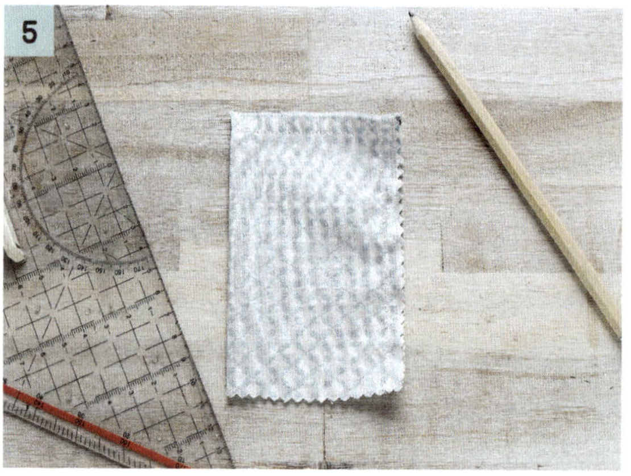

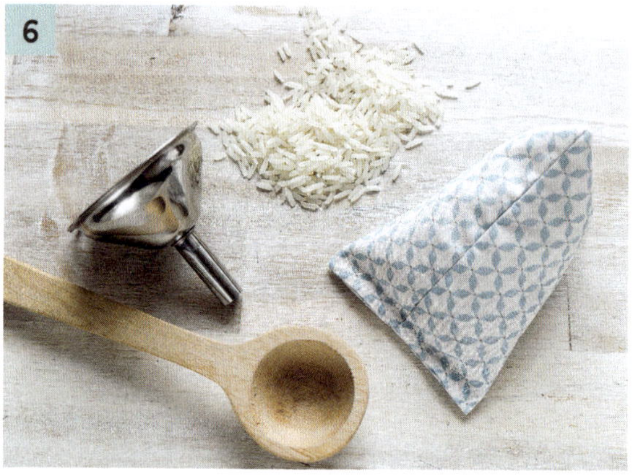

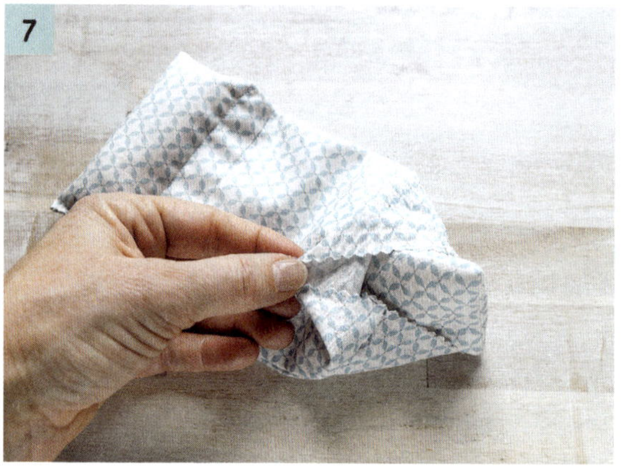

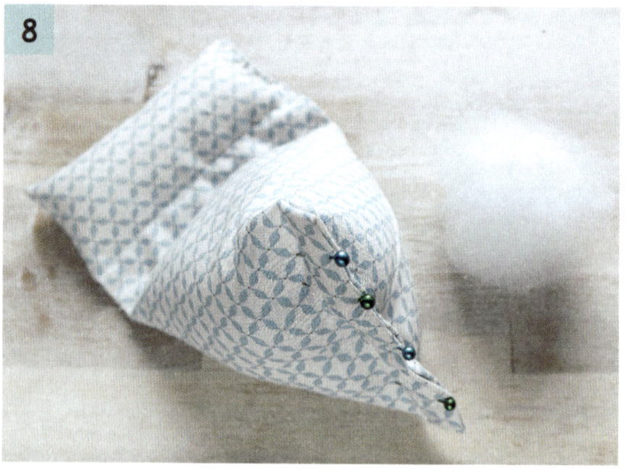

5. Um die kleine Mobilstation etwas stabiler zu machen, näht man noch einen kleinen Innenbeutel. Dazu ein Stoffstück von ca. 10 cm x 15 cm an der kurzen Seite falten. Rechts und links zusammennähen, anschließend wenden.

6. Dann die Nähte übereinanderlegen, um eine kleine Tüte zu falten. Diese Kante bis auf 1 cm zusammennähen. Mit einem kleinen Trichter durch diese Öffnung den Beutel mit Reis füllen und anschließend die Naht komplett schließen.

7. Mit der breiten, flachen Seite diesen Beutel nun in den großen Beutel schieben.

8. Den restlichen Raum mit Füllwatte ausstopfen. Zum Schluss noch die hintere Naht des Beutels schließen. Fertig!

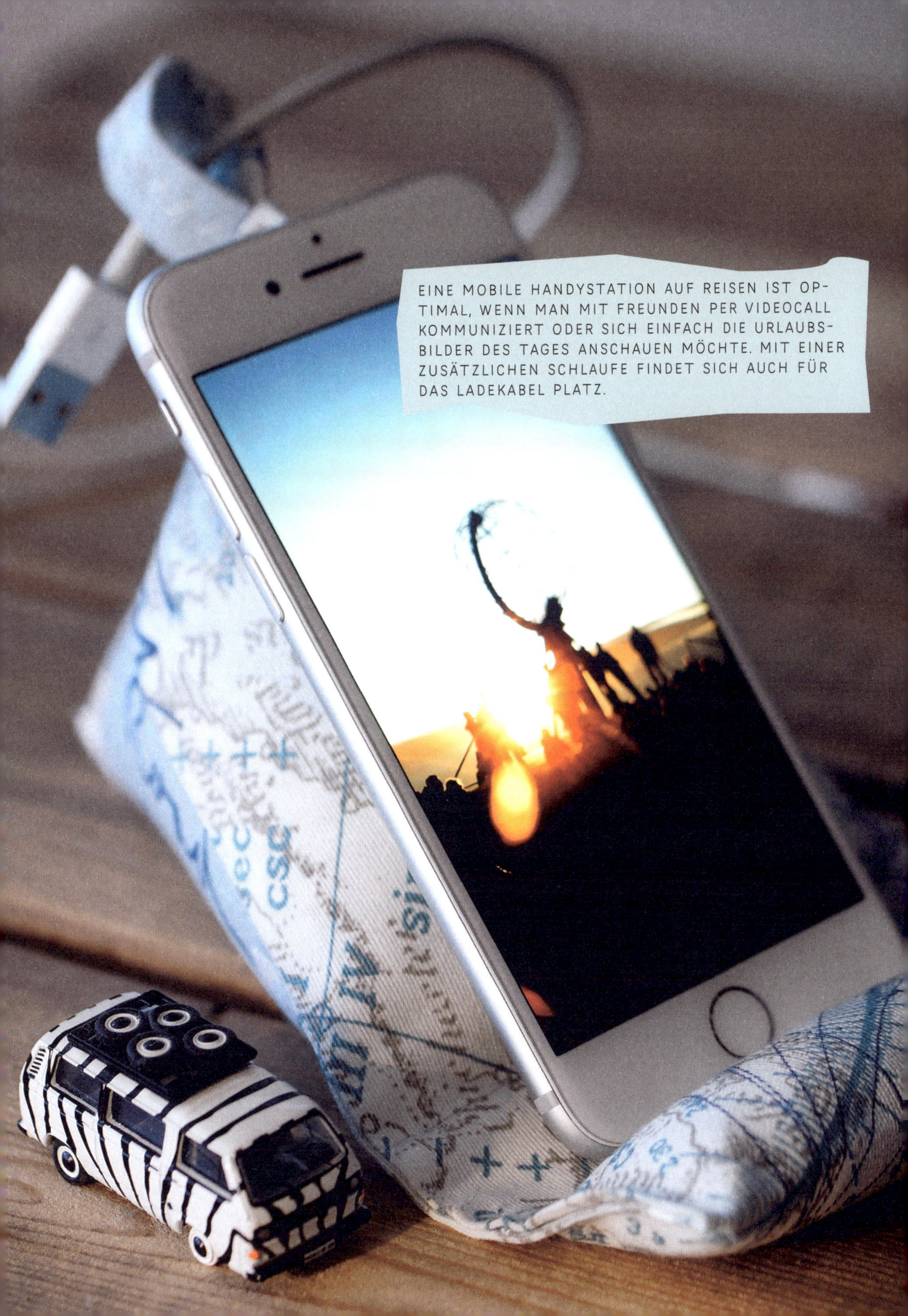

EINE MOBILE HANDYSTATION AUF REISEN IST OPTIMAL, WENN MAN MIT FREUNDEN PER VIDEOCALL KOMMUNIZIERT ODER SICH EINFACH DIE URLAUBSBILDER DES TAGES ANSCHAUEN MÖCHTE. MIT EINER ZUSÄTZLICHEN SCHLAUFE FINDET SICH AUCH FÜR DAS LADEKABEL PLATZ.

Kleine Helferlein

MATERIAL:
LEDERRESTE, STIFT, SCHERE, LOCHZANGE, NIETENZANGE, NIETEN, DRUCKKNÖPFE, DRUCKKNOPFZANGE

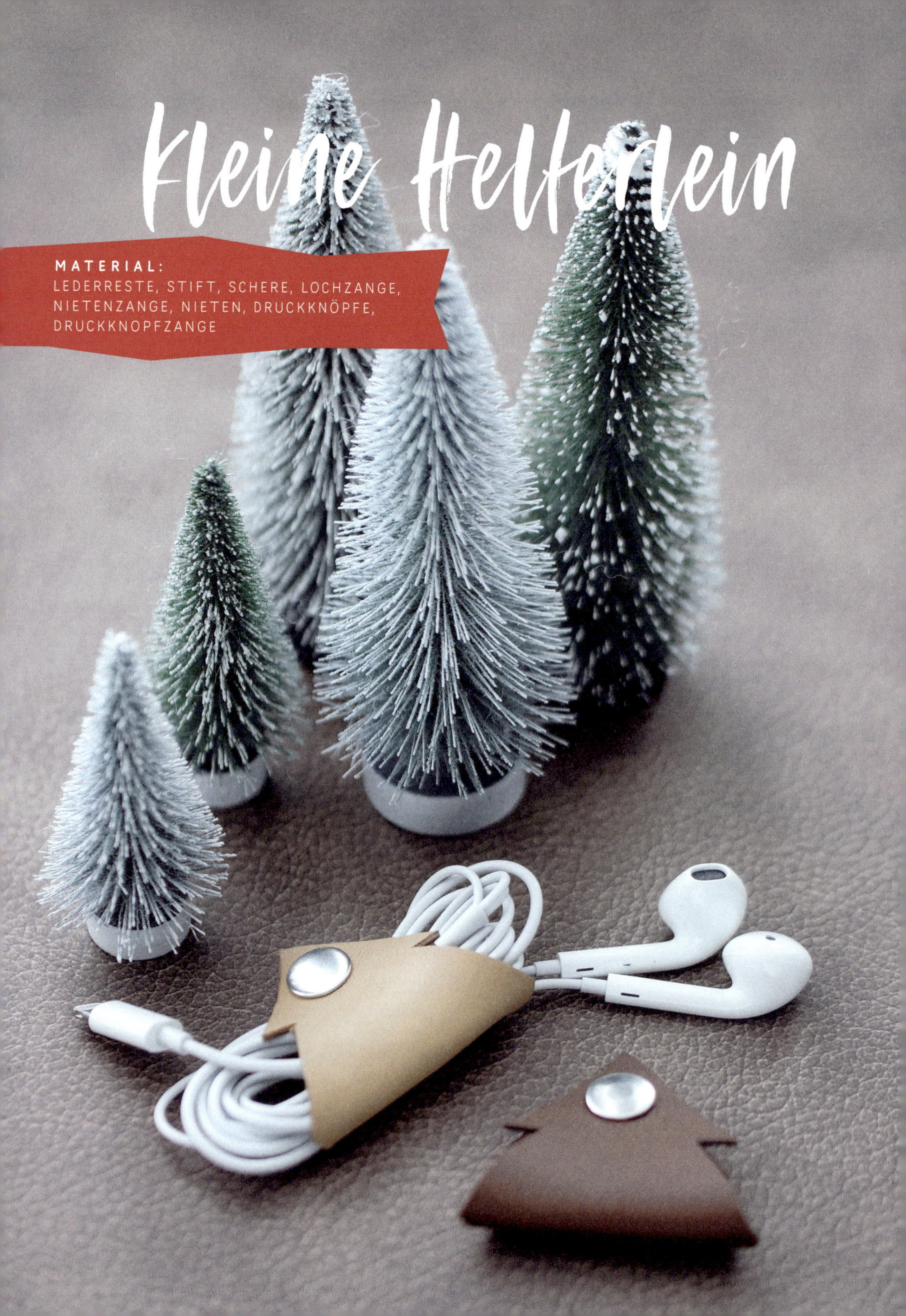

KENNEN WIR DOCH ALLE, DIESES GEWURSTEL MIT DEN KABELN. OB LADEKABEL, VERLÄNGERUNGSSCHNUR ODER DIE KOPFHÖRER VOM SMARTPHONE. UND DABEI IST ES SO EINFACH, GERADE BEI DEN KLEINEN KOPFHÖRERN FÜR ORDNUNG ZU SORGEN. NIEDLICH SIEHT ES AUCH NOCH AUS.

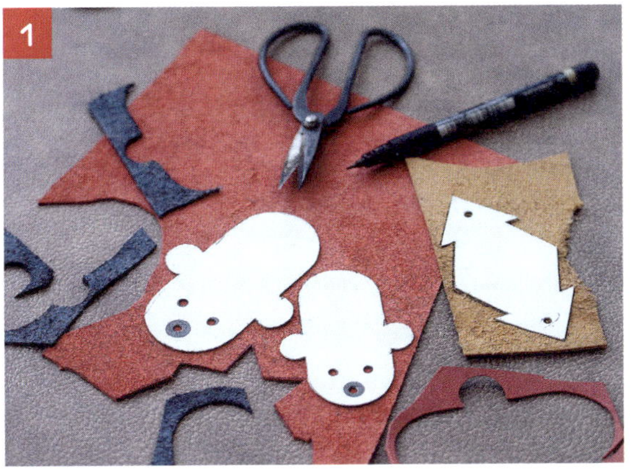

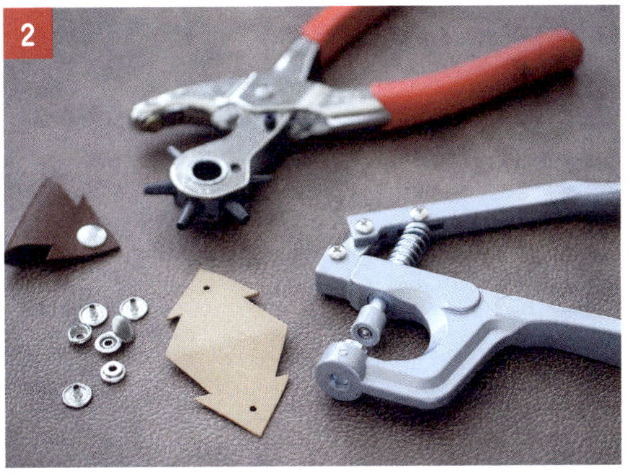

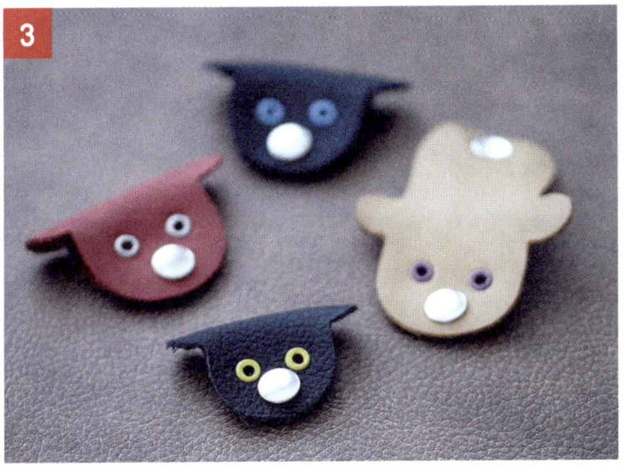

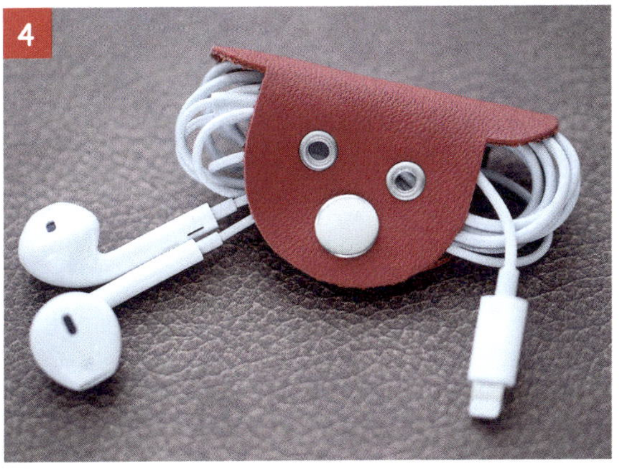

1. Es müssen nicht unbedingt Lederreste sein. Ein dicker Stoff, der nicht ausfranst, oder Filz geht natürlich auch.

Die Vorlagen (auf Seite 123) mit einem Stift auf das Leder oder den Stoff übertragen. Dabei auch schon Augen und Nase markieren. Anschließend den äußeren Umriss ausschneiden.

2. Mit einer Lochzange die entsprechend markierten Stellen lochen. Für die Augen kann man kleine farbige Lochnieten verwenden.

3. Die Nase ist dann der eigentliche Druckknopf, den man mit einer speziellen Zange anbringt.

4. Dann nur noch das Kabel aufwickeln und das kleine Bärchen oder den Tannenbaum darum festdrücken. Voilà – Schluss mit Kabelsalat!

Windbeutel

MATERIAL:
STOFFRESTE, SCHERE, NÄHMASCHINE, KORDEL, TRICHTER, REIS, NADEL, FADEN

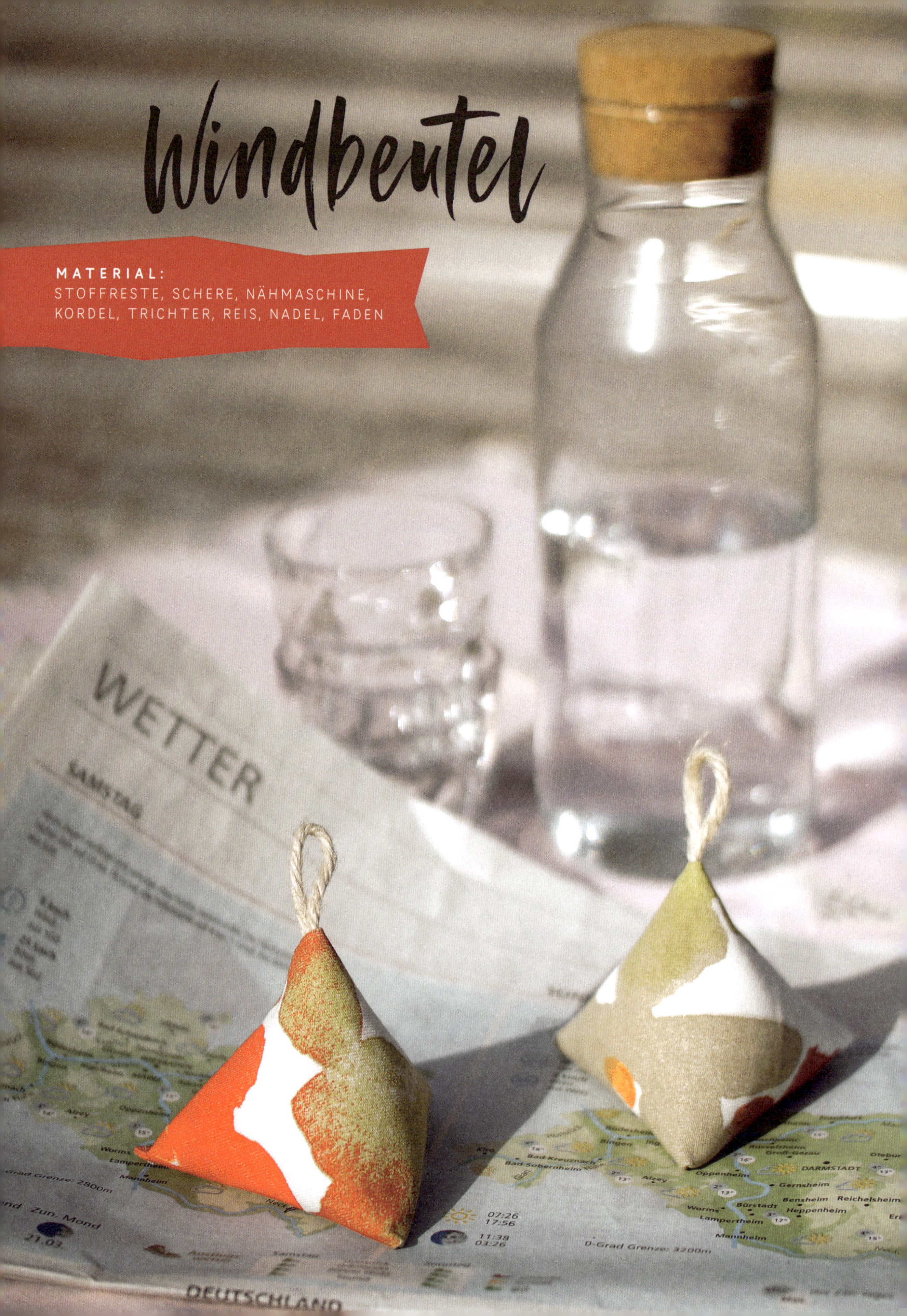

SONNTAGMORGEN, TERRASSE, KAFFEE UND GEMÜTLICH ZEITUNG LESEN. WENN NUR DER BLÖDE WIND NICHT WÄRE, DER EINEM STÄNDIG DIE ZEITUNG UM DIE OHREN FEGT. DA GIBT ES EINE EINFACHE LÖSUNG: WINDBEUTEL! DIE LÄSST MAN EINFACH AUF DIE ZEITUNG PLUMPSEN UND SIE BLEIBT, WO SIE BLEIBEN SOLL.

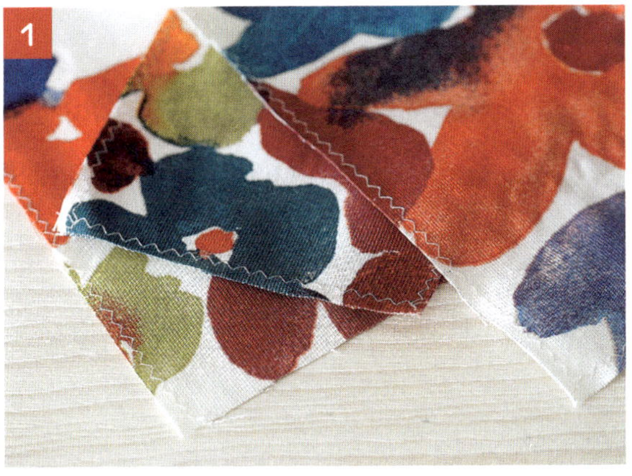

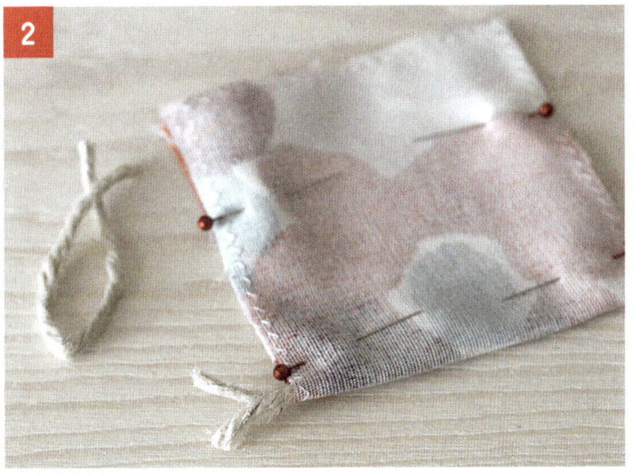

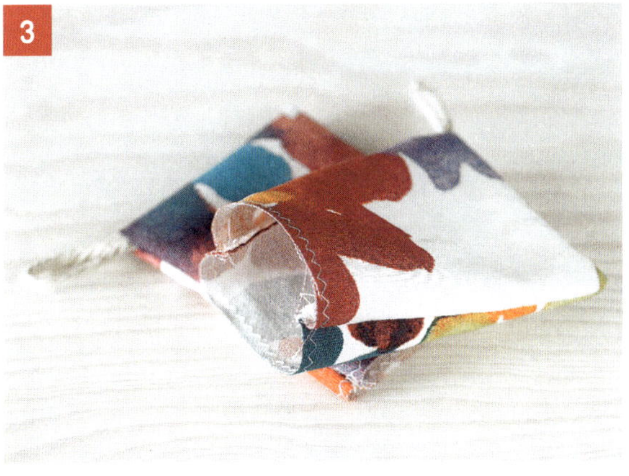

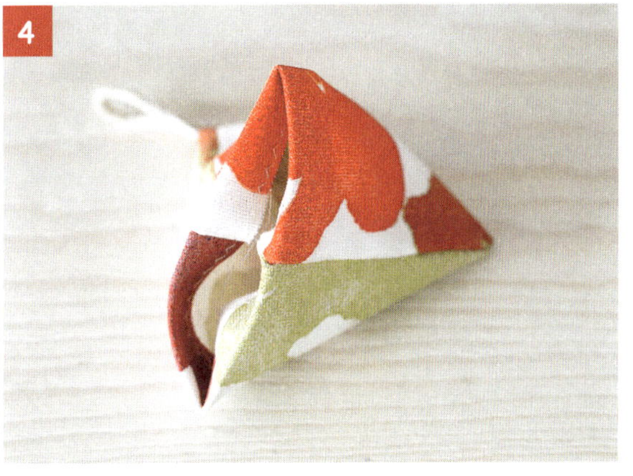

1. Zunächst schneidet man sich den Stoff zurecht: einfache Stoffreste aus einem alten Trockentuch, einer alten Tischdecke oder einem Vorhang. Man schneidet daraus 4 kleine Rechtecke in der Größe 9 cm x 18 cm. Die Ränder evtl. mit Zickzackstich umsäumen.

2. Dann mit der Motivseite nach innen zusammenlegen, in der einen Ecke ein kleines Stück Kordel hineinstecken (Schlaufe nach innen) und die Kanten rechts und links zusammennähen.

3. Anschließend den Beutel wenden. Noch ist der Beutel offen. Am unteren Ende befindet sich der kleine Aufhänger aus der Kordel.

4. Nun die noch offene Kante ein Stück nach innen falten, evtl. glatt bügeln. Die Kante wird in die andere Richtung zusammengelegt, sodass die Nähte aufeinanderliegen. Dann mit der Nähmaschine knapp an der Kante entlang nähen und am Ende eine Öffnung von ca. 1 cm offen lassen.

Fortsetzung auf der nächsten Seite.

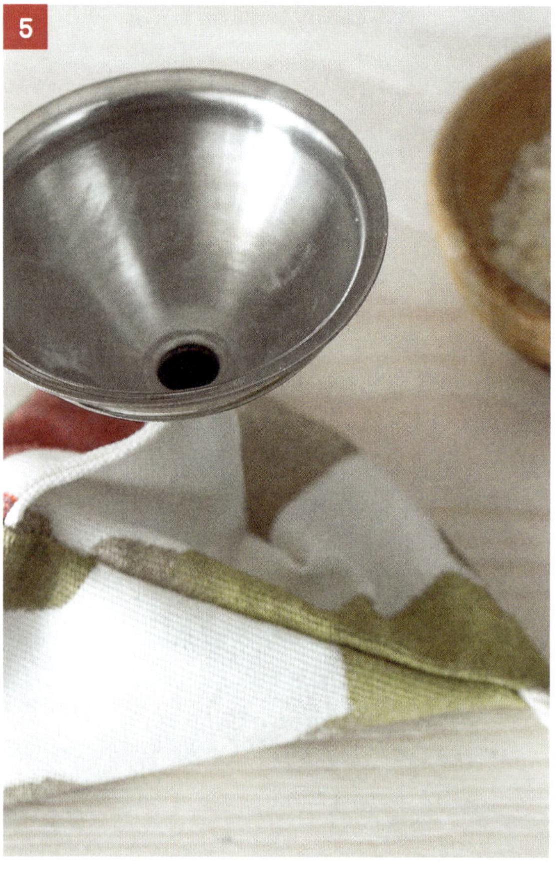

5. Mit einem kleinen Trichter kann man nun Reis in die Säckchen füllen, bis sie prall gefüllt sind.

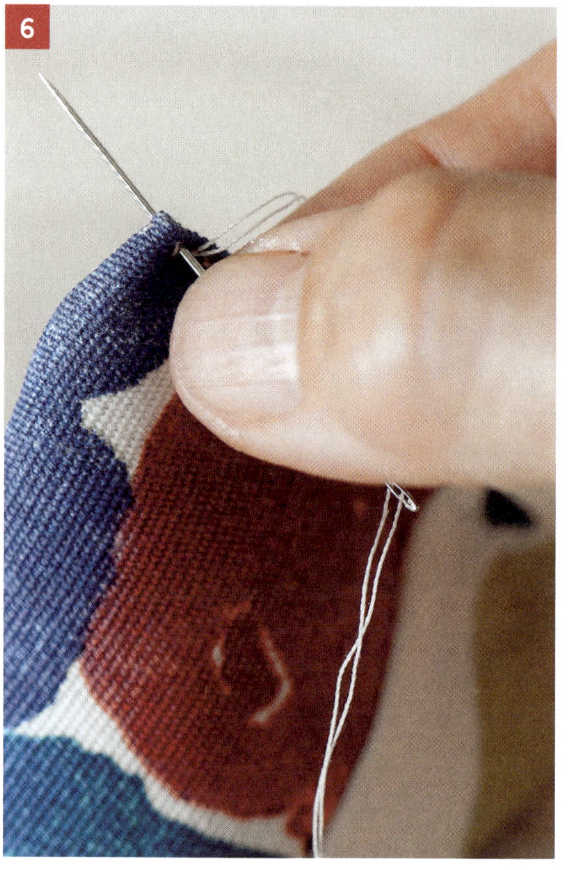

6. Dann näht man mit der Hand das letzte Stück des Beutels zu (Matratzenstich siehe Seite 54). Die Spitze mit der kleinen Kordel bildet später die Oberseite.

DIE WINDBEUTEL LASSEN SICH VIELFÄLTIG EINSETZEN: DAMIT DIE ZEITUNG NICHT WEGFLIEGT, DAMIT DIE TISCHDECKE ORDENTLICH LIEGEN BLEIBT, ODER AUCH BEIM NÄHEN SIND SIE EINE HILFE, WEIL DANN DIE STOFFSTÜCKE BEIM ZUSCHNEIDEN NICHT VERRUTSCHEN KÖNNEN.

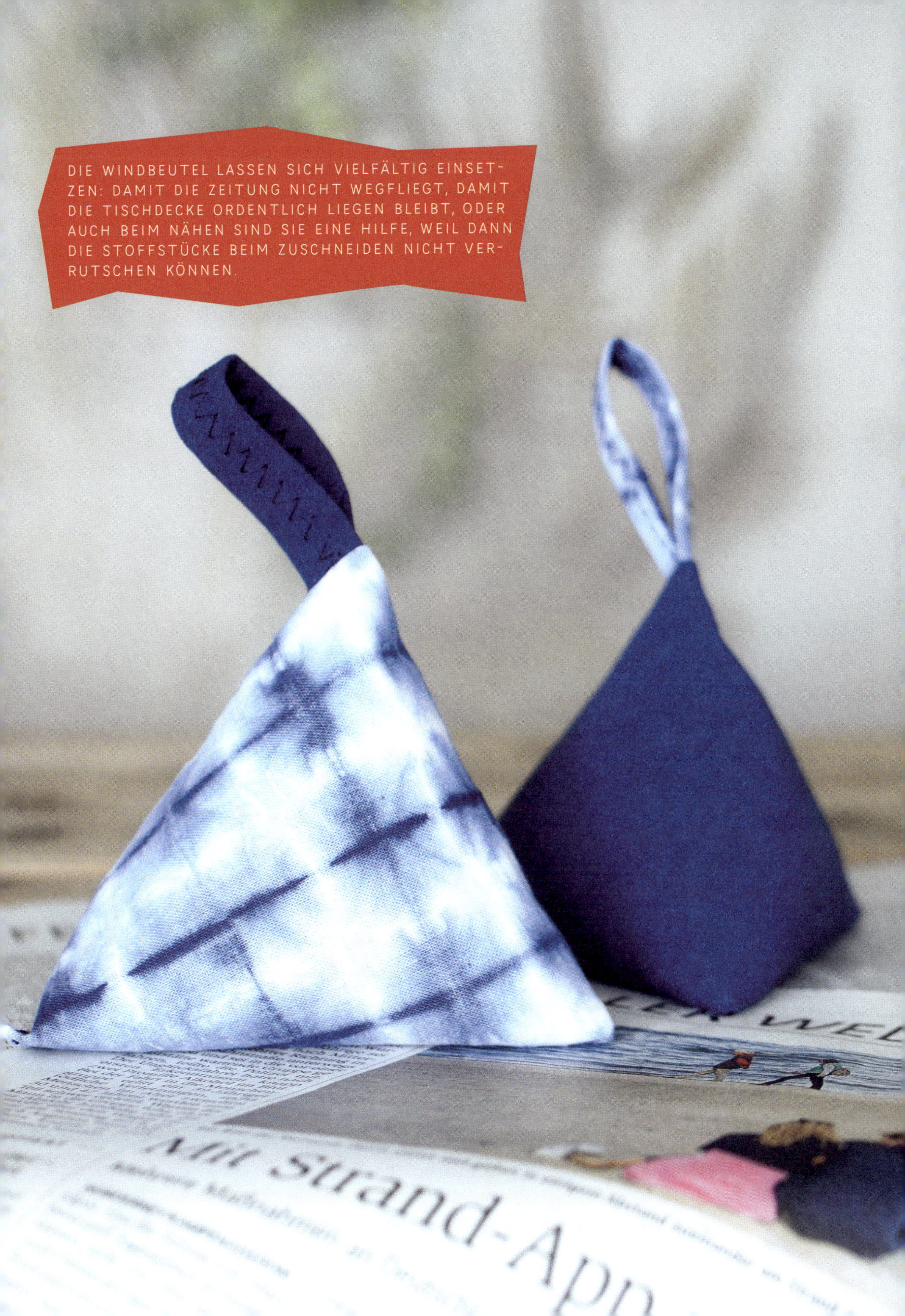

Abgeschminkt

MATERIAL:
ALTES FROTTIERHANDTUCH, BAUMWOLL-STOFFRESTE, SCHERE, EVTL. ZICKZACKSCHERE, STECKNADELN ODER CLIPS, NÄHMASCHINE

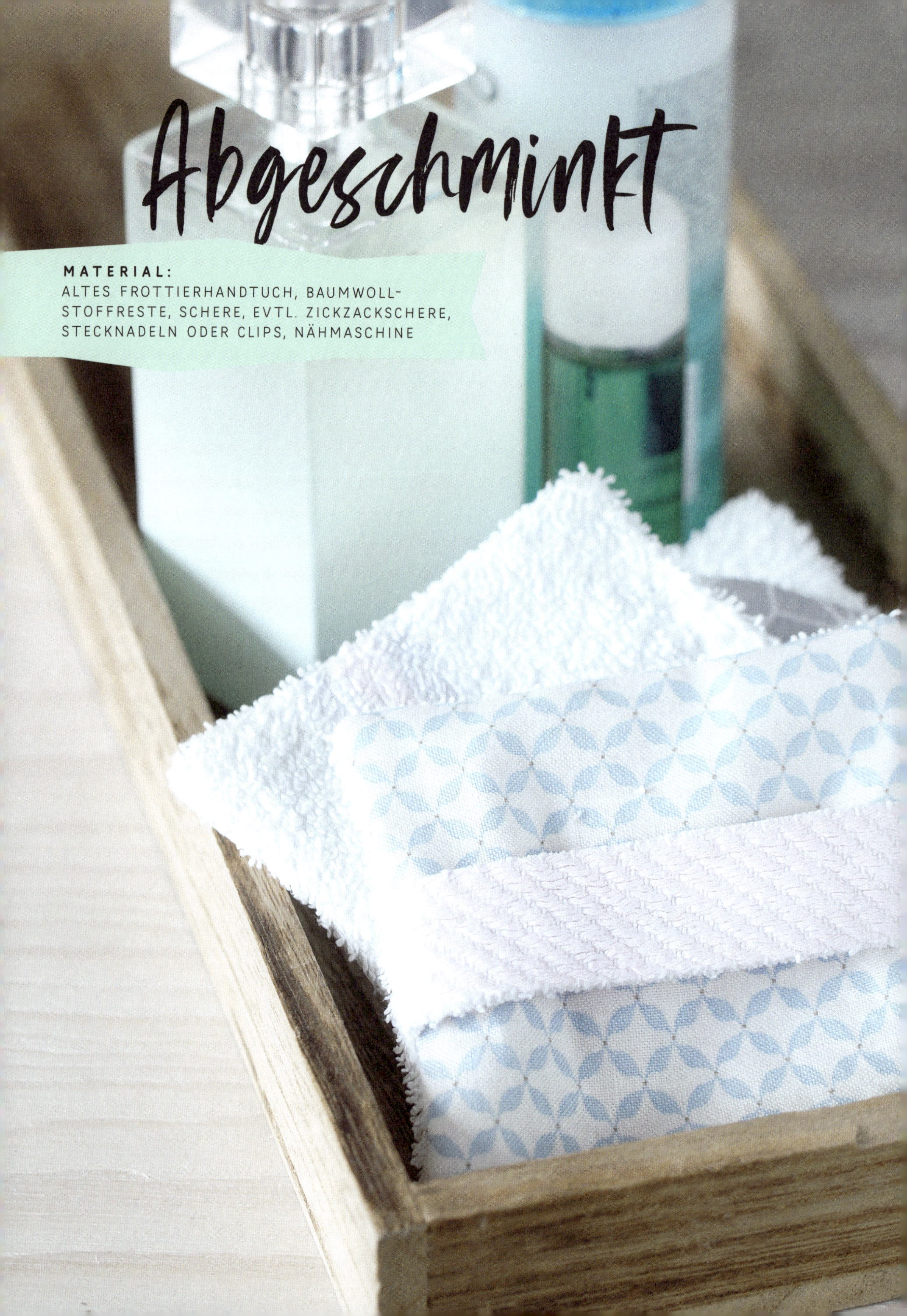

WOHIN MIT ALTEN HANDTÜCHERN? O.K., PUTZLAPPEN GEHEN IMMER. EIN BISSCHEN FEINER UND EBENFALLS NACHHALTIG SIND SELBST GENÄHTE ABSCHMINKPADS, DIE MAN IMMER WIEDER VERWENDEN KANN. BEI SCHÖN RAUEM FROTTEE SPART MAN SICH SOGAR NOCH DAS PEELING …

1

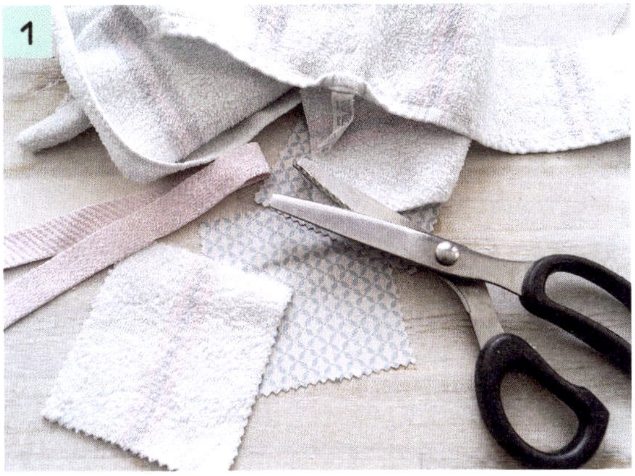

2

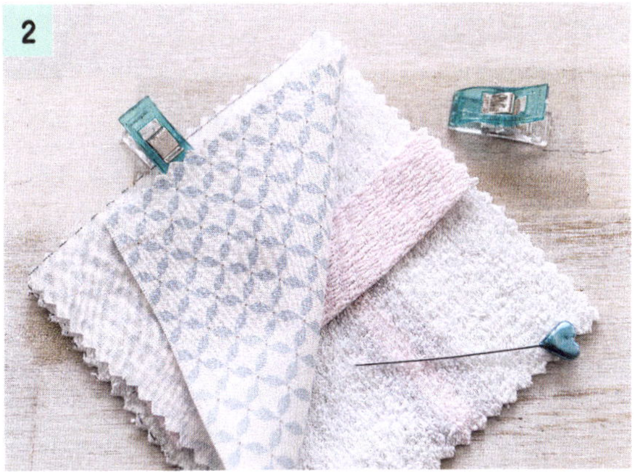

3

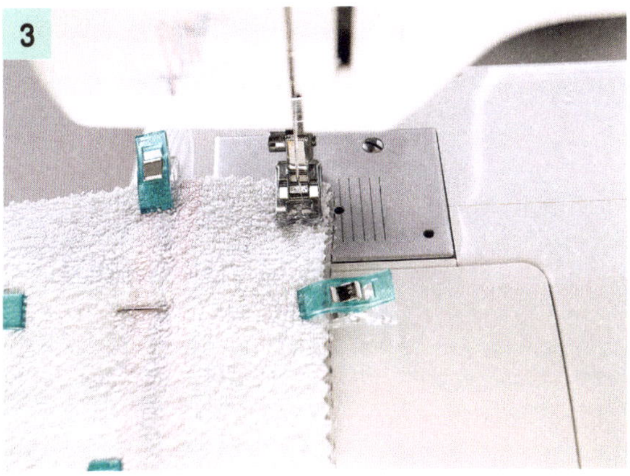

4

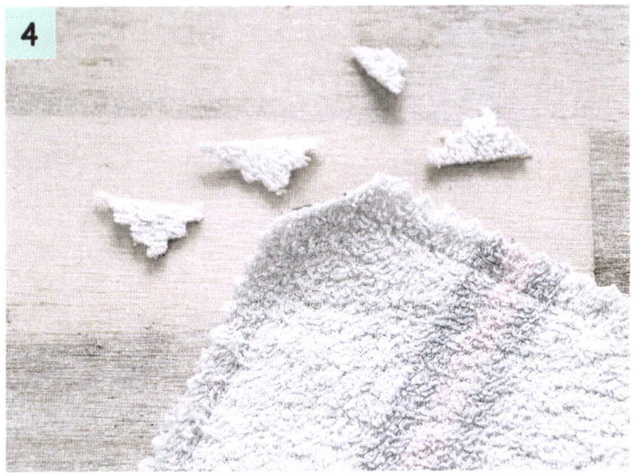

1. Aus einem alten Handtuch schneidet man sich viele kleine Quadrate mit der Zickzackschere zu. Hier in den Maßen von ca. 8 cm x 8 cm.

2. Hat das Handtuch noch eine hübsche, feste Bordüre, kann man diese als Fingerschlaufe verwenden. Diese legt man auf den Frotteestoff und darauf – mit der „guten" Seite nach innen – ein Quadrat aus einem Reststöffchen. (Natürlich kann man auch beide Seiten aus dem Handtuchstoff zuschneiden.) Die Teile dann mit Nadeln feststecken oder Clips verwenden.

3. Dann mit der Nähmaschine im Zickzackstich absteppen. Dabei eine Öffnung zum Wenden lassen.

4. Vor dem Wenden der kleinen Quadrate schneidet man die Ecken ein wenig ab, damit sie sich nach dem Wenden besser ausformen lassen.

Fortsetzung auf der nächsten Seite.

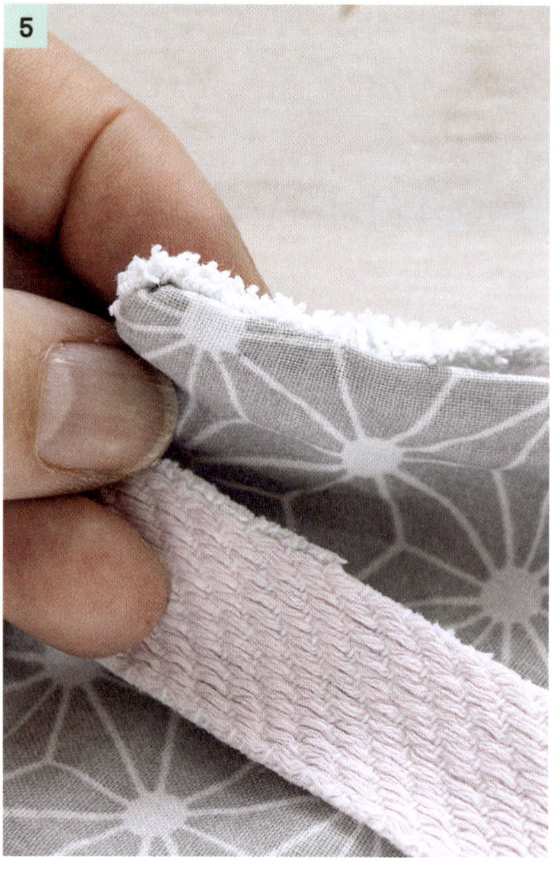

5. Das Stoffteil nun wenden, die Ecken ausformen und evtl. mit dem Bügeleisen aufdämpfen.

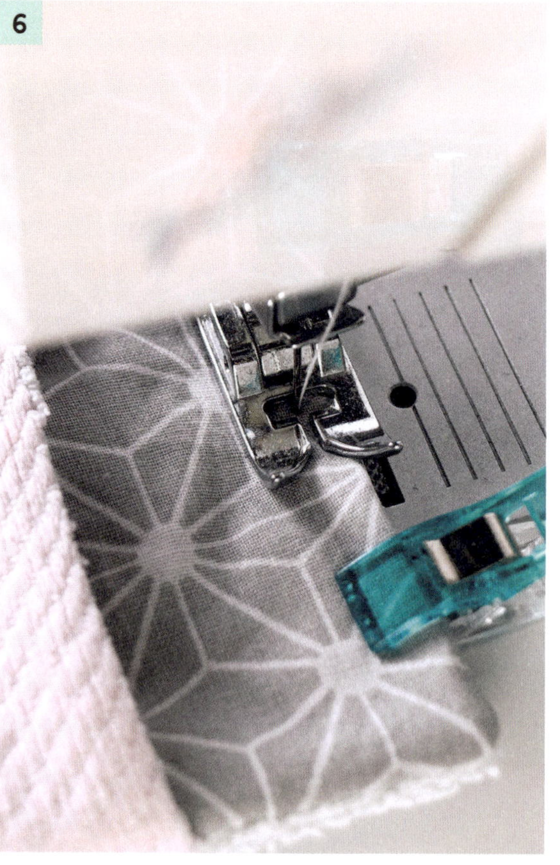

6. Anschließend die noch offene Naht mit der Nähmaschine im Gradstich schließen. Fertig sind ein paar hübsche Zero-Waste-Abschminkpads.

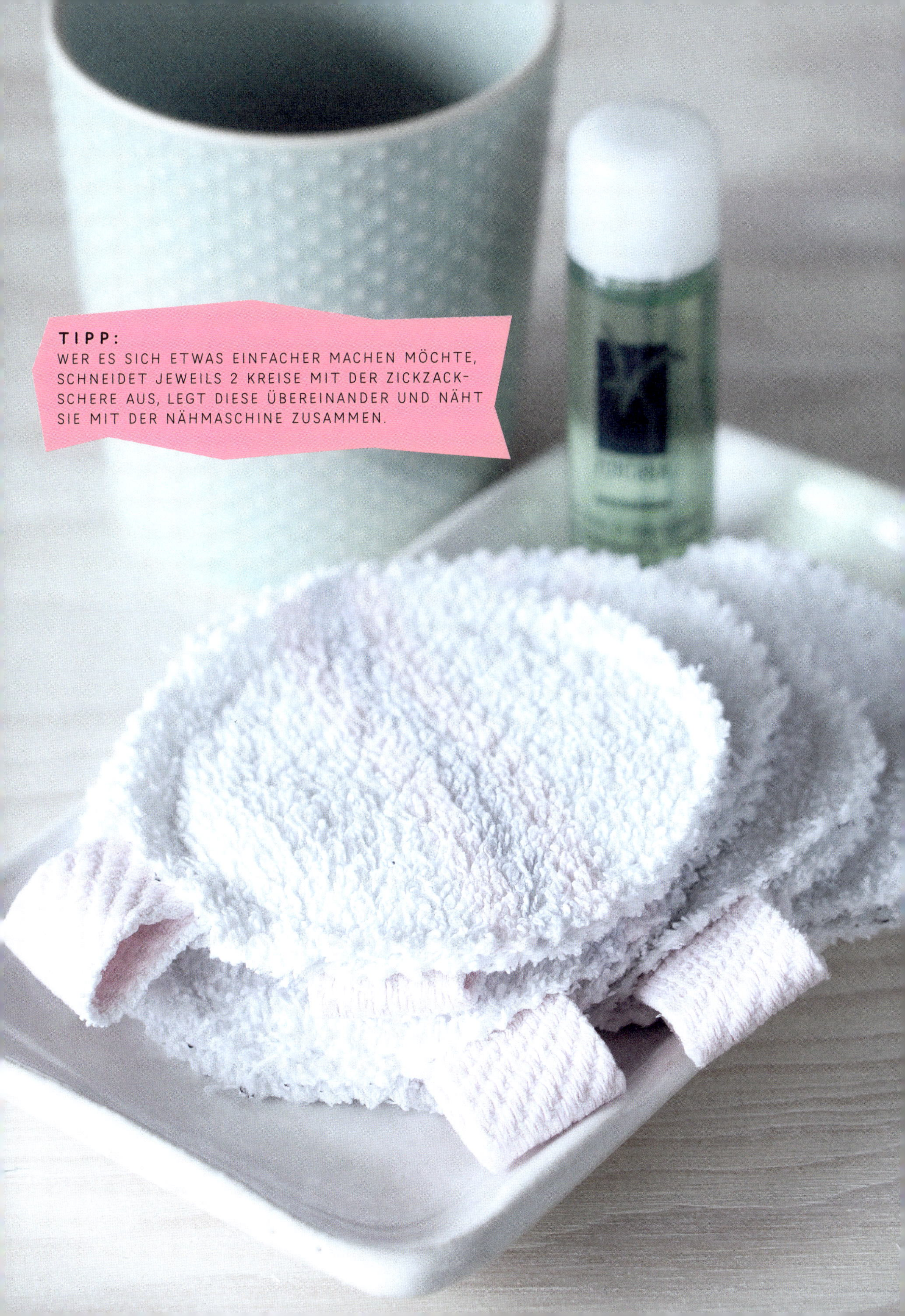

TIPP:
WER ES SICH ETWAS EINFACHER MACHEN MÖCHTE, SCHNEIDET JEWEILS 2 KREISE MIT DER ZICKZACK-SCHERE AUS, LEGT DIESE ÜBEREINANDER UND NÄHT SIE MIT DER NÄHMASCHINE ZUSAMMEN.

NATÜRLICH LASSEN SICH SOLCHE ABSCHMINKPADS NICHT NUR AUS ALTEN FROTTIERHANDTÜCHERN HERSTELLEN. WER ES ETWAS WEICHER MAG, KANN DAFÜR AUCH MIKROFASERTÜCHER NEHMEN. SIE LASSEN SICH EBENFALLS WIEDER PRIMA AUSWASCHEN, UM SIE WIEDERZUVERWENDEN.

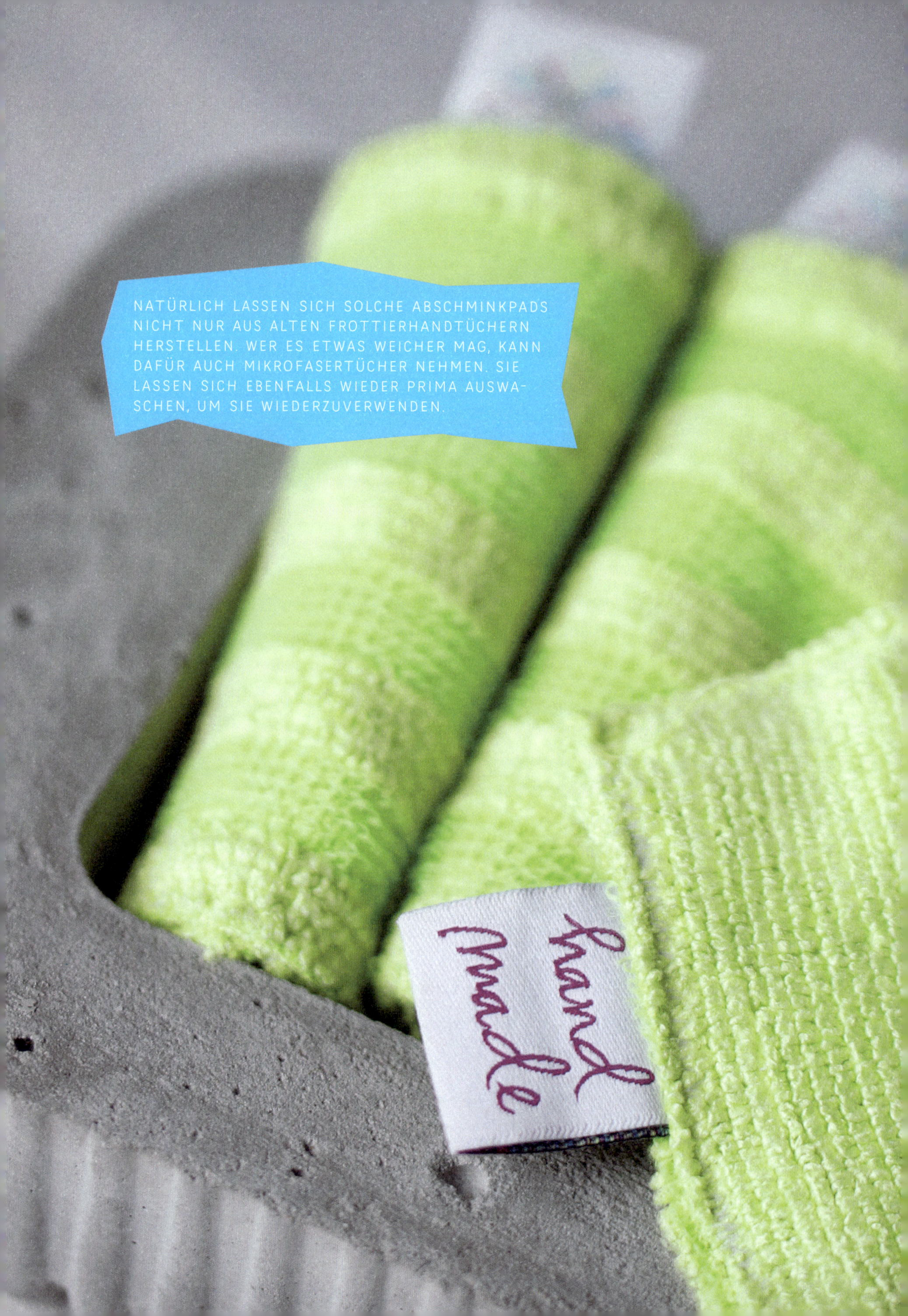

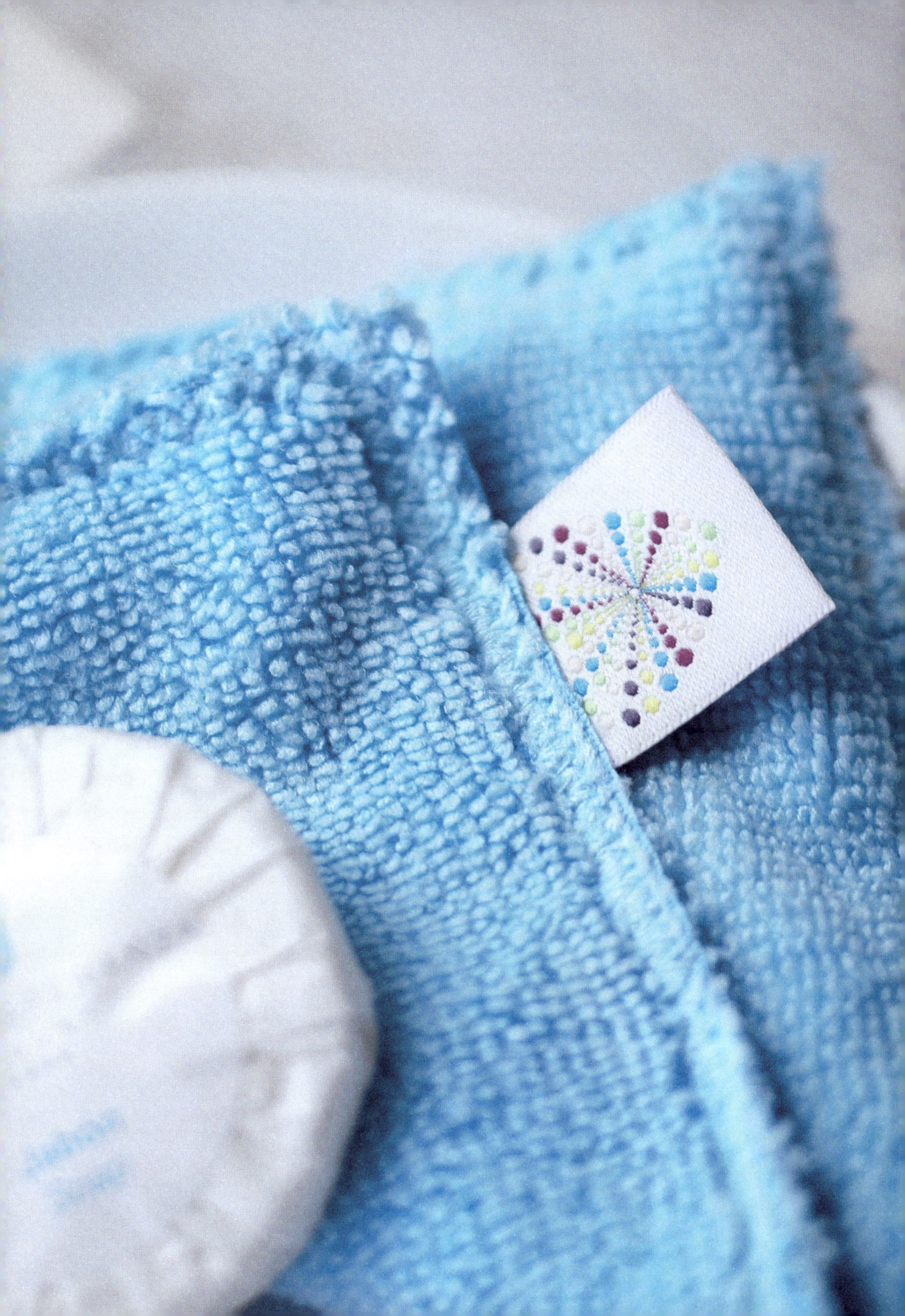

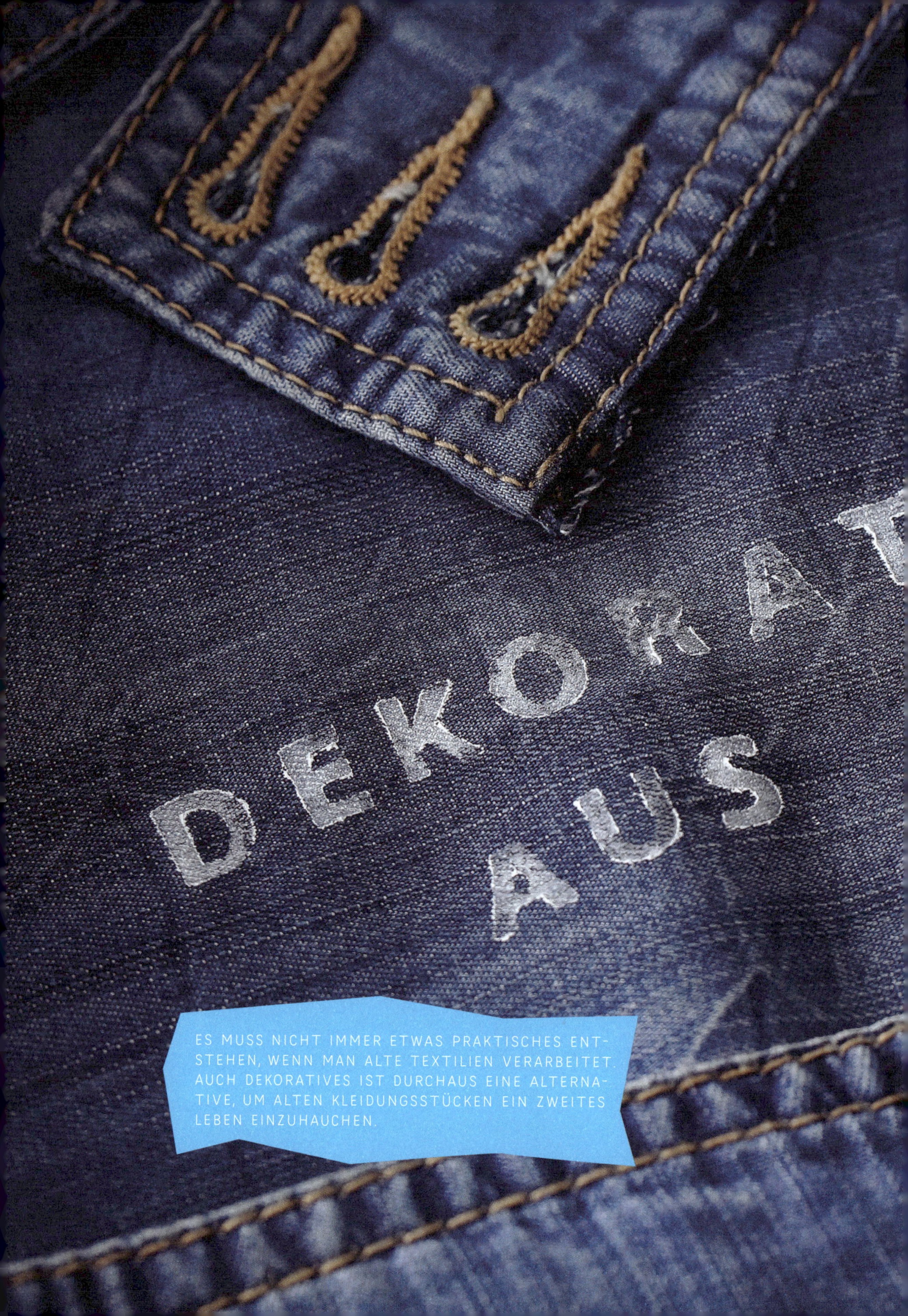

ES MUSS NICHT IMMER ETWAS PRAKTISCHES ENTSTEHEN, WENN MAN ALTE TEXTILIEN VERARBEITET. AUCH DEKORATIVES IST DURCHAUS EINE ALTERNATIVE, UM ALTEN KLEIDUNGSSTÜCKEN EIN ZWEITES LEBEN EINZUHAUCHEN.

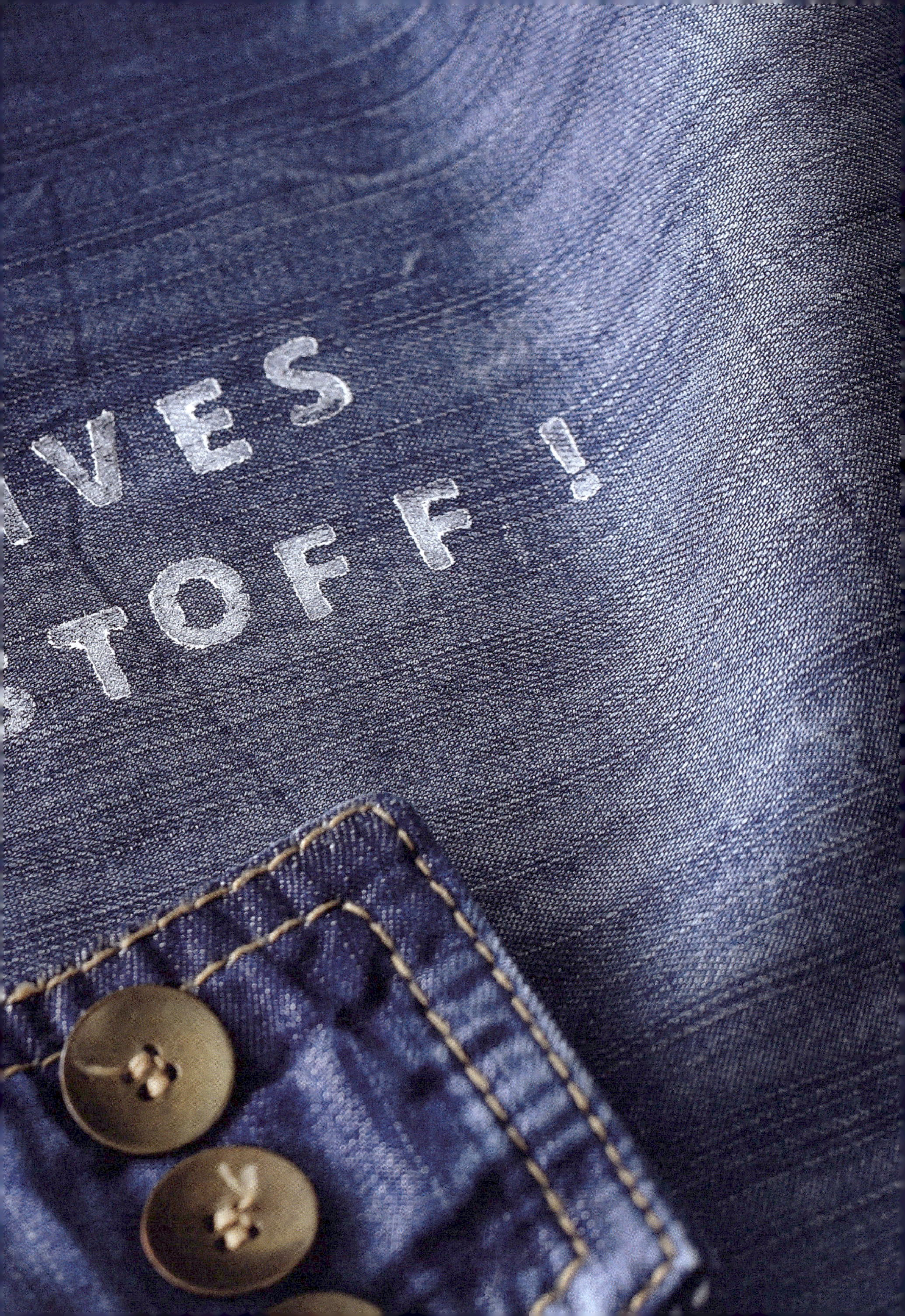

Tic Tac Toe

MATERIAL:
ALTE BAUMWOLLHOSE, SCHABLONE, STOFFREST, STIFT, ZICKZACKSCHERE, MOOSGUMMI, HOLZKLÖTZCHEN, ACRYL- ODER STOFFFARBE, SCHAUMSTOFFROLLE, UNTERLAGE, FÜLLWATTE, NÄHMASCHINE

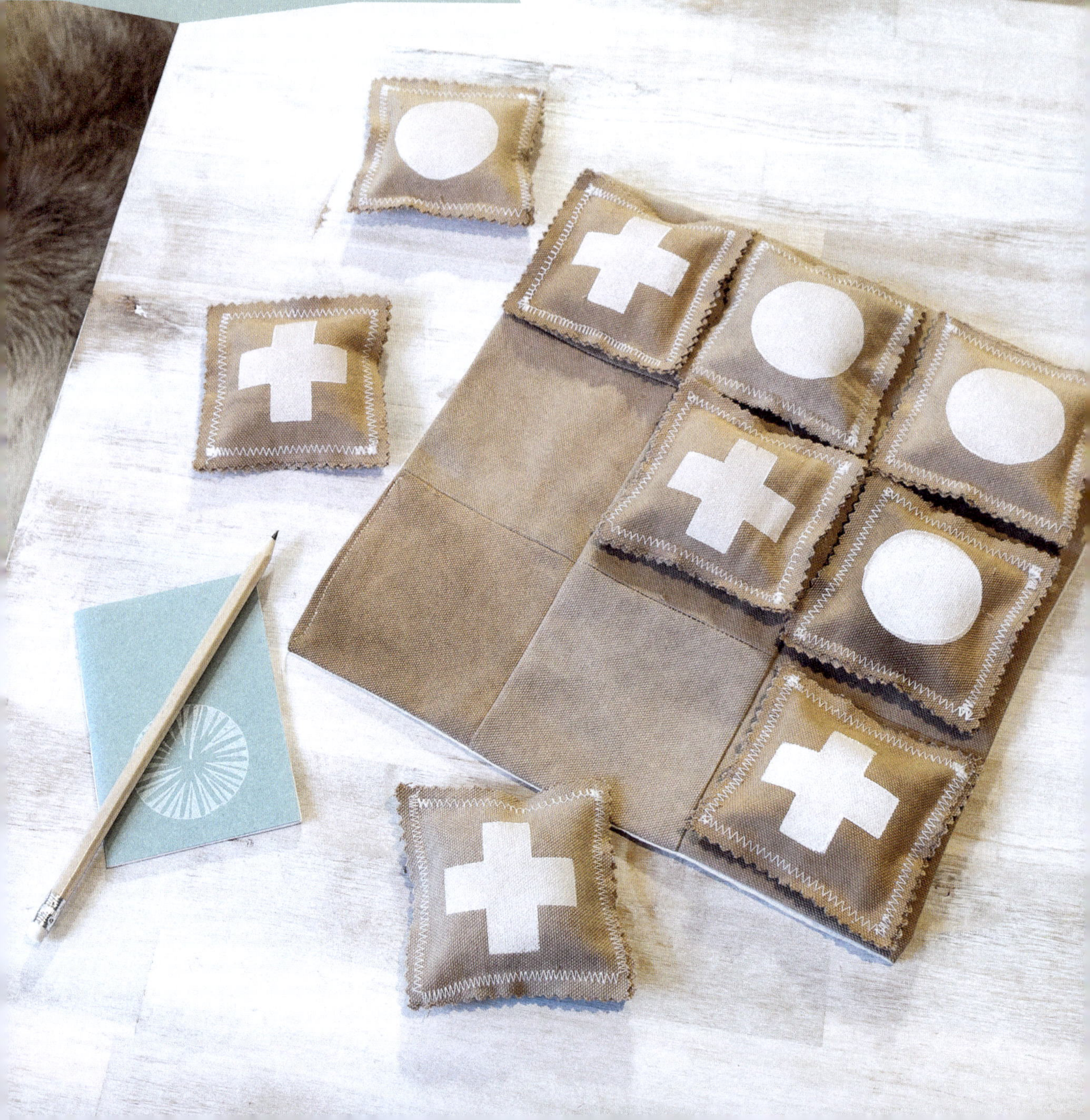

PAPAS ALTE HOSE WIRD ZUM SPIEL FÜR DIE KIDS. ODER FÜR DIE GANZE FAMILIE. WARUM NICHT MAL WIEDER ZUSAMMENSITZEN UND EINE RUNDE SPIELEN? „TIC TAC TOE" ODER AUCH „DREI GEWINNT" KENNT NAHEZU JEDER. ALSO KISSEN AUF DEN BODEN UND LOS GEHTS!

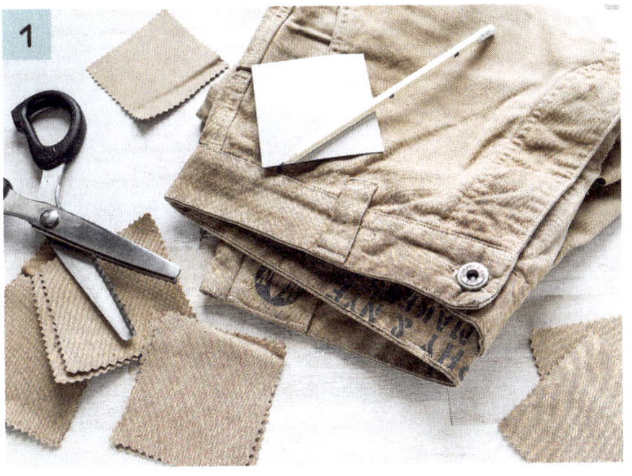

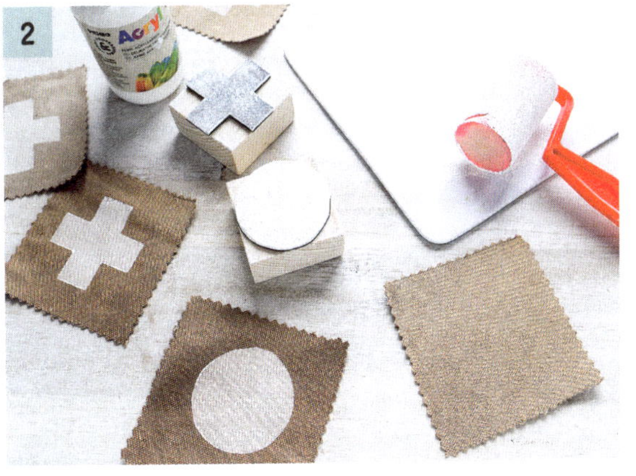

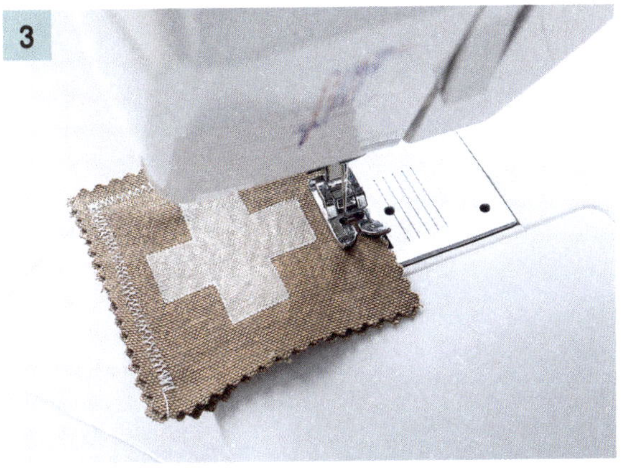

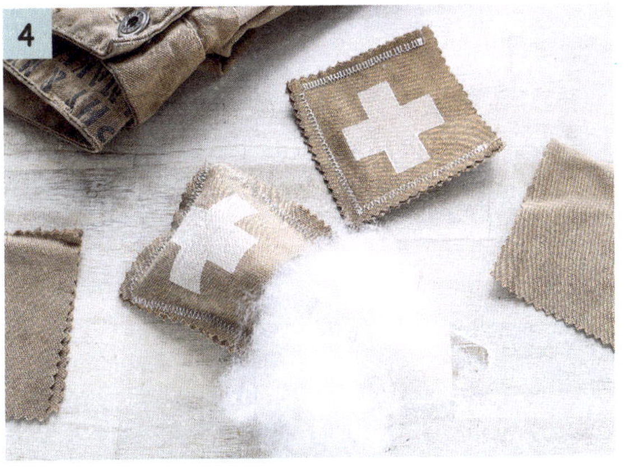

1. Für dieses Spiel werden aus einer alten, groben Stoffhose 18 Quadrate in der Größe 8 cm x 8 cm mit der Zickzackschere zugeschnitten. Dazu am besten eine Schablone verwenden und die Quadrate auf der linken Seite des Stoffs aufzeichnen.

2. Zum Bedrucken der kleinen Quadrate kann man sich Stempel aus Moosgummi zuschneiden. Diese dann auf ein Holzklötzchen kleben, mit der Schaumstoffrolle Acrylfarbe darauf verteilen und die Muster auf den Stoff stempeln. Dazu wird die eine Form fünfmal und die andere Form viermal aufgedruckt. (Verwendet man Stofffarbe, kann man die Stoffsäckchen später auch waschen.)

3. Nach dem Trocknen der Stofffarbe immer ein bedrucktes und ein unbedrucktes Quadrat mit der Nähmaschine zusammennähen. Dabei eine Seite offen lassen.

4. Die kleinen Quadrate nun mit ein wenig Füllwatte ausstopfen und anschließend mit der Nähmaschine komplett zunähen.

Fortsetzung auf der nächsten Seite.

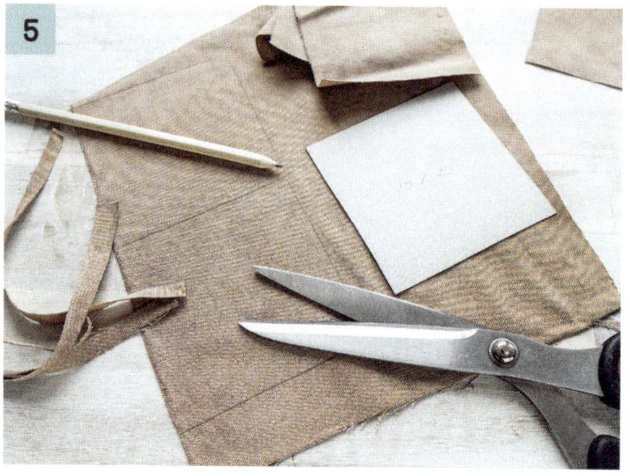

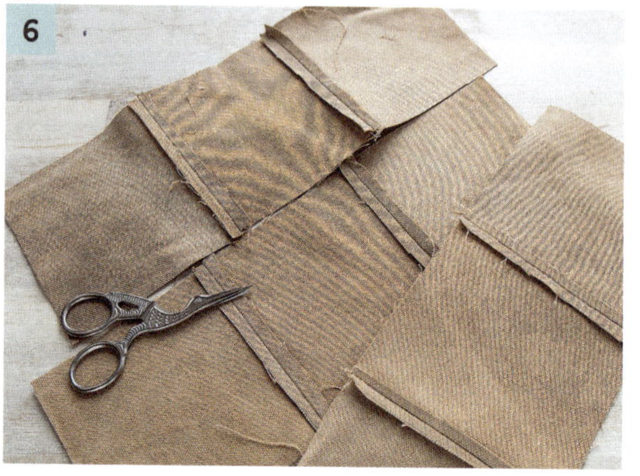

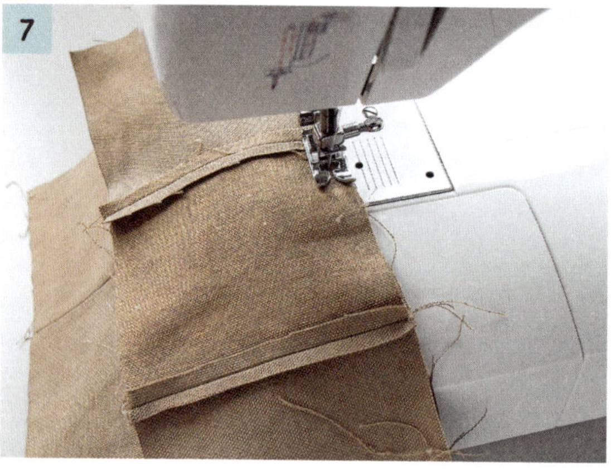

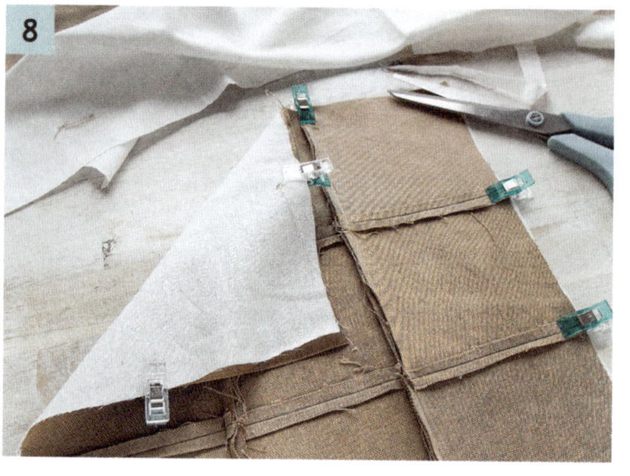

5. Nun noch einmal 9 Quadrate in der Größe 10 cm x 10 cm zuschneiden.

6. Dann jeweils 3 Quadrate zusammennähen, um 3 Streifen zu erhalten. Die Nähte aufbügeln.

7. Diese 3 Streifen dann ebenfalls aneinandernähen und nochmals bügeln.

8. Nun einen passenden Stoff in der Größe des gesamten Quadrates zuschneiden und die beiden Teile mit der rechten Seite nach innen zusammenlegen. Mit Clips den Stoff fixieren. Mit der Nähmaschine beide Teile zusammennähen, dabei eine Wendeöffnung lassen.

Nach dem Zusammennähen das Quadrat wenden, aufbügeln und die offene Seite schließen. Das Ganze noch einmal aufbügeln – fertig ist das Spielfeld!

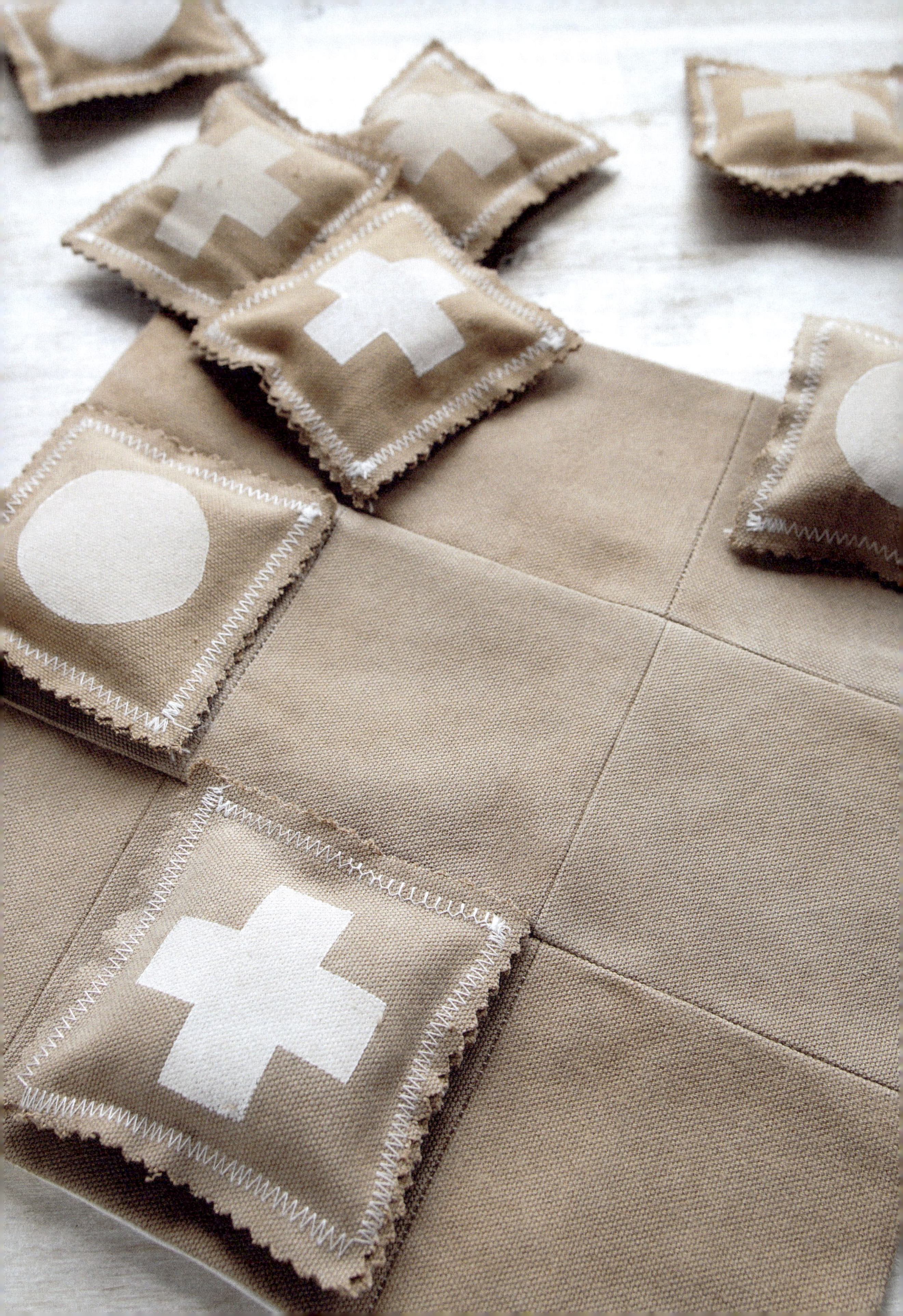

Sonnig und duftig

MATERIAL:
ALTES WEISSES BETTLAKEN, KURKUMAPULVER, ALTER TOPF, HOLZLÖFFEL, SCHERE, NÄHMASCHINE, STEMPEL, STEMPELFARBE, ORANGENSCHALEN (ODER ANDERE BLÜTEN UND GEWÜRZE), BÜGELEISEN

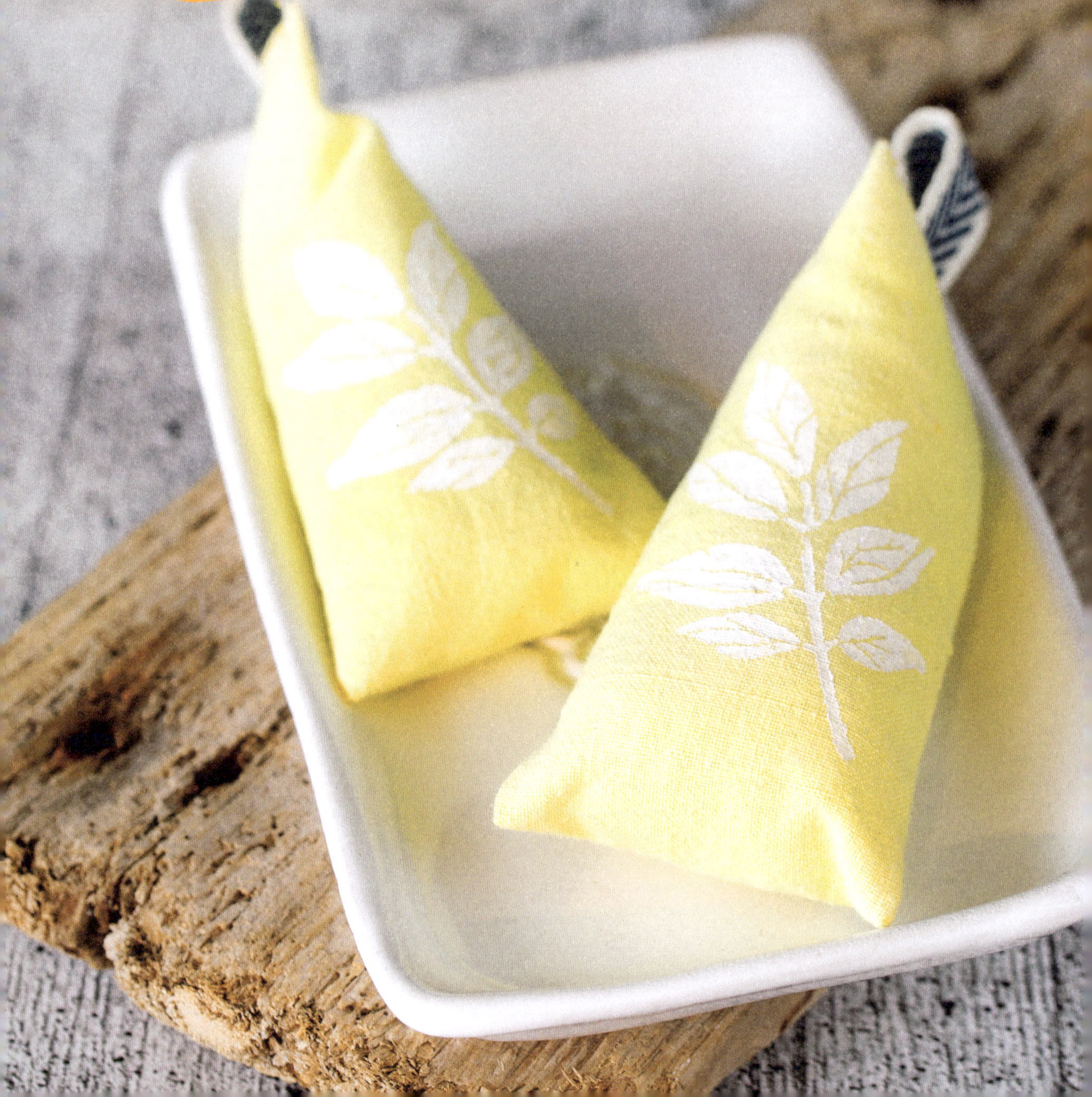

SELBST FÄRBEN MIT KURKUMA IST SO EINFACH UND SO SCHÖN. DIESE FARBE ZAUBERT EINEM GLEICH EIN LÄCHELN INS GESICHT. SIE IST SONNIG UND WARM UND VON EINER TOLLEN INTENSITÄT. AUS DEN GEFÄRBTEN STOFFEN KLEINE DUFTSÄCKCHEN NÄHEN UND DAMIT DEN SOMMER VERLÄNGERN.

1

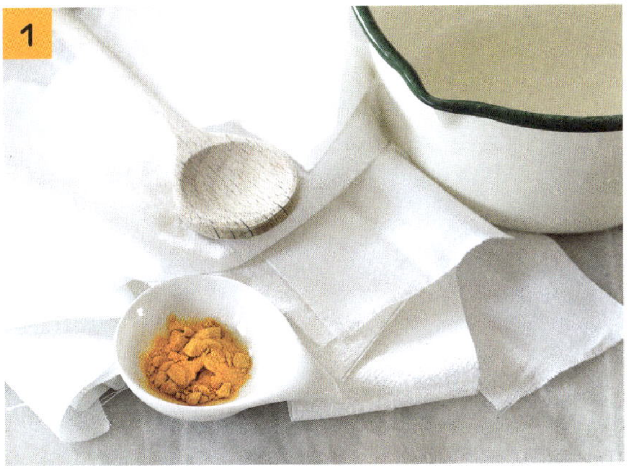

2

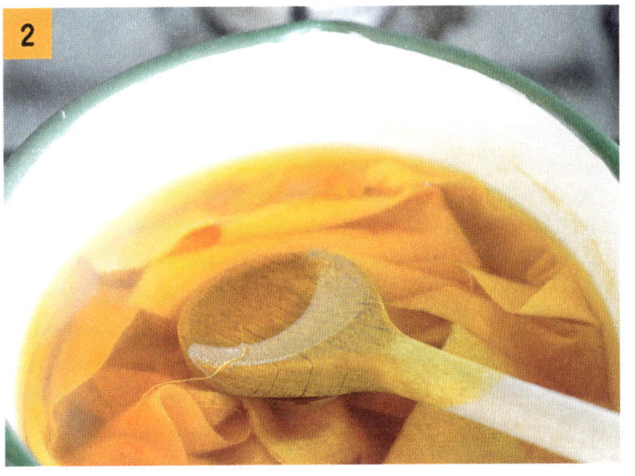

3

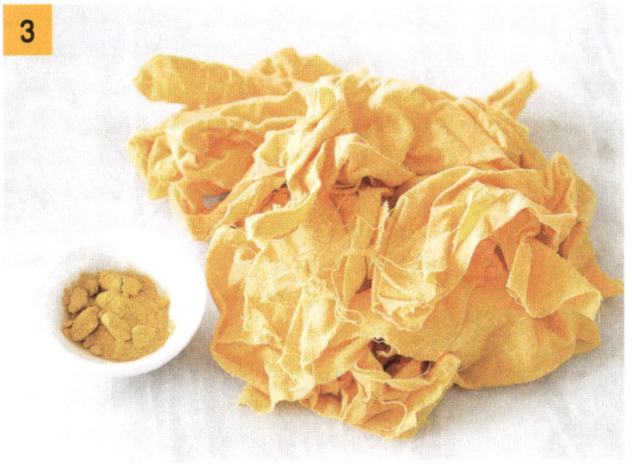

4

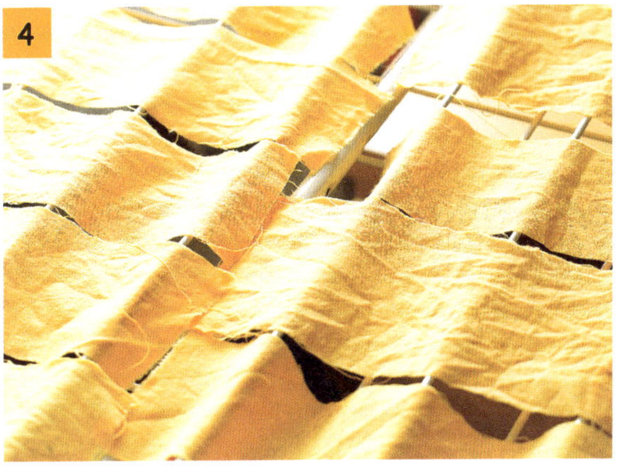

1. Neue Stoffe müssen entschlichtet, das heißt, von ihrem Schutzfilm befreit werden. Am besten geht das mit einem pH-neutralen Biowaschmittel und Waschsoda. Alte Stoffe, die schon oft gewaschen wurden, kann man dagegen auch so verwenden.

2. Für diese Minibeutel reicht ein Topf mit wenig Wasser. In dieses rührt man ein kleines Schälchen Kurkumapulver ein. Das Ganze auf dem Herd ein wenig köcheln lassen. Dann die Stoffstücke hineinlegen und ca. 1 Stunde ziehen lassen. Unbedingt hin und wieder umrühren und darauf achten, dass der Stoff immer gut mit Flüssigkeit bedeckt ist. (Der Holzlöffel ist übrigens hinterher auch gelb!)

3.–4. Die Stoffstücke gut auswaschen, bis das Wasser klar ist, und dann auf eine Leine zum Trocknen hängen. Anschließend glatt bügeln.

Fortsetzung auf der nächsten Seite.

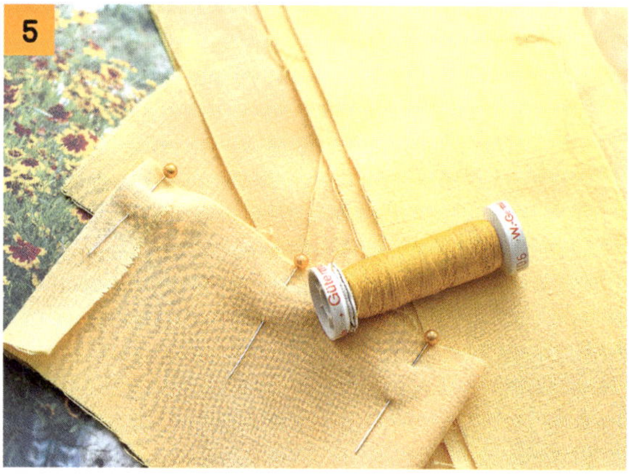

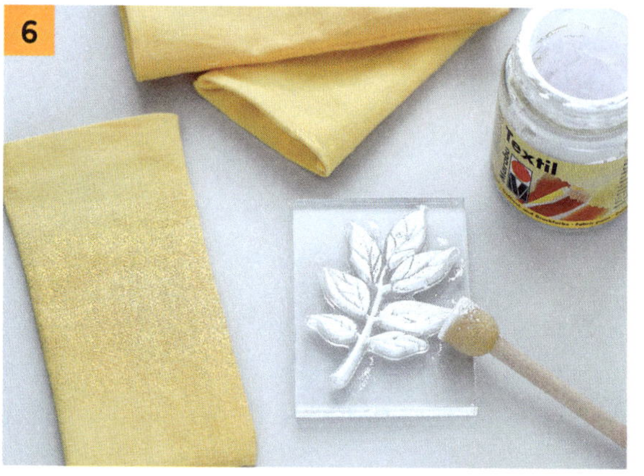

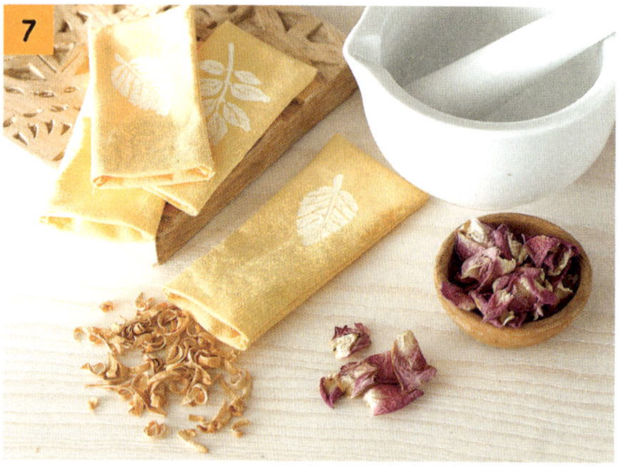

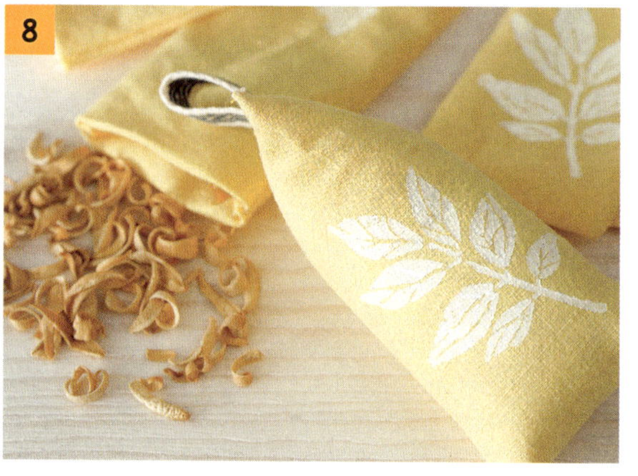

5. Nun kann man aus dem gefärbten Stoff kleine Beutel nähen.

6. Wer die Stoffe noch mit Stofffarbe bedrucken möchte, sollte ein Stück Pappe hineinschieben, damit sich die Farbe nicht durchdrückt.

7. Die Füllung ist Geschmacksache. Lavendel, Rosenblüten oder wie in diesem Fall Orangenschalen.

8. Nach dem Befüllen das Säckchen an der Oberkante noch zunähen. Vielleicht mit einem kleinen Aufhänger, so kann man den Duft auch an einem Kleiderbügel befestigen.

NEUE STOFFE ZUVOR „BEIZEN“:
DEN STOFF ZUNÄCHST PER HAND OHNE WASCHMITTEL AUSWASCHEN UND TROCKNEN LASSEN. FÜR DIE BEIZE BENÖTIGT MAN WASSER UND ESSIG, AUF 2 LITER WASSER ETWA 500 ML ESSIG. IN EINEM TOPF ERHITZEN, NICHT AUFKOCHEN. DEN STOFF HINEINGEBEN, BEI GERINGER HITZE 1 STUNDE ZIEHEN LASSEN. DANN GRÜNDLICH AUSWASCHEN, BIS ER NICHT MEHR NACH ESSIG RIECHT. ANSCHLIESSEND TROCKNEN LASSEN. DURCH DAS BEIZEN NIMMT DER STOFF DIE FARBE SPÄTER BESSER AN.

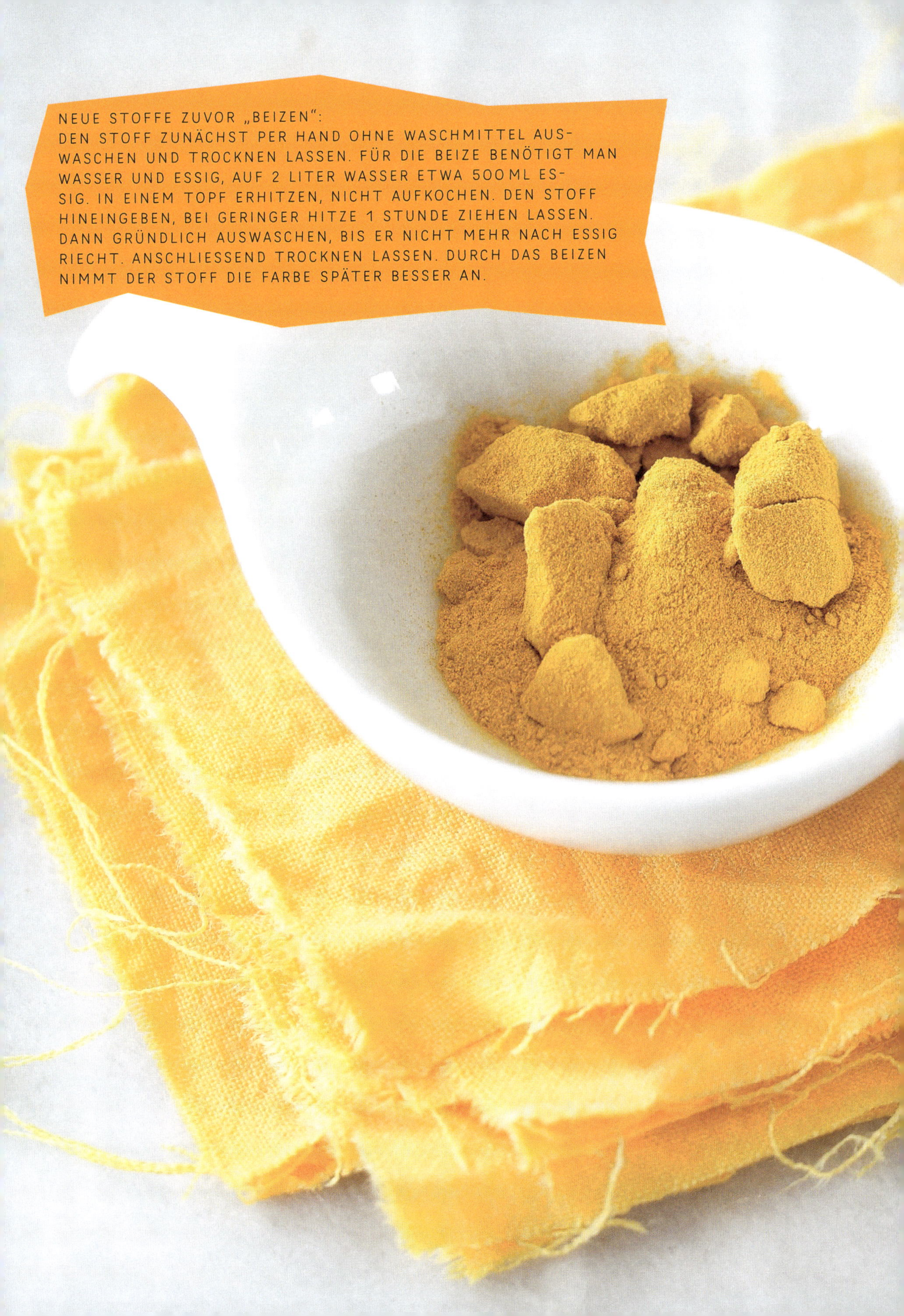

Frühstücksbunny

MATERIAL:
STOFFRESTE, KARTON FÜR DIE SCHABLONE, SCHERE, ZICKZACKSCHERE, STIFT, NÄHMASCHINE

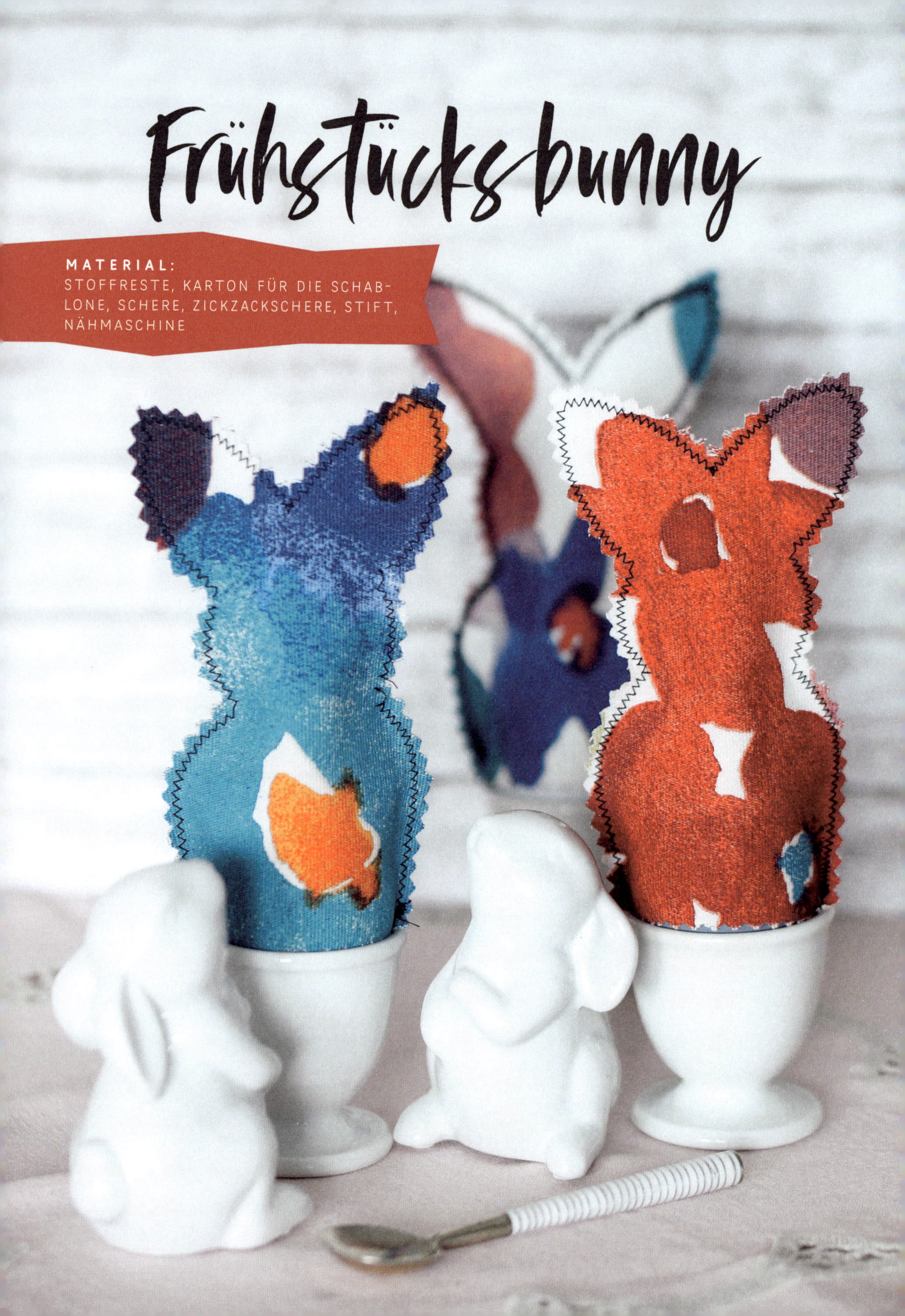

WAS HOPPELT DENN DA ÜBER DEN FRÜHSTÜCKSTISCH? DER OSTERHASE? ODER NUR DAS FRÜHSTÜCKSBUNNY? DIE KLEINEN HASEN HALTEN DIE EIER WARM UND BRINGEN EIN BISSCHEN FARBE AUF DEN FRÜHSTÜCKSTISCH. FÜR DIE HÄSCHEN LASSEN SICH NAHEZU ALLE STOFFRESTE VERWERTEN.

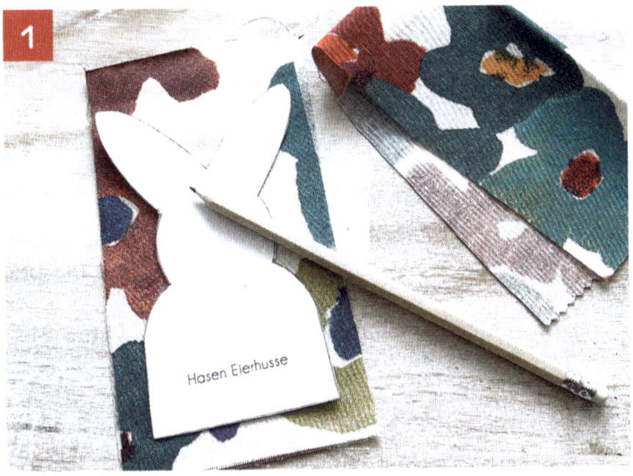

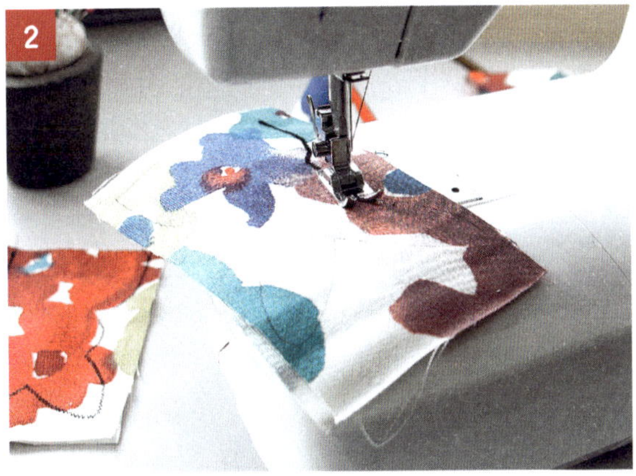

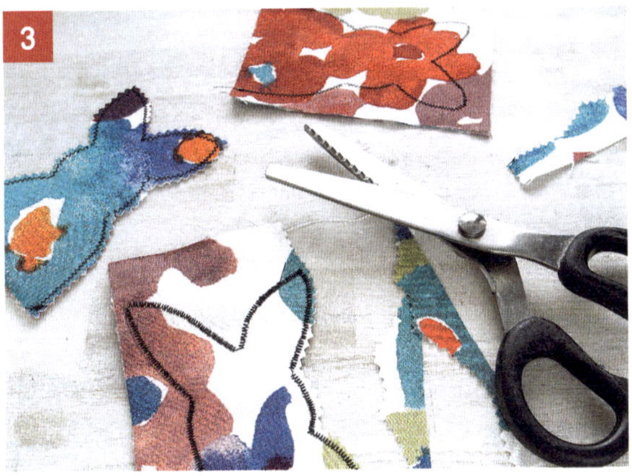

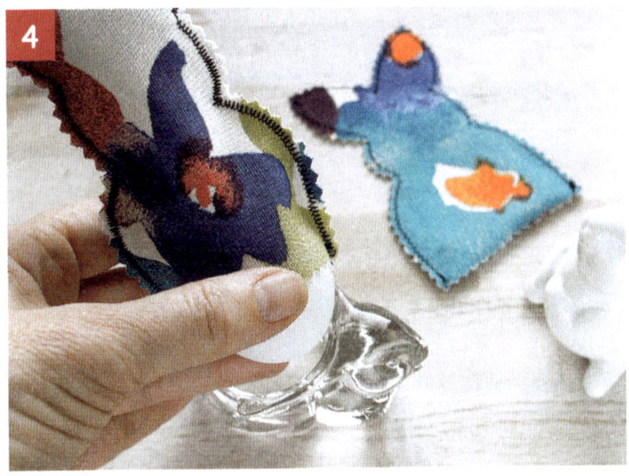

1. Die Hasen-Vorlagen von Seite 122 überträgt man am besten auf einen festen Karton, damit man diesen mehrmals als Schablone verwenden kann. Dann einfach mit einem Stift auf der Rückseite des Stoffs aufzeichnen.

2. Anschließend zwei Stoffstücke rechts auf rechts zusammenlegen, feststecken und auf der gezeichneten Naht mit der Nähmaschine absteppen.

3. Danach kann man den Hasen mit der Zickzackschere an der Naht entlang abschneiden.

4. Noch eine kleine Anprobe? Passt!

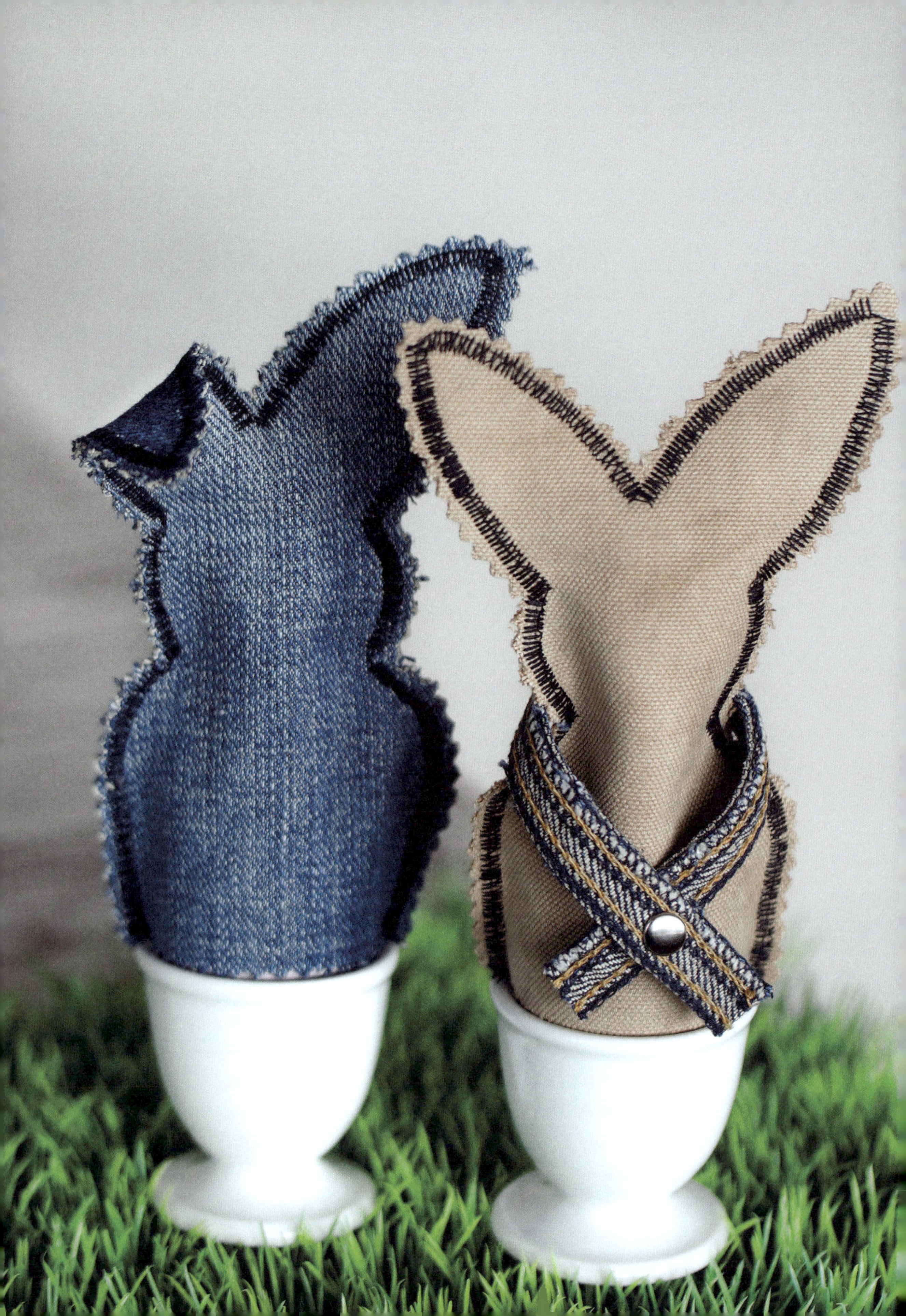

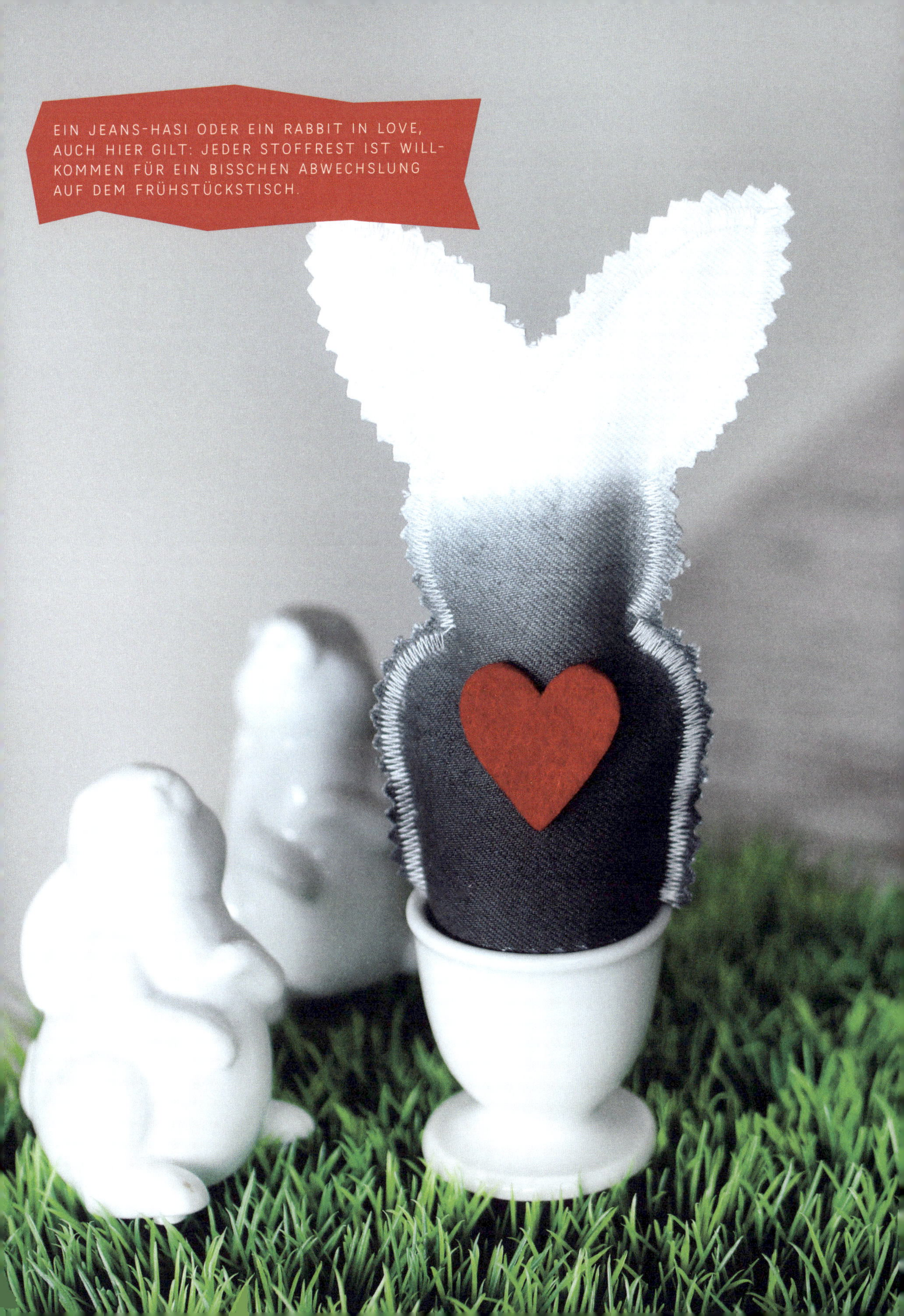

EIN JEANS-HASI ODER EIN RABBIT IN LOVE, AUCH HIER GILT: JEDER STOFFREST IST WILLKOMMEN FÜR EIN BISSCHEN ABWECHSLUNG AUF DEM FRÜHSTÜCKSTISCH.

Schick in Strick

MATERIAL:
ALTER STRICKPULLI, SCHERE, GARN, NADEL, 2 GLÄSER UND EIN BISSCHEN DEKORATION

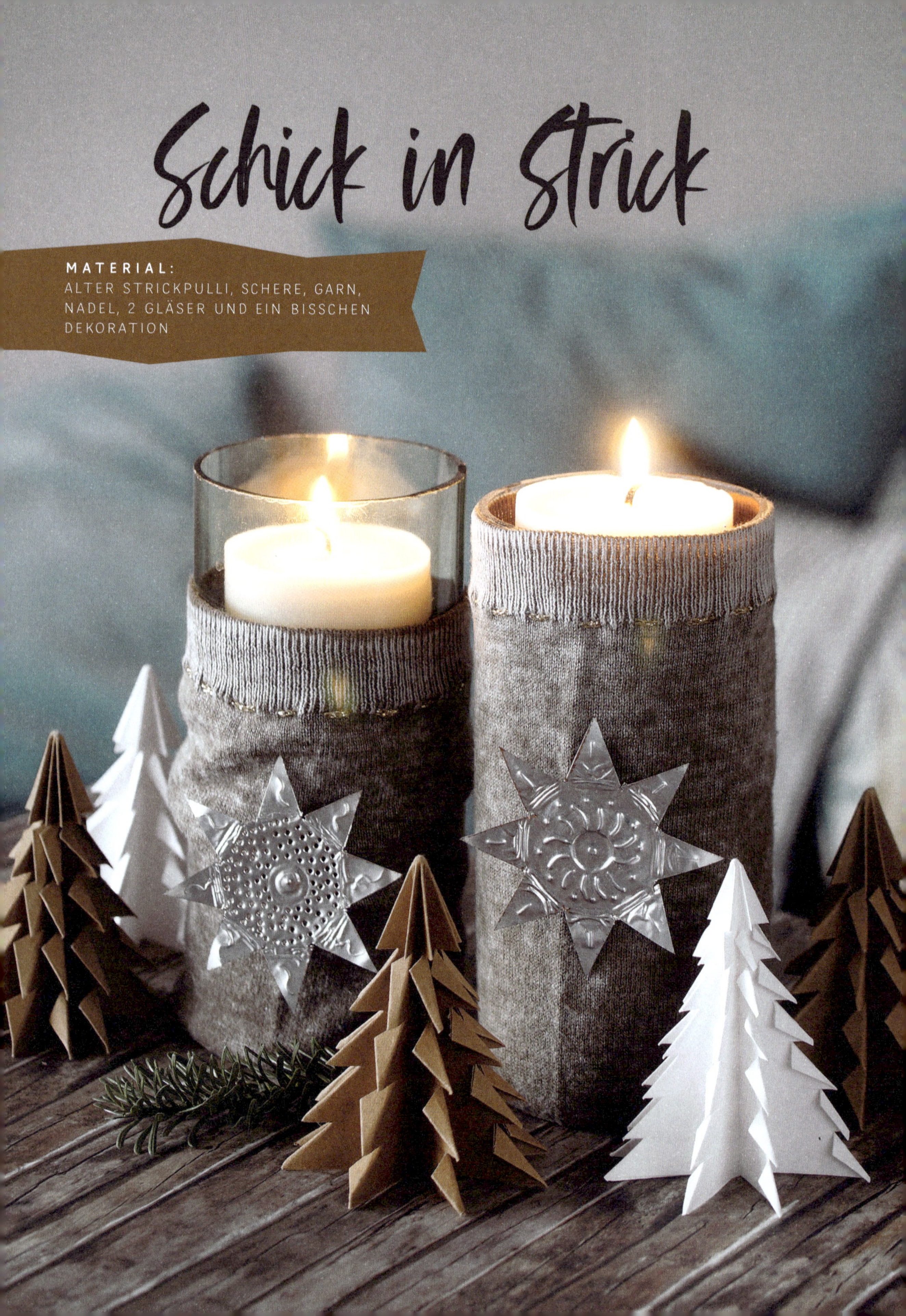

KERZENZEIT IST EIGENTLICH IMMER, ABER BESONDERS RUND UM WEIHNACHTEN. WER DA KEINEN PASSENDEN KERZENSTÄNDER HAT, BASTELT SICH EINEN. EIN GLAS GEFÜLLT MIT SAND, KLEINE STUMPENKERZE HINEIN UND DRUM HERUM NOCH EINE SCHICKE HÜLLE. FERTIG IST DIE WEIHNACHTSDEKO ...

1

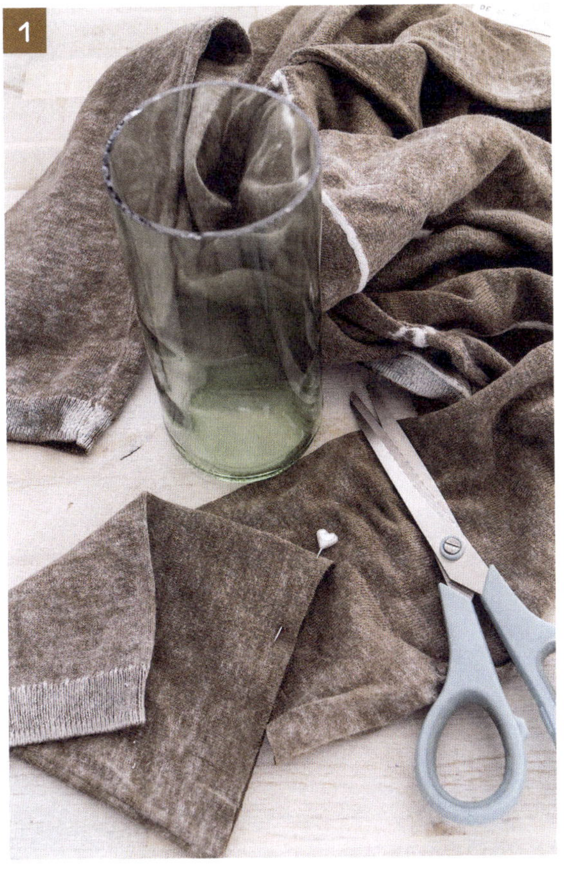

2

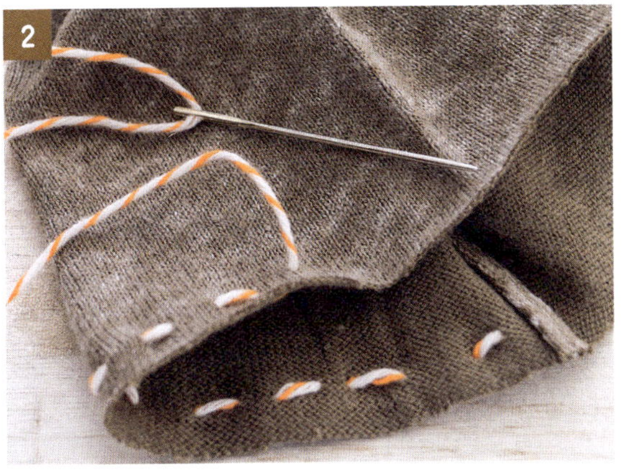

3

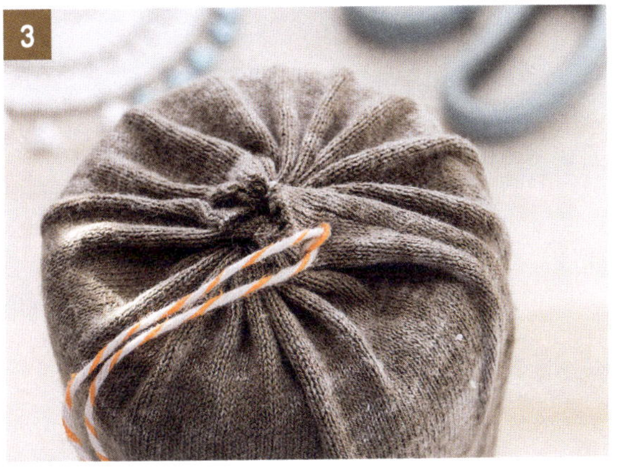

1. Von einem alten Pulli schneidet man einfach ein Stück des Ärmels in der gewünschten Länge ab. Dabei beachten, dass man den Stoff an der Unterseite noch zusammenziehen kann.

Hier dient als Behälter eine abgeschnittene Glasflasche. Es kann aber auch ein Marmeladengläschen oder eine abgeschnittene Kunststoffflasche sein.

2. Mit einer Nadel reiht man einen Faden an der unteren Kante rundherum auf und zieht den Strickstoff zusammen.

3. Es eignen sich natürlich besonders Gläser und Behälter, die einen tiefen Boden haben, damit der Stoff ein wenig darin verschwinden kann. So bleibt das Glas besser stehen.

Ist der Pullover zu dick, schneidet man genau bis zur Kante und verziert den abgeschnittenen Rand z. B. mit einem hübschen Band.

Oh Tannenbaum …

MATERIAL:
JEANSRESTE, KARTON FÜR DIE SCHABLONE, STIFT, RUNDKOPFKLAMMERN, LOCHZANGE, NÄHMASCHINE, SCHERE, LOCHNIETEN, NIETENZANGE, SCHNUR

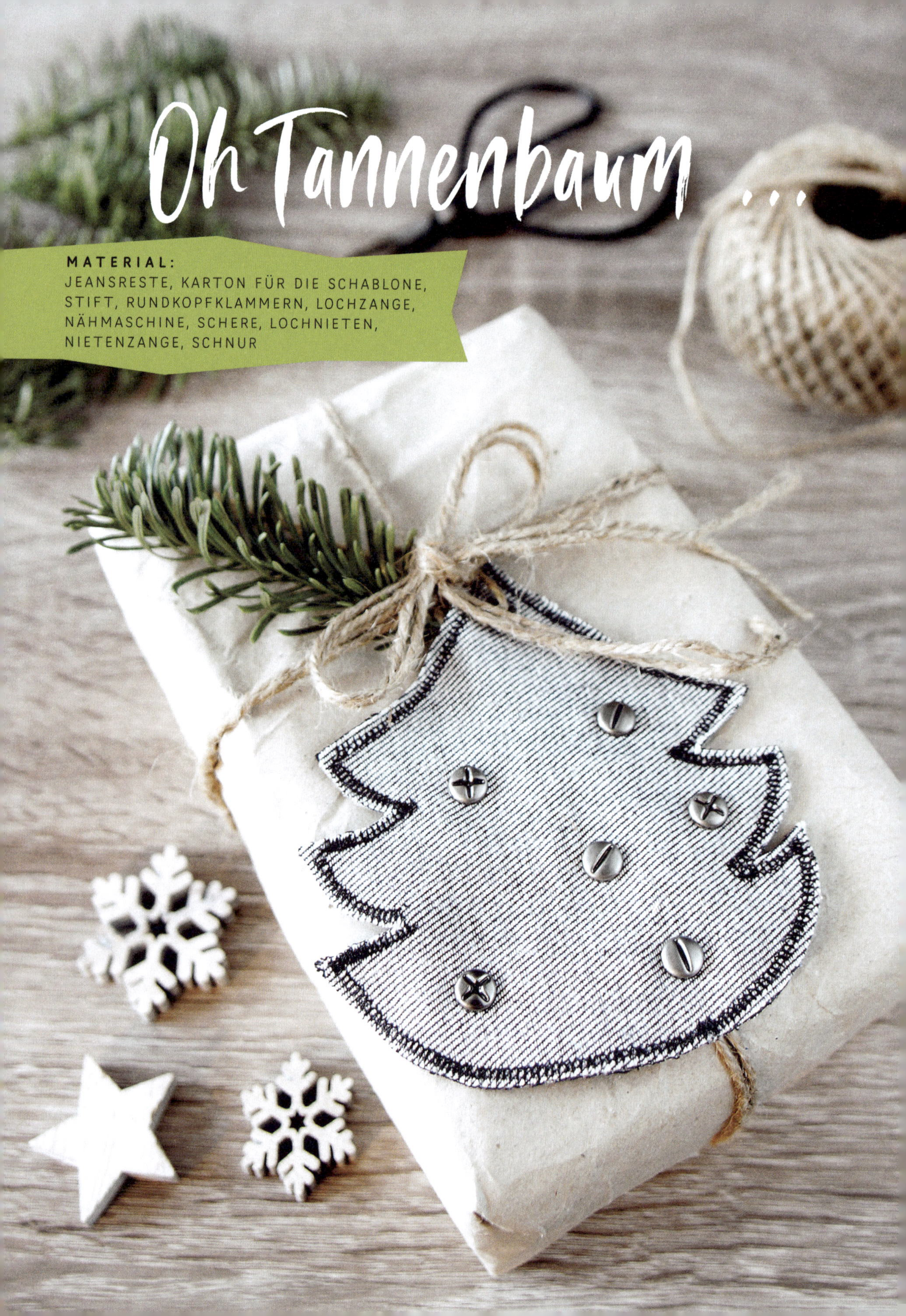

SELBST GEMACHTER CHRISTBAUMSCHMUCK ODER ANHÄNGER FÜR GESCHENKPÄCKCHEN KANN MAN AUS JEDEM STOFF HERSTELLEN. EINE ALTE JEANS BIETET SICH NATÜRLICH AN. EIN TANNENBÄUMCHEN ODER EINEN STERN HAT JEDER SCHNELL SELBST GEZEICHNET. WENN NICHT, GIBTS HIER EINE VORLAGE.

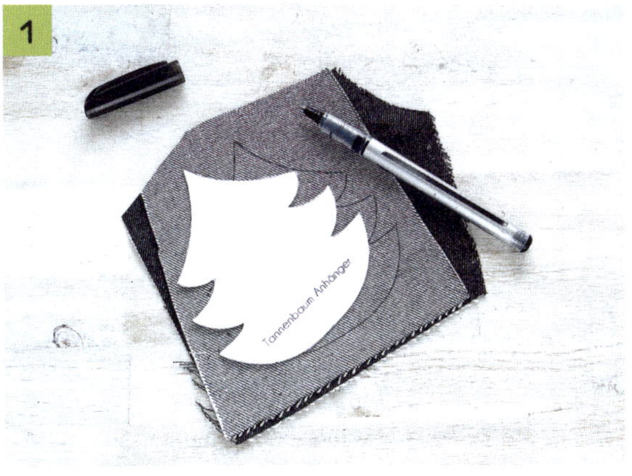

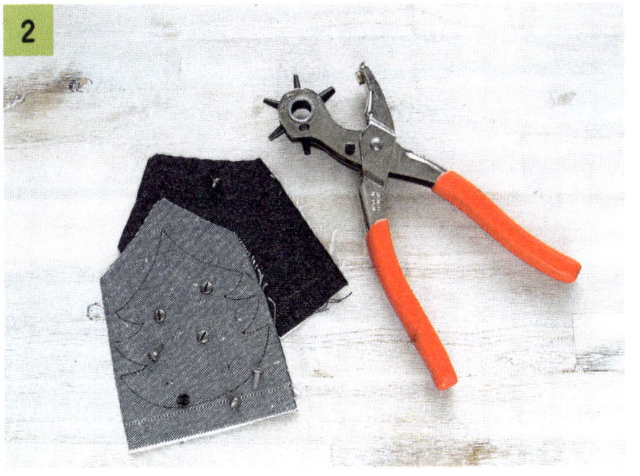

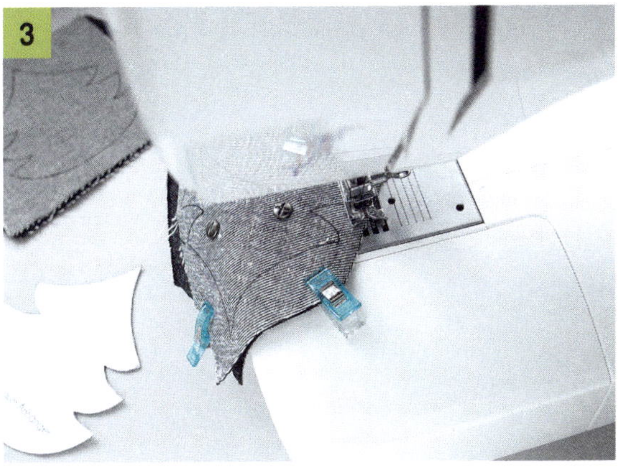

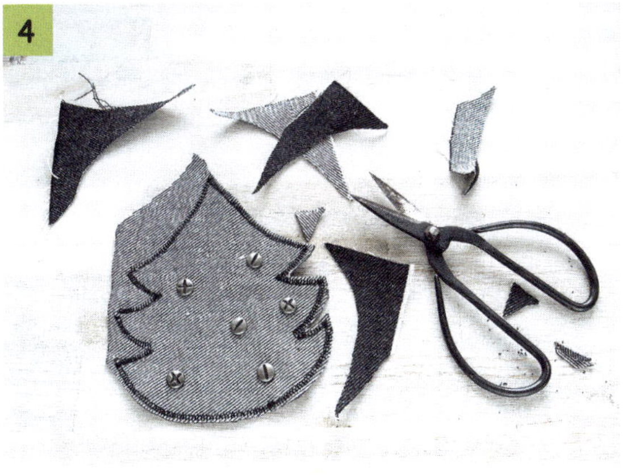

1. Die Vorlage von Seite 122 auf einen festen Karton übertragen und ausschneiden. So hat man eine Schablone, die man immer wieder verwenden kann. Mit einem Filzstift zeichnet man den Baum auf die Rückseite des zugeschnittenen Stoffs.

2. Die Stellen für die Rundkopfklammern sollte man sich vorher mit einem Stift markieren und mit einer Lochzange vorstanzen. Dann die kleinen Nieten anbringen.

3. Nun die Stoffteile mit den gewünschten Seiten nach außen aufeinanderlegen und mit der Nähmaschine absteppen.

4. Mit einer scharfen Schere knapp entlang der Steppnaht das Bäumchen ausschneiden.

Fortsetzung auf der nächsten Seite.

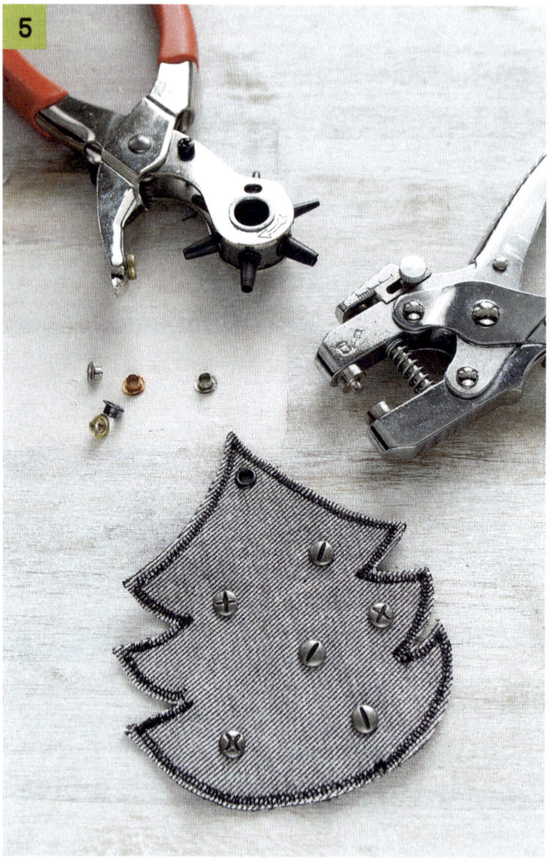

5. An der Spitze des Bäumchens noch einmal mit der Lochzange ein Loch stanzen und dort mit der Nietenzange eine kleine Öse anbringen.

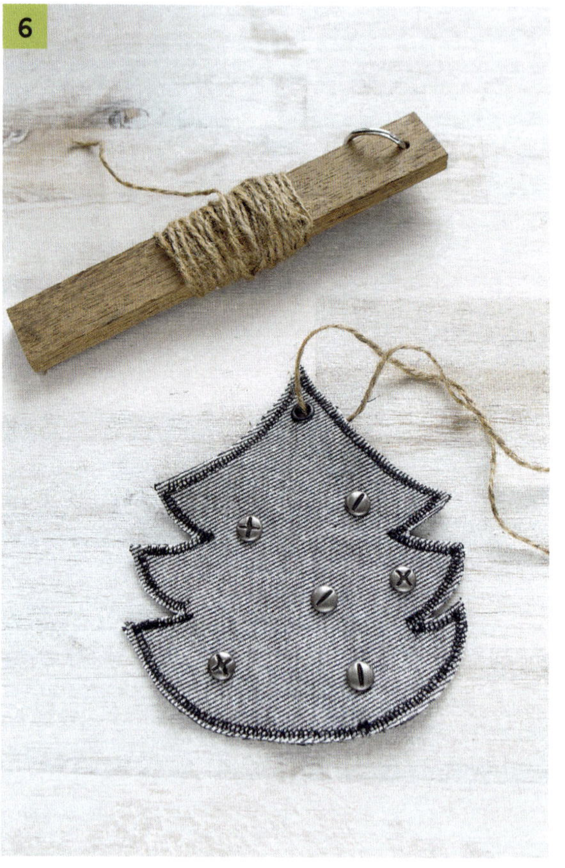

6. Nun noch eine kleine Kordel, z. B. Paketschnur, durch die Öse ziehen und festbinden, fertig ist der kleine Anhänger.

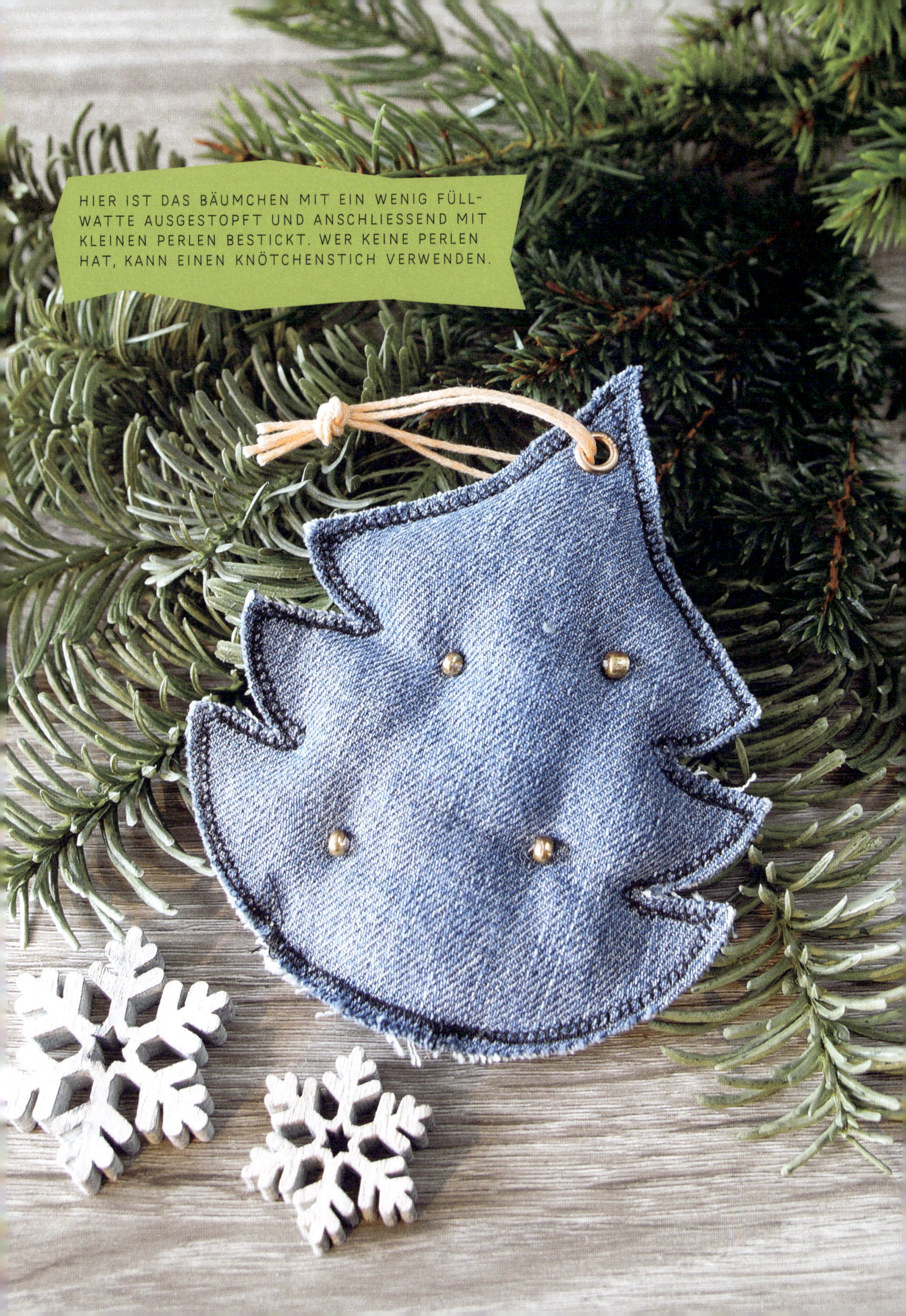

HIER IST DAS BÄUMCHEN MIT EIN WENIG FÜLLWATTE AUSGESTOPFT UND ANSCHLIESSEND MIT KLEINEN PERLEN BESTICKT. WER KEINE PERLEN HAT, KANN EINEN KNÖTCHENSTICH VERWENDEN.

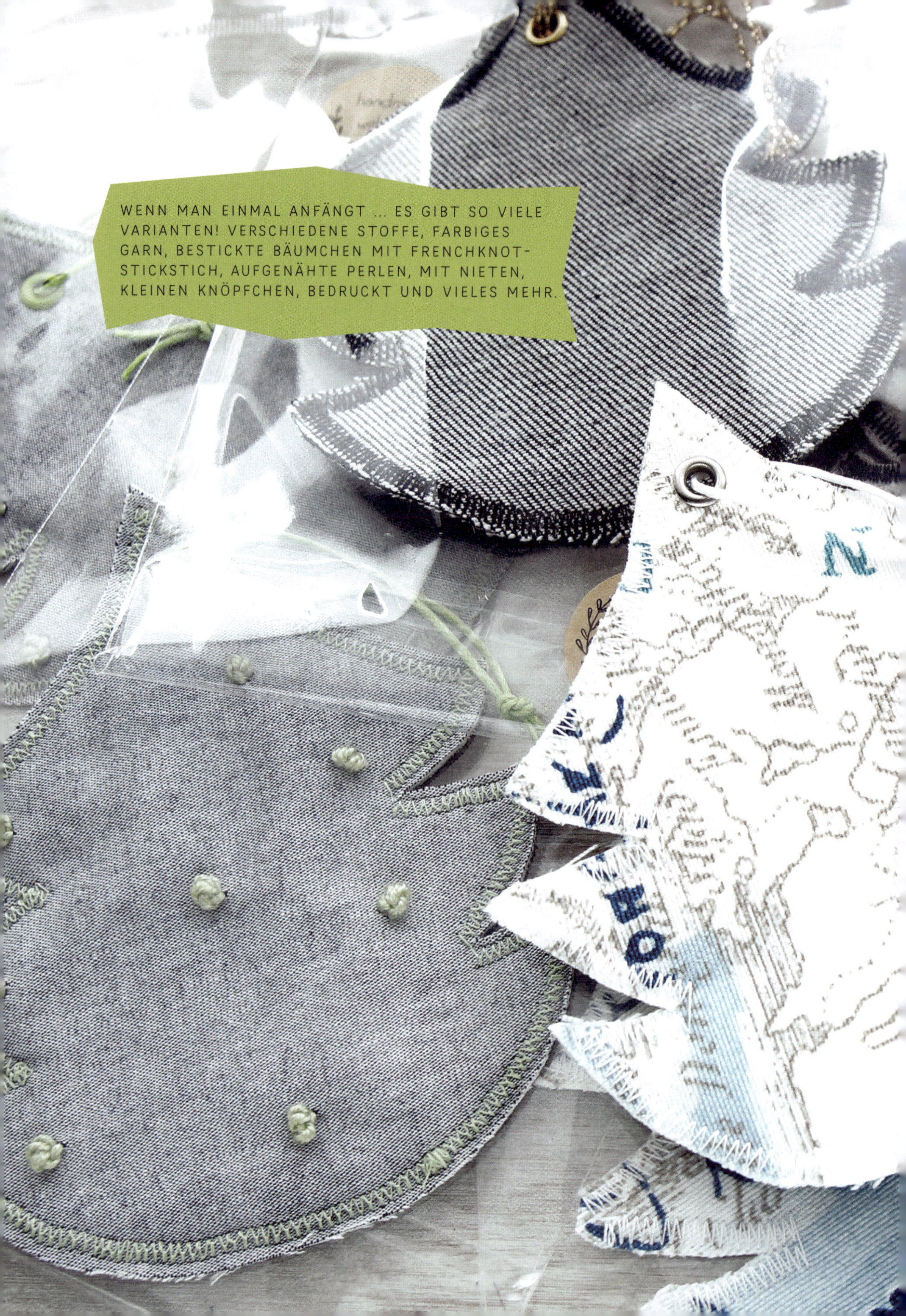

WENN MAN EINMAL ANFÄNGT ... ES GIBT SO VIELE VARIANTEN! VERSCHIEDENE STOFFE, FARBIGES GARN, BESTICKTE BÄUMCHEN MIT FRENCHKNOTSTICKSTICH, AUFGENÄHTE PERLEN, MIT NIETEN, KLEINEN KNÖPFCHEN, BEDRUCKT UND VIELES MEHR.

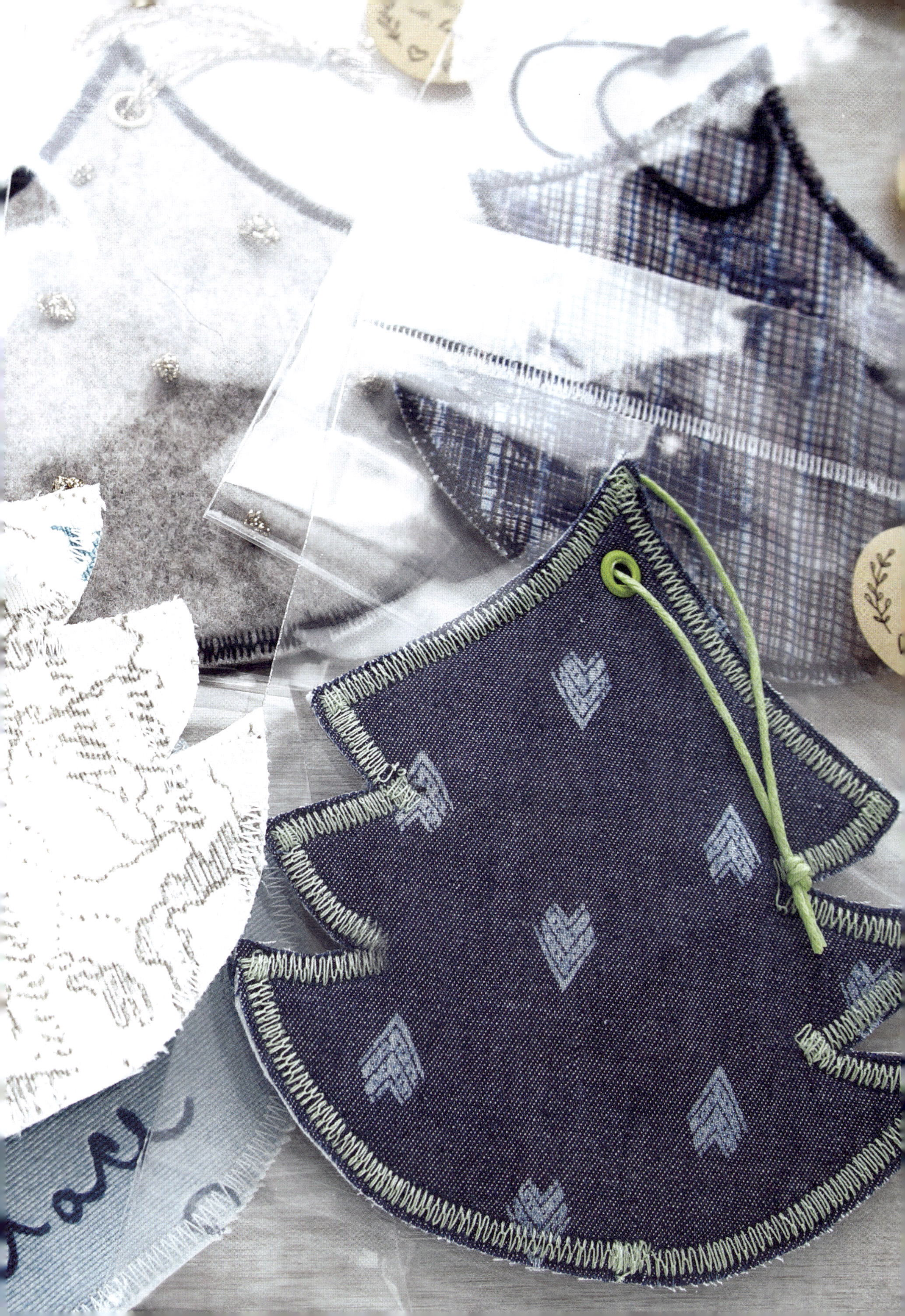

Kuscheluntersetzer

MATERIAL
FESTER STRICKSTOFF ODER SWEATSHIRT, SCHERE, NÄHMASCHINE, STICKGARN ODER WOLLE, STICKNADEL, BÜGELEISEN

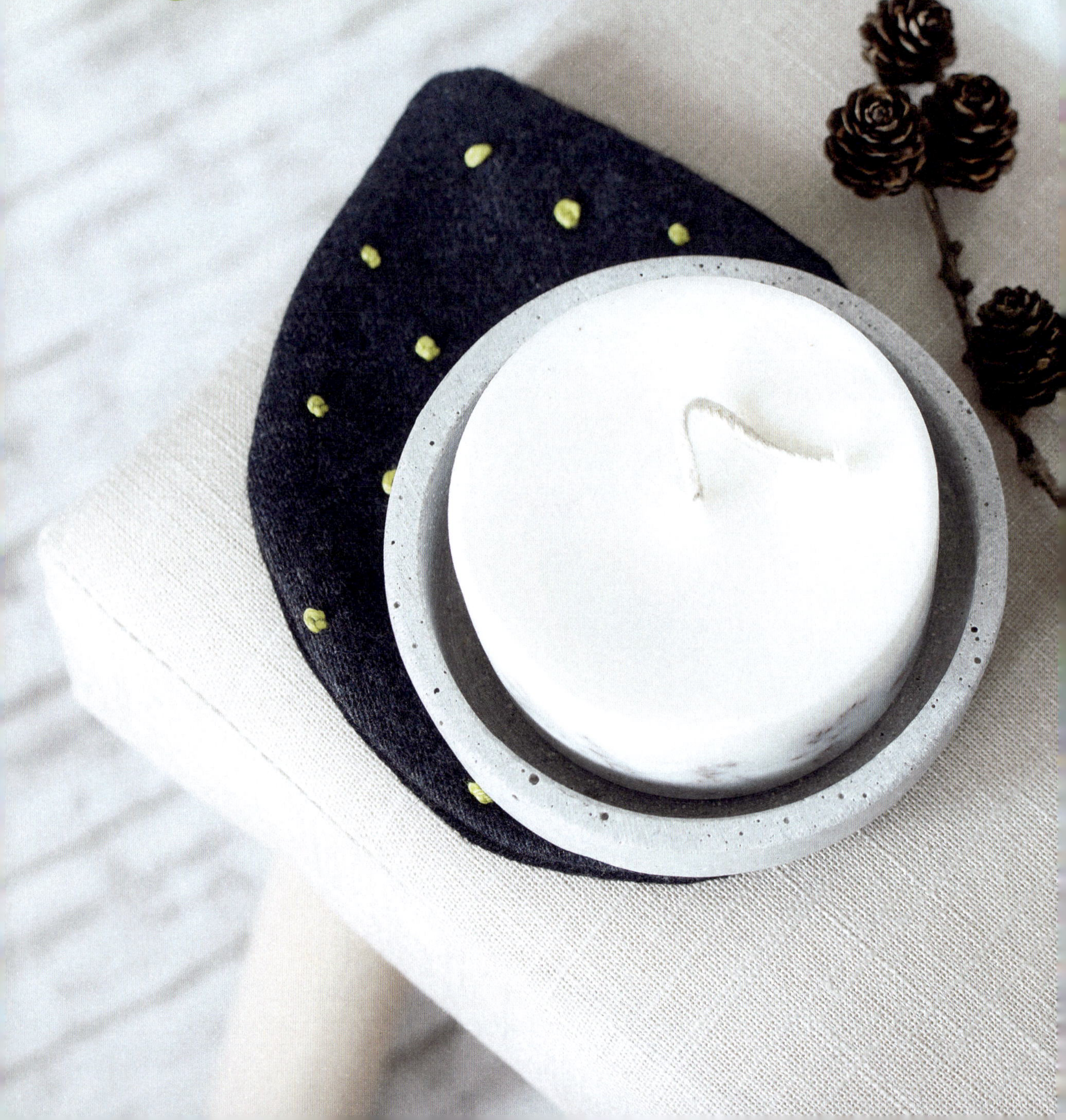

MANCHMAL GEHT ES EINFACH NICHT OHNE UNTERSETZER. SIE SCHÜTZEN EMPFINDLICHE FLÄCHEN, DIE NICHT VERKLECKERT ODER VERKRATZT WERDEN SOLLEN. EIN UNTERSETZER KANN ABER AUCH EINFACH HÜBSCH AUSSEHEN UND EIN KLEINES ARRANGEMENT OPTISCH ABRUNDEN.

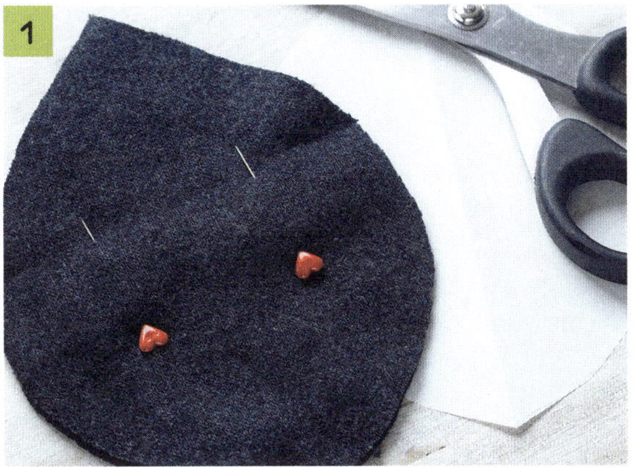

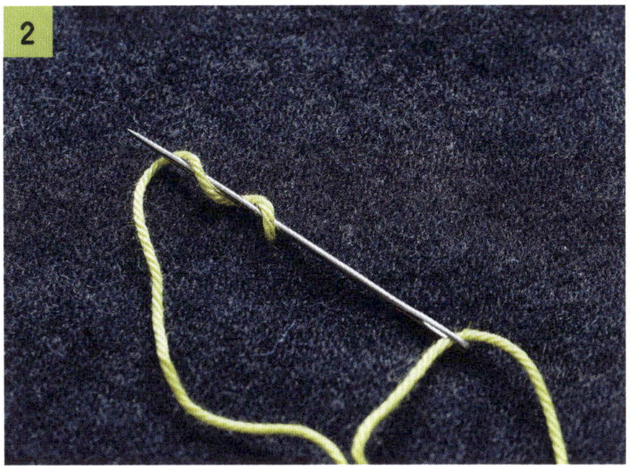

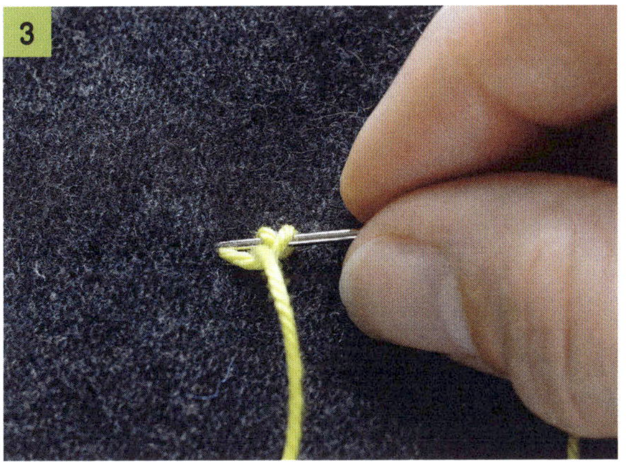

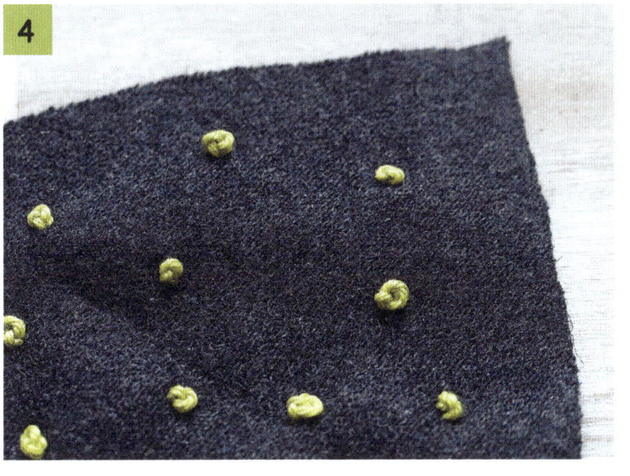

1. Eine Vorlage für dieses Blatt befindet sich auf Seite 124/125. Diese kann man nach Belieben vergrößern oder verkleinern. Aus dem gewünschten Stoff schneidet man zunächst das Blatt zweimal mit 1 cm Nahtzugabe aus.

2. Vor dem Zusammennähen wird eine der beiden Seiten bestickt., etwa mit dem Frenchknot-Stich bzw. dem Knötchenstich. Dazu das Stickgarn von unten durch den Stoff stechen und den Faden herausziehen. Den Faden nun zweimal um die Nadel wickeln.

3. Nun sticht man mit der Nadel ganz knapp wieder am Austrittsloch ein und zieht den Faden nach unten und den Knoten fest.

4. Man sollte sich vorher überlegen, wo die Knötchen hinsollen, damit es später eine gleichmäßige Verteilung gibt. In der Vorlage sind bereits die Stellen markiert.

Fortsetzung auf der nächsten Seite.

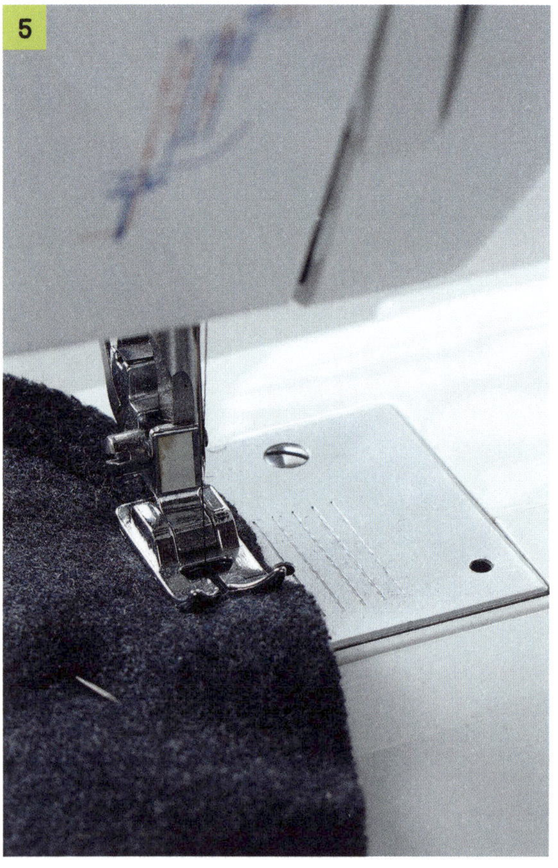

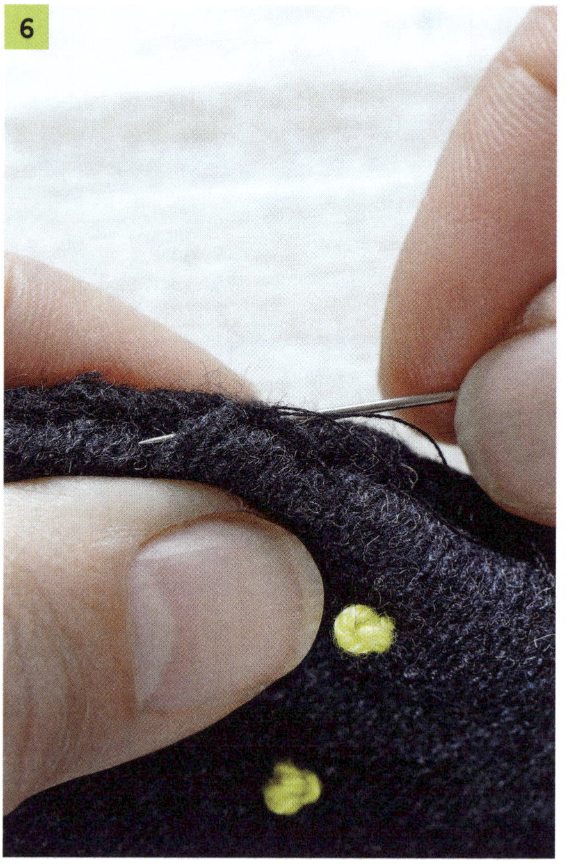

5. Nach dem Besticken legt man zwei Stoffstücke aufeinander. Die bestickte Seite ist nun innen. Mit der Nähmaschine die beiden Stoffteile mit einem Gradstich zusammennähen. Dabei eine kleine Öffnung zum Wenden lassen.

6. Anschließend das Blatt wenden und evtl. mit dem Bügeleisen ein wenig aufdämpfen. Dann die noch offene Naht mit dem Matratzenstich (siehe Seite 54) schließen.

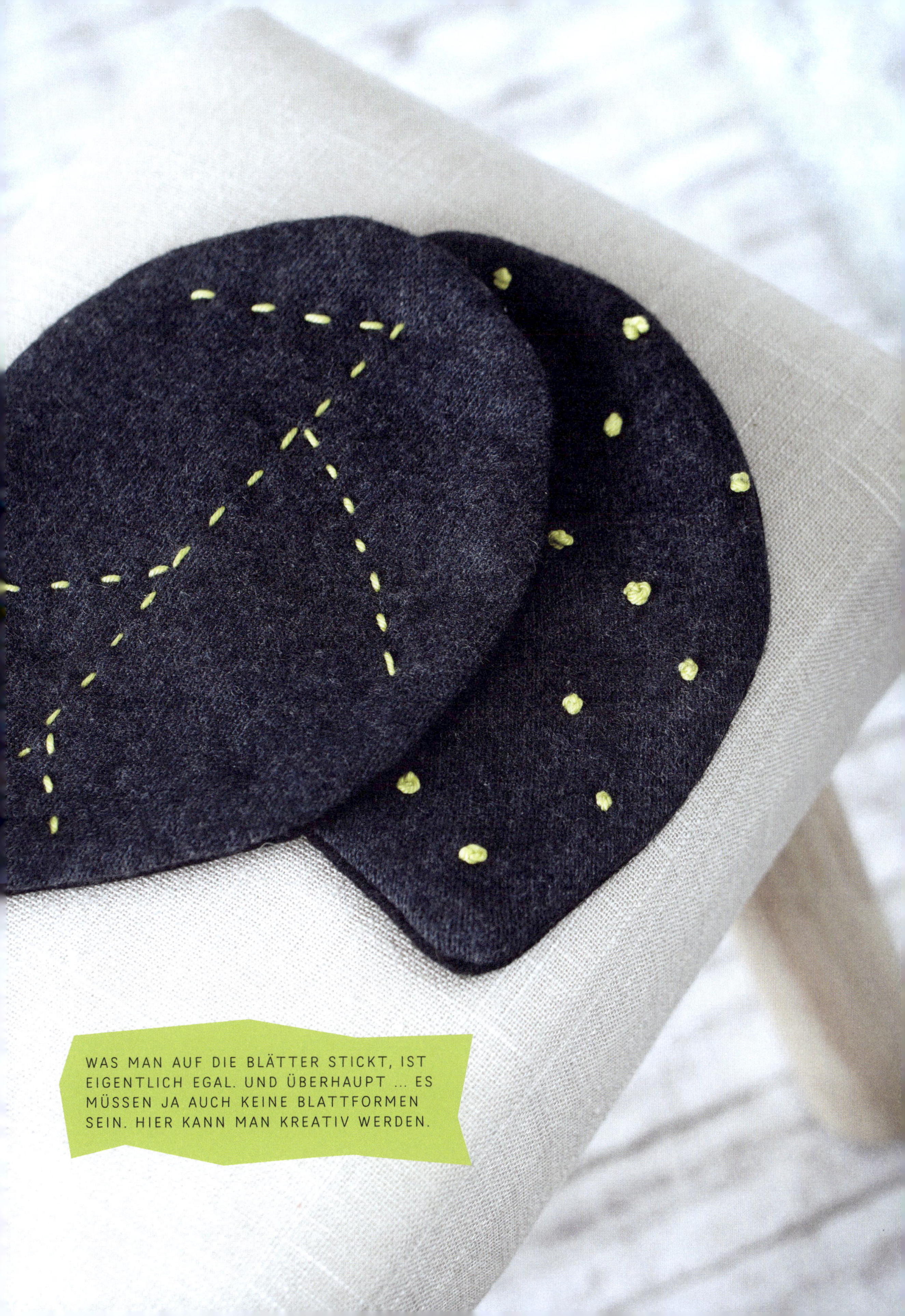

WAS MAN AUF DIE BLÄTTER STICKT, IST EIGENTLICH EGAL. UND ÜBERHAUPT ... ES MÜSSEN JA AUCH KEINE BLATTFORMEN SEIN. HIER KANN MAN KREATIV WERDEN.

Eddy the Teddy

MATERIAL:
ALTE KUSCHELDECKE, STOFFREST (ETWA NICKI), STIFT, SCHERE, ZICKZACKSCHERE, STECKNADELN, NÄHMASCHINE, WOLLE, NADEL, EVTL. FÜLLWATTE, BÜGELEISEN

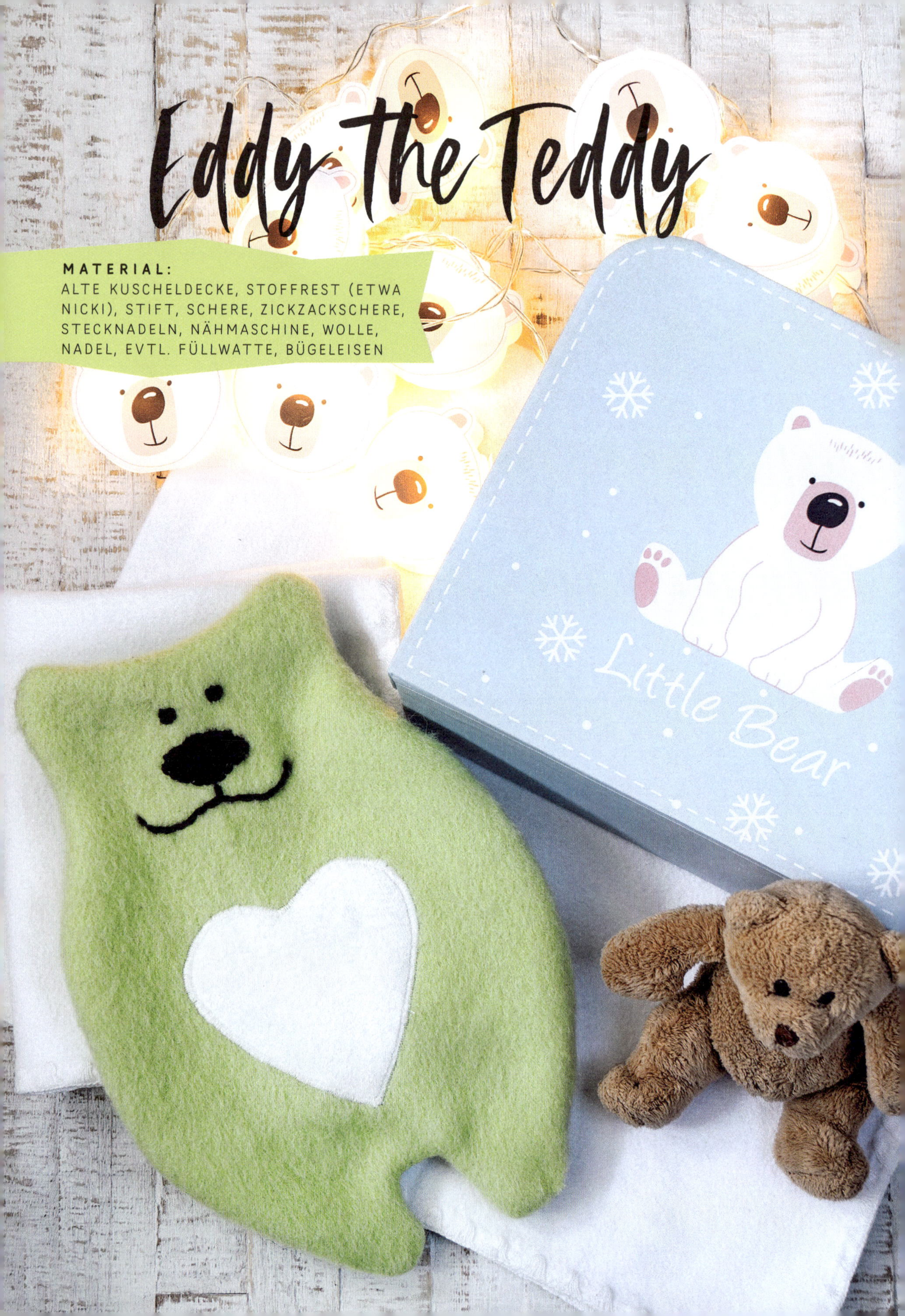

AUCH ALTE AUSGEDIENTE DECKEN KANN MAN WEITERVERWERTEN. DARAUS LASSEN SICH VIELE KLEINE STOFFTIERE HERSTELLEN. DAS FREUT DIE KIDS. AM LIEBSTEN BÄRCHEN. ABER NATÜRLICH GEHT JEDES ANDERE TIER. HÜBSCHE VORLAGEN FINDET MAN IM INTERNET ODER MAN WIRD SELBST KREATIV.

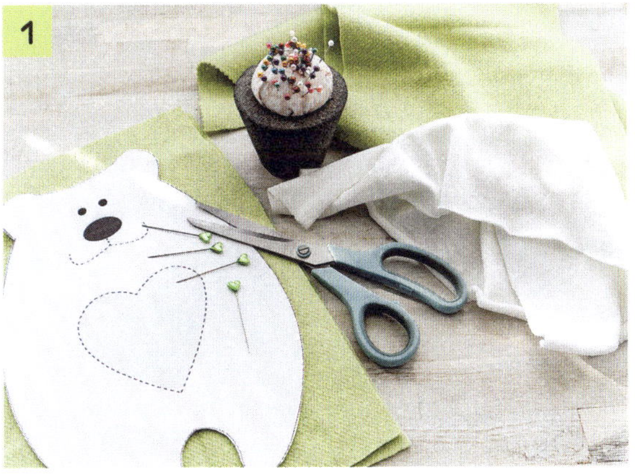

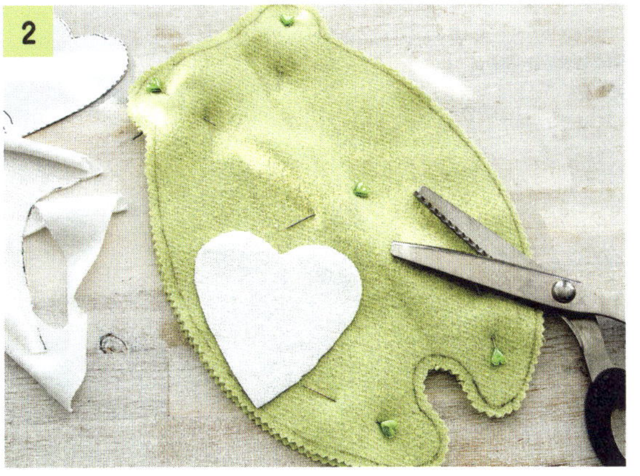

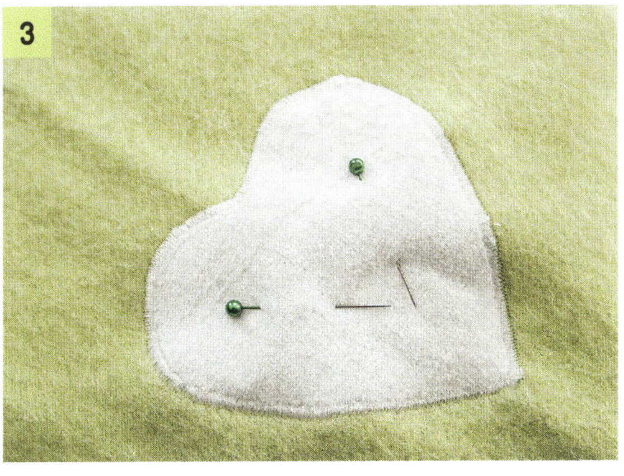

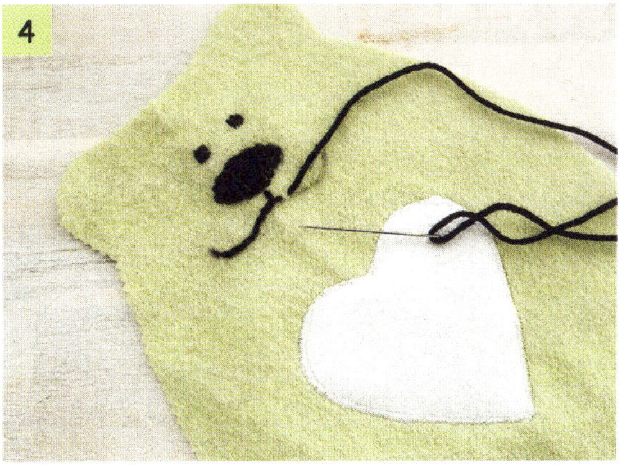

1. Zunächst die Vorlage auf der Seite 126/127 kopieren, zusammenkleben und ausschneiden. Diese Vorlage auf einem Stück Stoff feststecken und mit einem Filzstift oder Magicmarker aufzeichnen.

2. Dann 2 Stoffe übereinanderlegen, mit Nadeln fixieren und mit 1 cm Nahtzugabe mit der Zickzackschere ausschneiden. Das Herz wird auf einen separaten Stoff (hier weißer Nickistoff) aufgezeichnet und ebenfalls ausgeschnitten.

3. Das Herz auf die Vorderseite des Stoffs an entsprechender Stelle auflegen, feststecken und mit der Nähmaschine applizieren.

4. Dann zeichnet man sich mit einem Stift das Gesicht vor und stickt es z. B. mit dicker schwarzer Wolle nach.

Fortsetzung auf der nächsten Seite.

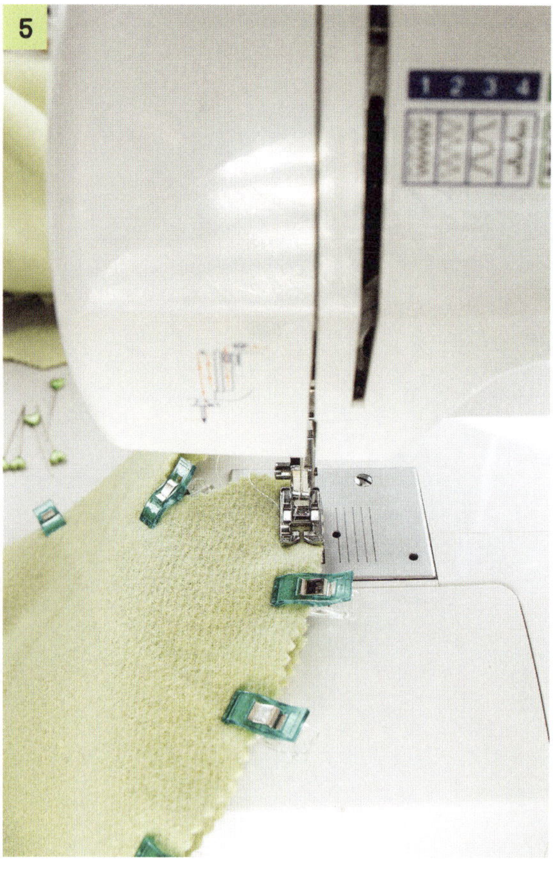

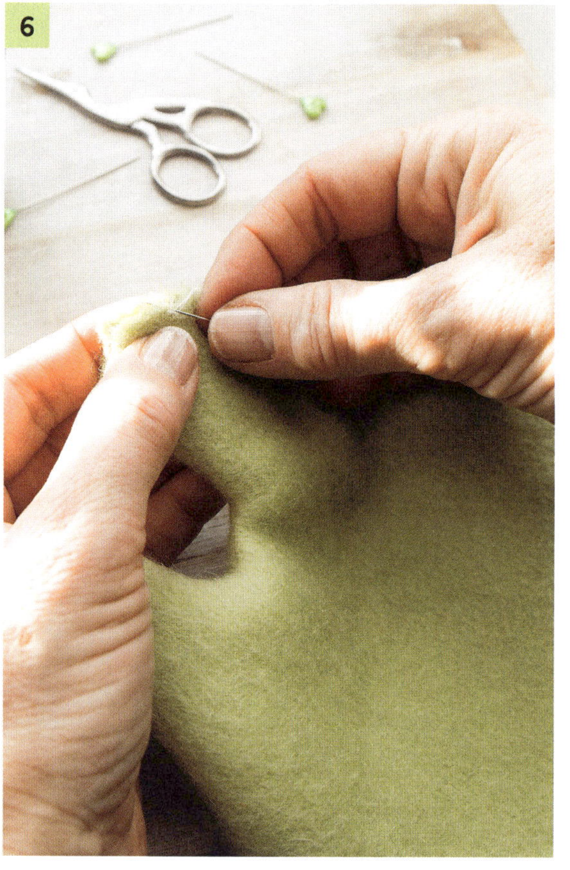

5. Nun legt man die beiden Stoffteile rechts auf rechts aufeinander, um sie mit der Maschine füßchenbreit zusammenzunähen. Dabei unten an einer geeigneten Stelle eine Öffnung zum Wenden lassen.

6. Nach dem Wenden das Bärchen mit den Fingern von innen ausformen und vielleicht mit dem Bügeleisen ein wenig aufdämpfen.

Wer mag, kann nun auch noch etwas Füllwatte hineinstopfen.

Anschließend die offene Naht mit dem Matratzenstich (siehe Seite 54) zunähen.

WER HÄTTE NICHT GERNE SO EINEN KLEINEN KUSCHELBÄREN? DIESE STOFFTIERE EIGNEN SICH AUCH PRIMA ALS HÜLLE FÜR EINE WÄRMFLASCHE (HIER DIE RÜCKSEITE MIT EINER ÖFFNUNG VERSEHEN) ODER ALS KÖRNERKISSEN. DANN SOLLTE ES ALLERDINGS EIN EXTRA BAUMWOLLKISSEN ZUM HERAUSNEHMEN GEBEN.

Stoffwechsel

MATERIAL:
DÜNNE BAUMWOLLSTOFFRESTE, SCHERE, ZICKZACKSCHERE, SCHALE, LUFTBALLON, STIFT, SERVIETTENKLEBER, PINSEL, UNTERLAGE

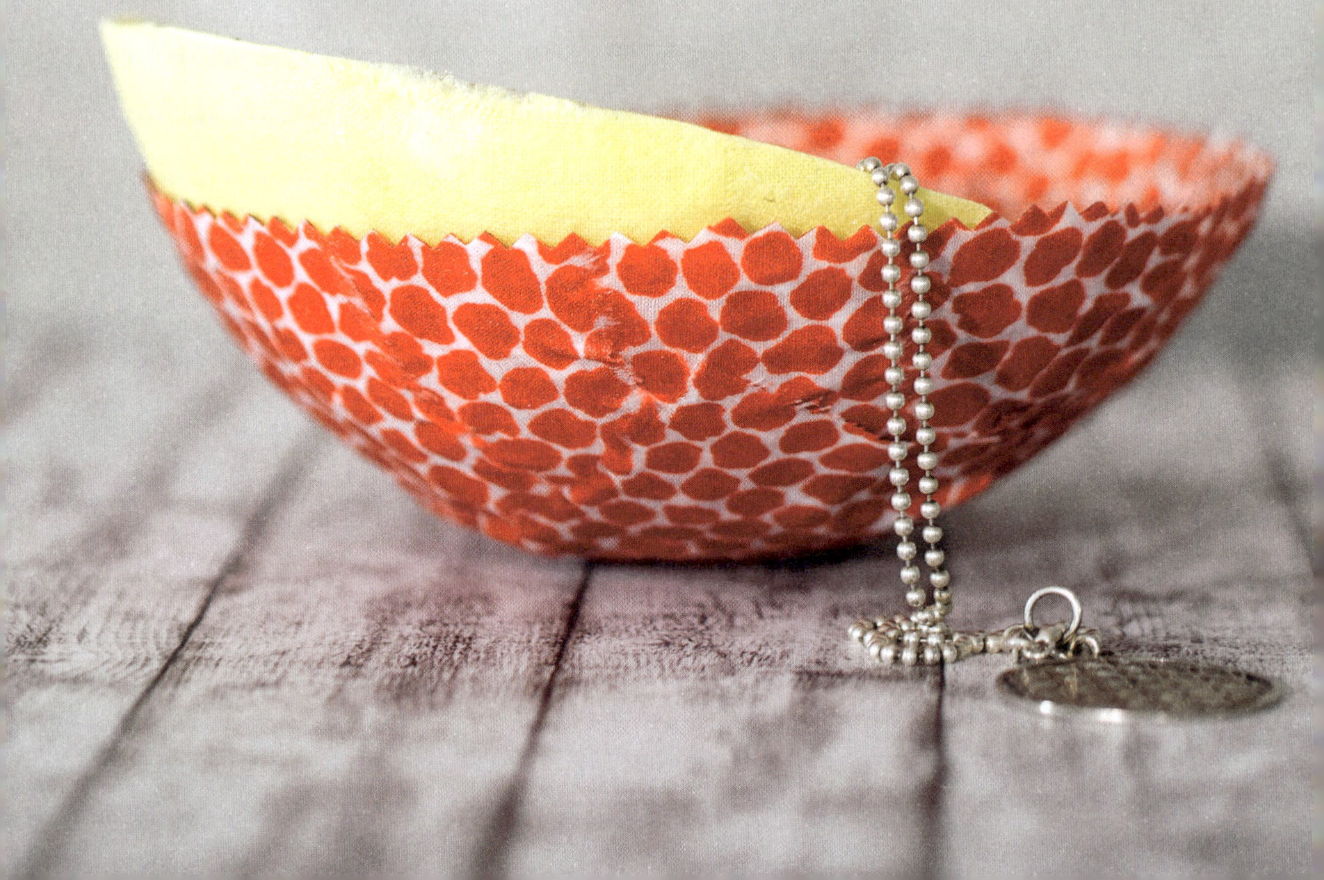

FÜR DIESE KLEINEN SCHALEN EIGNEN SICH AM BESTEN DÜNNE BAUMWOLLSTOFFE. OB ALTE BLUSE, HERRENHEMD, BETTLAKEN, TISCHDECKE ODER EINFACH STOFFRESTE, DIE VON EINER NÄHARBEIT ÜBRIG SIND. WER SCHON SOLCHE SCHALEN MIT PAPIER UND KLEISTER HERGESTELLT HAT, FINDET HIER EINE TOLLE ALTERNATIVE.

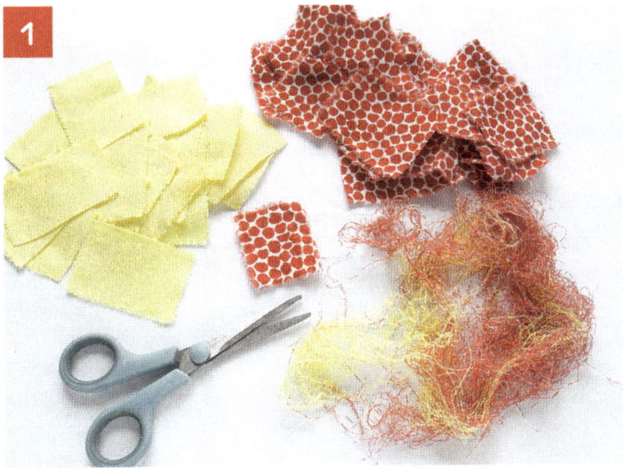

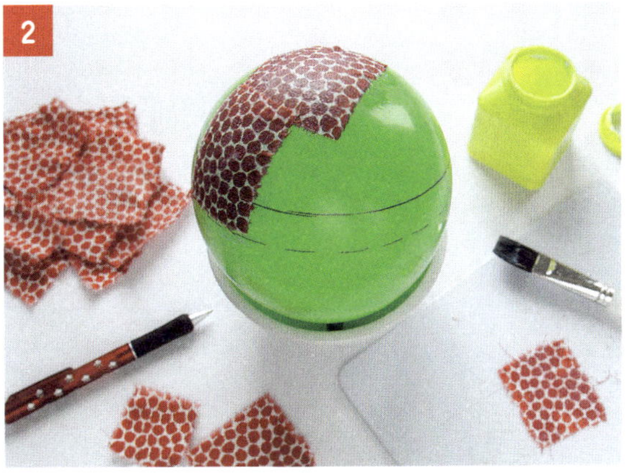

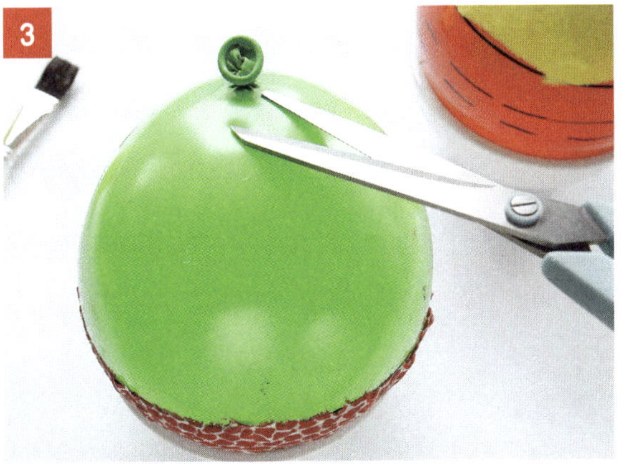

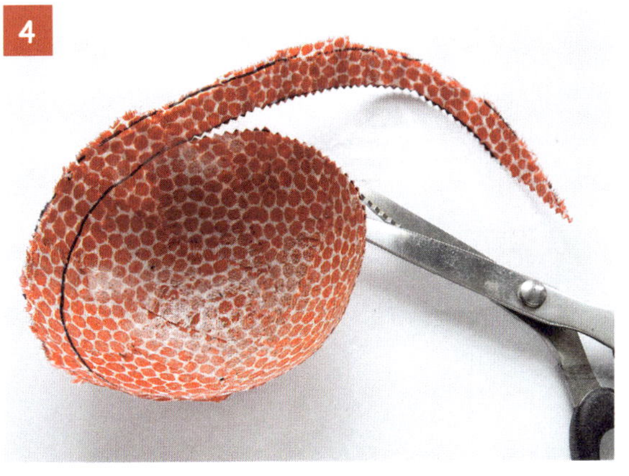

1. Die Stoffreste in kleine Stücke schneiden. Den Rand anschließend ein wenig ausfransen – das gibt schönere Übergänge beim Kleben.

2. Dann einen Luftballon aufblasen und ihn in eine Schale stellen. Es ist sinnvoll, sich eine Linie auf den Ballon zu zeichnen, damit man weiß, bis wohin man den Stoff kleben will. Danach die einzelnen Stoffstücke mit Serviettenkleber auf einer festen Unterlage einpinseln und anschließend auf den Ballon kleben. Dabei die Stoffstücke mit dem Pinsel auf dem Ballon andrücken. Die Stücke immer gut überlappen und viele Schichten kleben. Es sollten mindestens 4 Schichten sein. Je mehr man klebt, umso stabiler wird später die Schale. Nach Fertigstellung alle verwendeten Hilfsmittel unbedingt zügig unter fließendem Wasser reinigen.

3. Die Anzahl der Schichten ist auch ausschlaggebend für die Trocknungszeit. Wenn man die Schalen über Nacht stehen lässt, sollte der Kleber auf jeden Fall trocken sein. Dann lässt man die Luft aus dem Ballon entweichen und löst ihn vorsichtig aus der Schale.

4. Wer mag, kann den Rand der Schale mit der Zickzackschere rundherum abschneiden, damit sie oben gleichmäßig abschließt.

Eine Anleitung für einen alternativen Serviettenkleber befindet sich auf der nächsten Seite.

DA MAN RECHT VIEL SERVIETTENKLEBER FÜR SOLCHE STOFFSCHALEN BENÖTIGT, SOLLTE MAN SICH ÜBERLEGEN, IHN SELBST HERZUSTELLEN, DA ER NICHT GANZ BILLIG IST. HIER IST EINE EINFACHE VARIANTE AUS WEISSLEIM, DEN ES GÜNSTIG BEI EINIGEN DISCOUNTERN GIBT, VERMISCHT MIT WASSER – ALSO GANZ EASY!

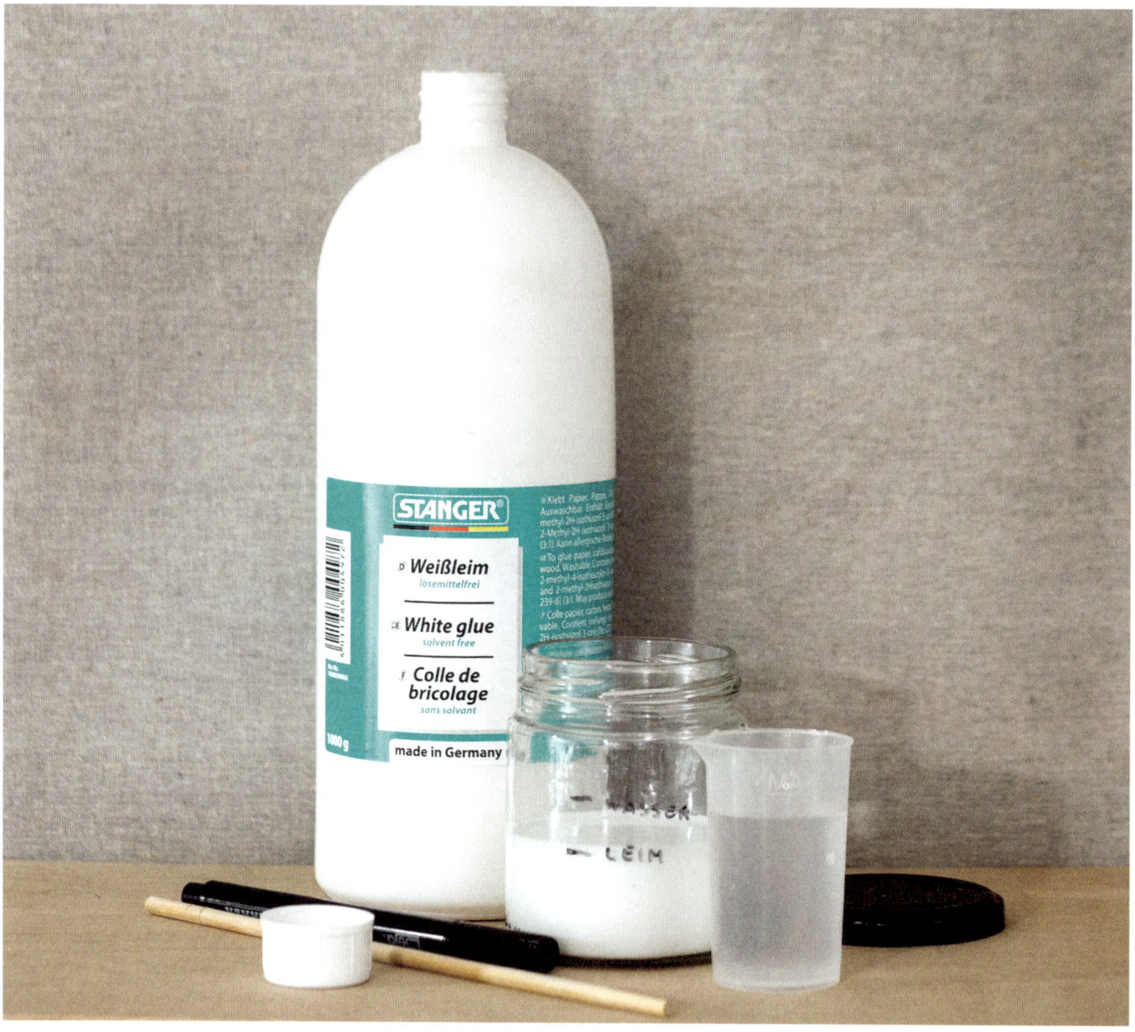

Für selbst gemachten Serviettenkleber benötigt man ein Glas mit Schraubverschluss, Weißleim oder wasserlöslichen Holzleim, Wasser und etwas zum umrühren. Optional kann man noch etwas Lack auf Wasserbasis hineinrühren, damit der Kleber mehr Glanz bekommt.

Das Mischverhältnis ist 2:1, also 2 Teile Kleber, 1 Teil Wasser. Am besten zeichnet man sich mit einem Marker die Einheiten direkt auf das Glas. Dieses sollte allerdings gleichförmig sein. So vermeidet man, dass man den Kleber noch einmal in einen anderen Behälter zum Abmessen gießen muss.

Dann nur noch umrühren und fertig ist der selbst gemachte Serviettenkleber.

Wer mag, kann auch noch ein wenig Glitzerpulver hineinrühren, für einen funkelnden Effekt.

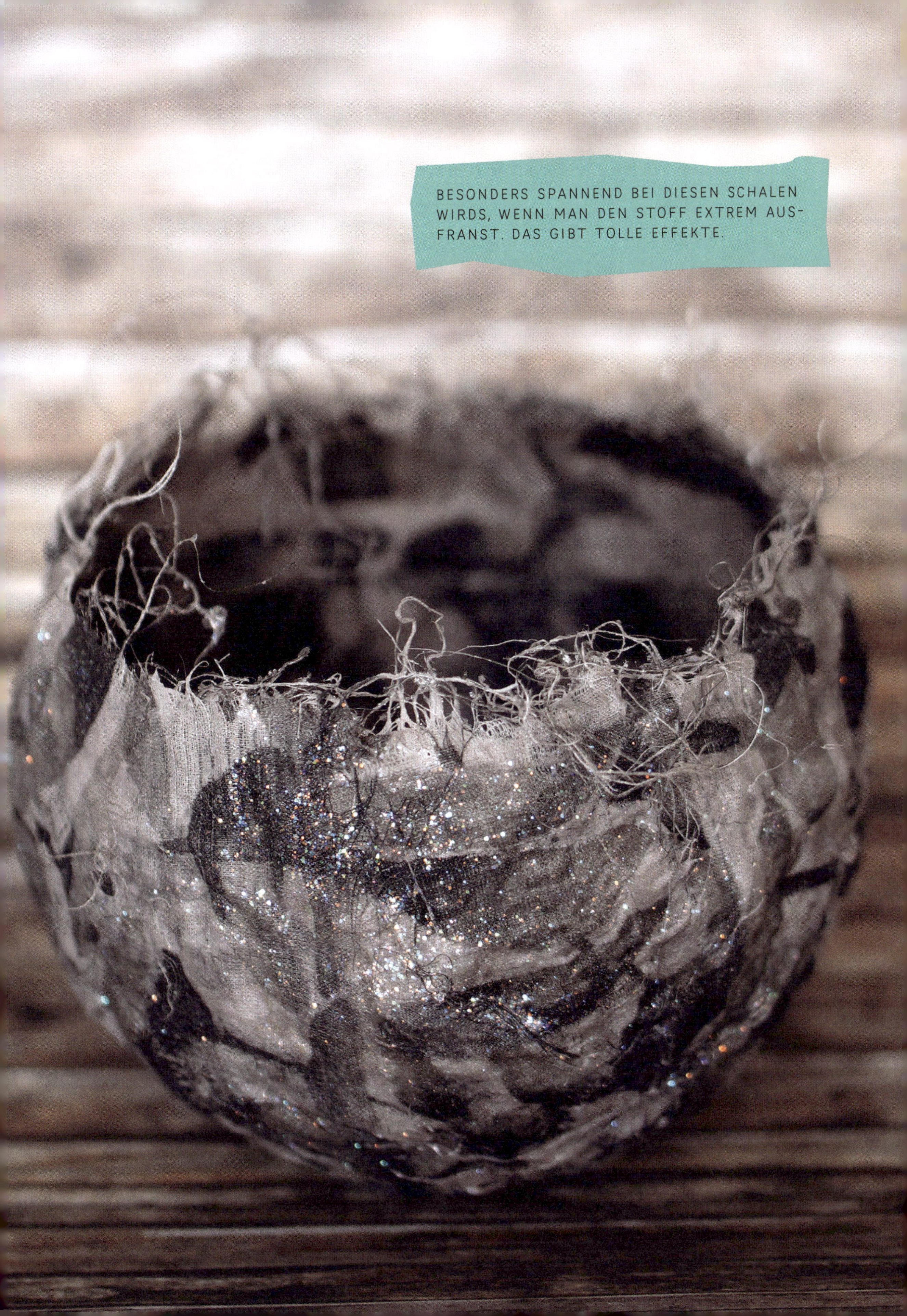

BESONDERS SPANNEND BEI DIESEN SCHALEN WIRDS, WENN MAN DEN STOFF EXTREM AUSFRANST. DAS GIBT TOLLE EFFEKTE.

Leseratten ahoi!

MATERIAL:
LEICHTER BAUMWOLLSTOFFREST, BÜGELEISEN, STEMPEL, ACRYLFARBE, SCHAUMSTOFFROLLE, SERVIETTENKLEBER, PINSEL, NIETE, NIETENZANGE, LOCHZANGE, BÄNDCHEN

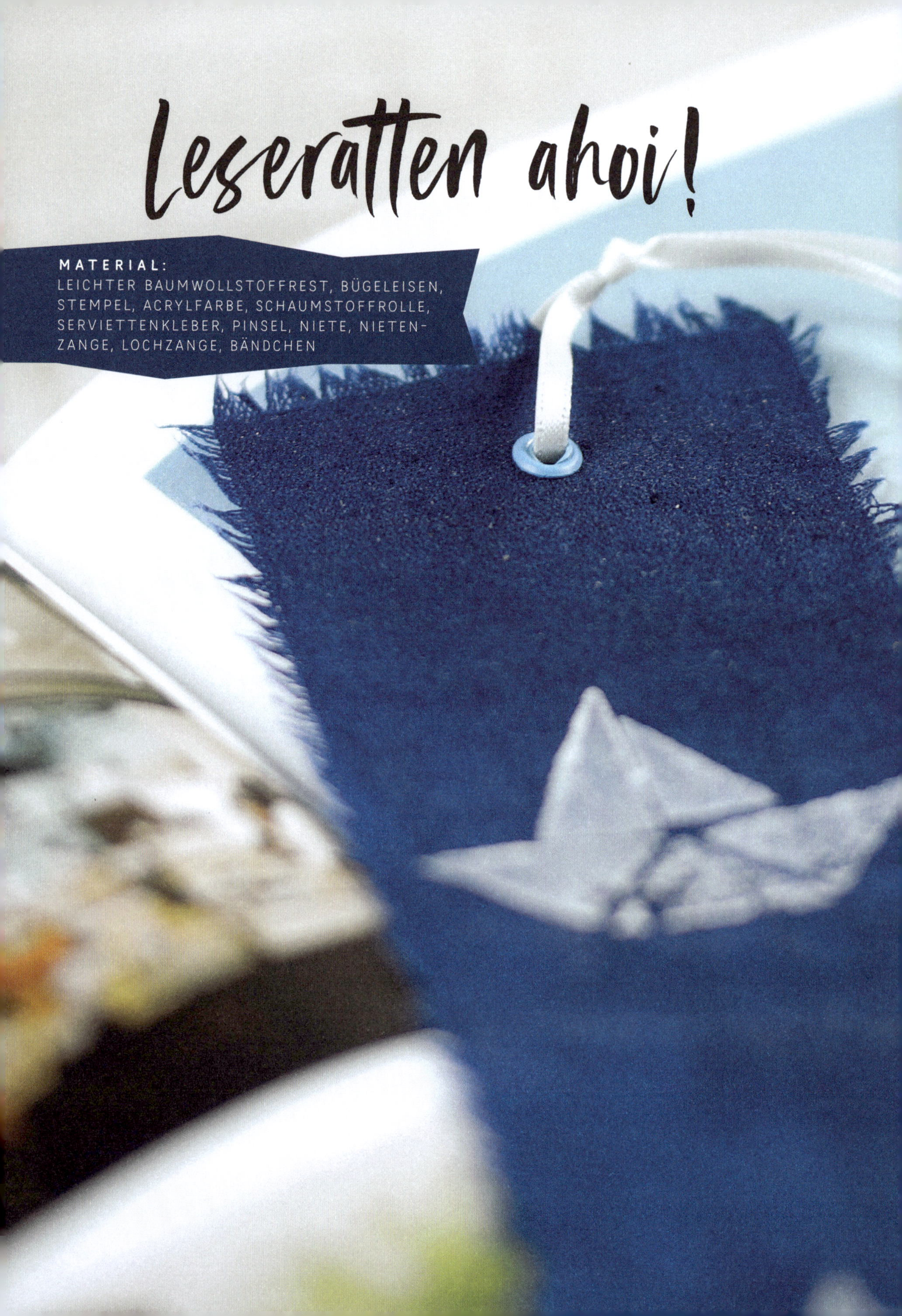

WER KEINE ESELSOHREN IN SEINEN BÜCHERN MÖCHTE, DER BRAUCHT EIN LESEZEICHEN. UND WER EIN BUCH AUSGELIEHEN HAT, DER MACHT NATÜRLICH ERST RECHT KEINE ESELSOHREN HINEIN ... SO EIN LESEZEICHEN KANN MAN AUCH HÜBSCH ZUSAMMEN MIT EINEM BUCH VERSCHENKEN.

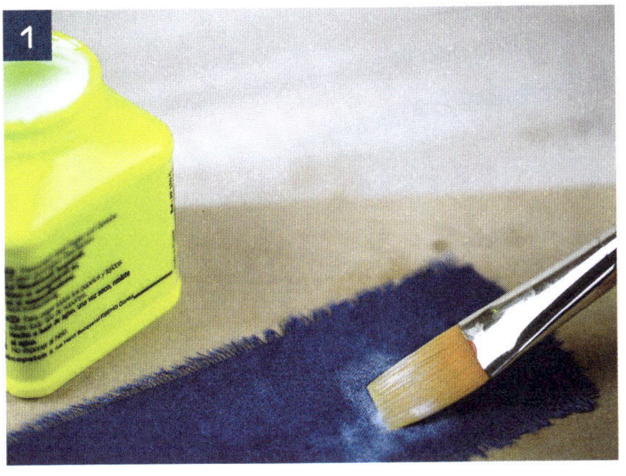

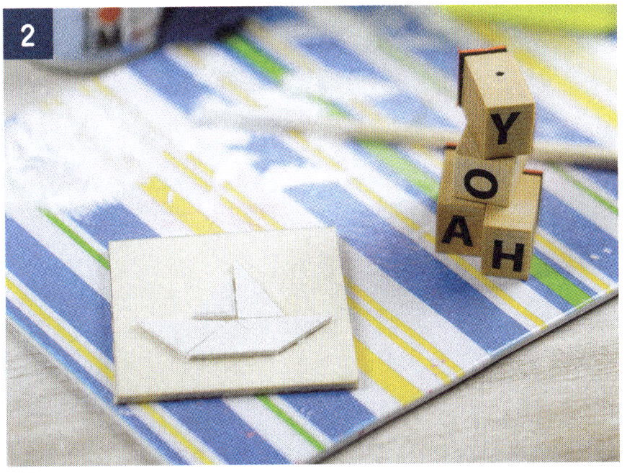

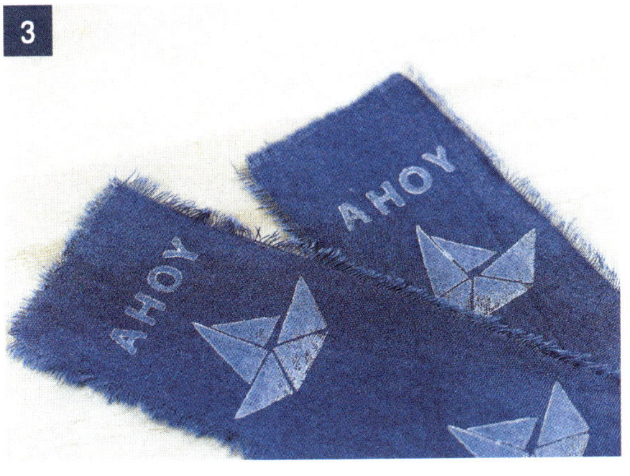

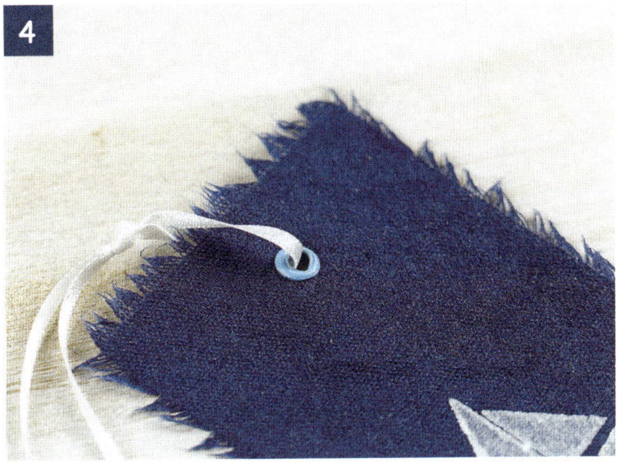

1. Zunächst schneidet oder reißt man sich den Stoff in der gewünschten Größe zu und bügelt ihn glatt.

Mit Serviettenkleber pinselt man anschließend den Stoff von beiden Seiten gut ein. Unbedingt eine feste Unterlage verwenden (z. B. ein altes Küchenbrettchen).

Den Stoff während des Trocknungsvorgangs hin und wieder anheben, damit er nicht auf der Unterlage festklebt.

2.–3. Ist der Stoff komplett getrocknet, kann man ihn bedrucken. Beispielsweise mit selbst gemachten Moosgummistempeln. (Eine Vorlage für das Schiffchen befindet sich auf der Seite 123.) Als Farbe eignet sich hier Acrylfarbe, die man mit einer Schaumstoffrolle auf den Moosgummistempel aufbringen kann.

4. Mit einer Lochzange am oberen Ende ein Loch stanzen und mit der Nietenzange eine kleine Öse anbringen. Hier lässt sich dann ein kleines Bändchen einfädeln.

Geschickt bestickt

MATERIAL:
JEANSREST, STICKRAHMEN, BEIZE, PINSEL, SCHERE, STEMPEL, STOFFFARBE, ROLLE, NADEL, STICKGARN

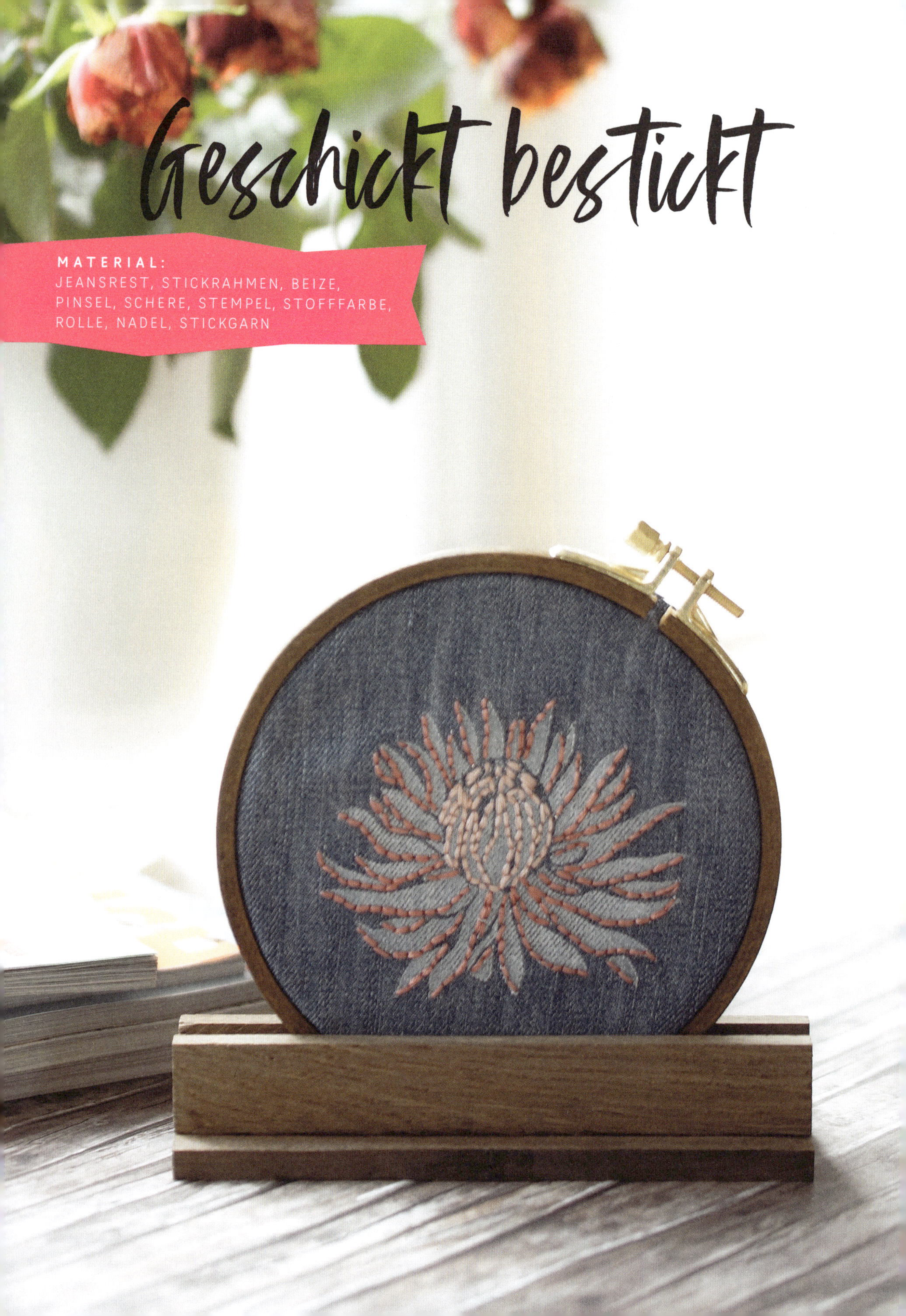

VOM BASTELN EIN STÜCKCHEN JEANS ÜBRIG? UND DIE STEMPELFARBE IST AUCH NOCH OFFEN? WIE WÄRE ES DANN MIT EINEM KLEINEN JEANSMOTIV FÜR DIE WAND? WER ERKENNT HIER NOCH, DASS DAS MAL EINE ALTE HOSE WAR? UND OMAS ALTER STICKRAHMEN IST AUCH NOCH FÜR WAS GUT.

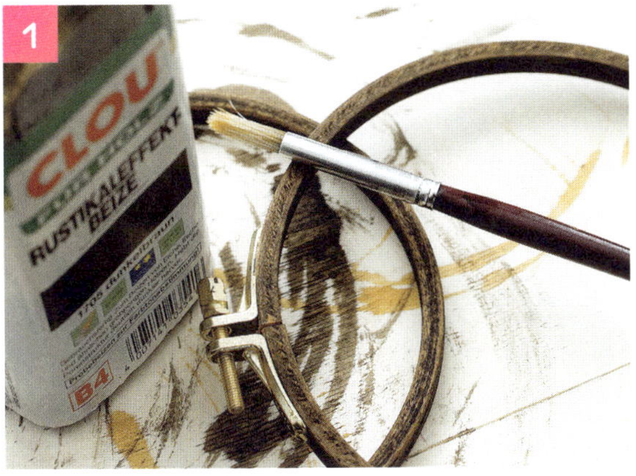

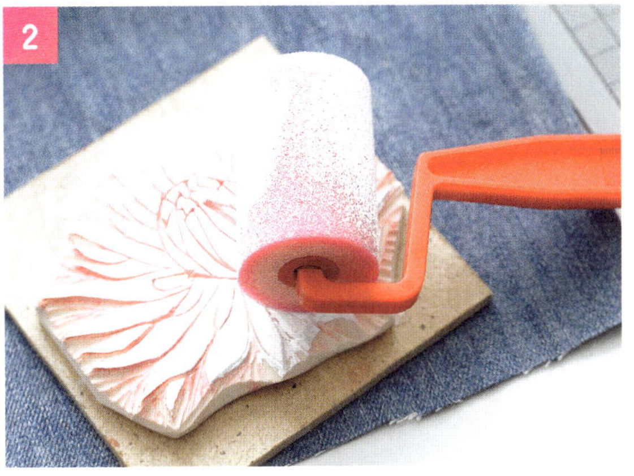

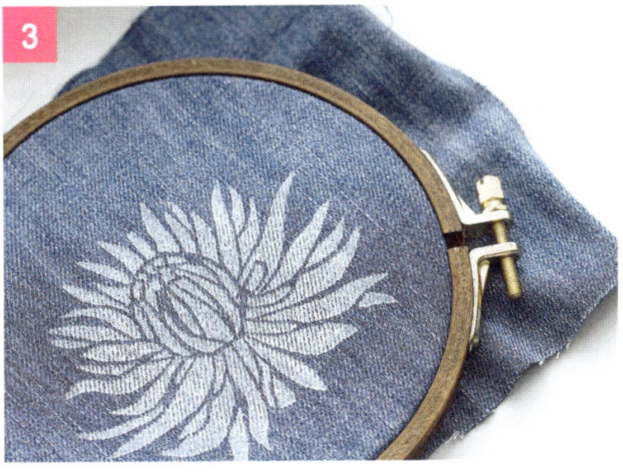

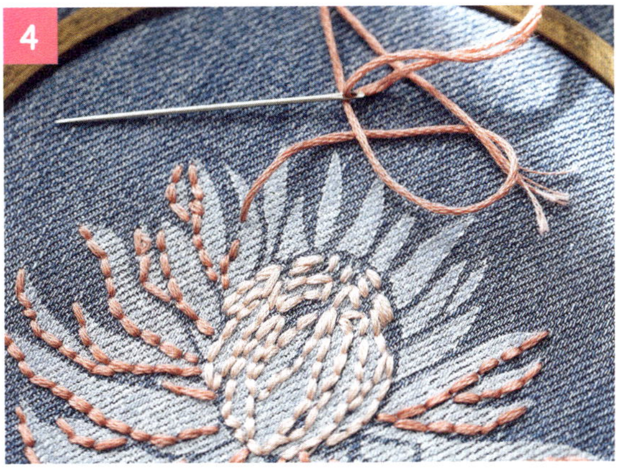

1. Für einen rustikalen Look kann man den Stickrahmen zuvor beizen.

2. Dann sucht man sich ein hübsches, nicht zu kompliziertes Stempelmotiv. Wer es sich nicht selbst schnitzen mag, findet mittlerweile eine große Auswahl an Silikonstempeln mit allerlei Motiven.

Mit einer Rolle die Stofffarbe auf den Stempel aufbringen und den Stoff damit bedrucken. Hier ist es ein Stück aus einem Hosenbein einer alten Jeans.

3. Ist die Farbe angetrocknet, spannt man das Stück Jeansstoff in den Stickrahmen.

4. Dann Stickgarn oder dünne Wolle auf eine Nadel auffädeln und loslegen. Einfach ein paar oder alle Konturen des gedruckten Stempels nachsticken. Ist das Motv fertig, schneidet man mit einer Schere den überstehenden Jeansstoff auf der Rückseite knapp ab.

Nun kann man den Rahmen entweder aufhängen oder man klebt sich aus ein paar Holzleisten einen kleinen Halter.

Fuchs du hast ...

MATERIAL:
ALTE JEANSHOSE, BAUMWOLLSTOFF-REST, SCHERE, NÄHMASCHINE, STEMPEL, STOFFFARBE, SCHAUM-STOFFROLLE- ODER STEMPEL

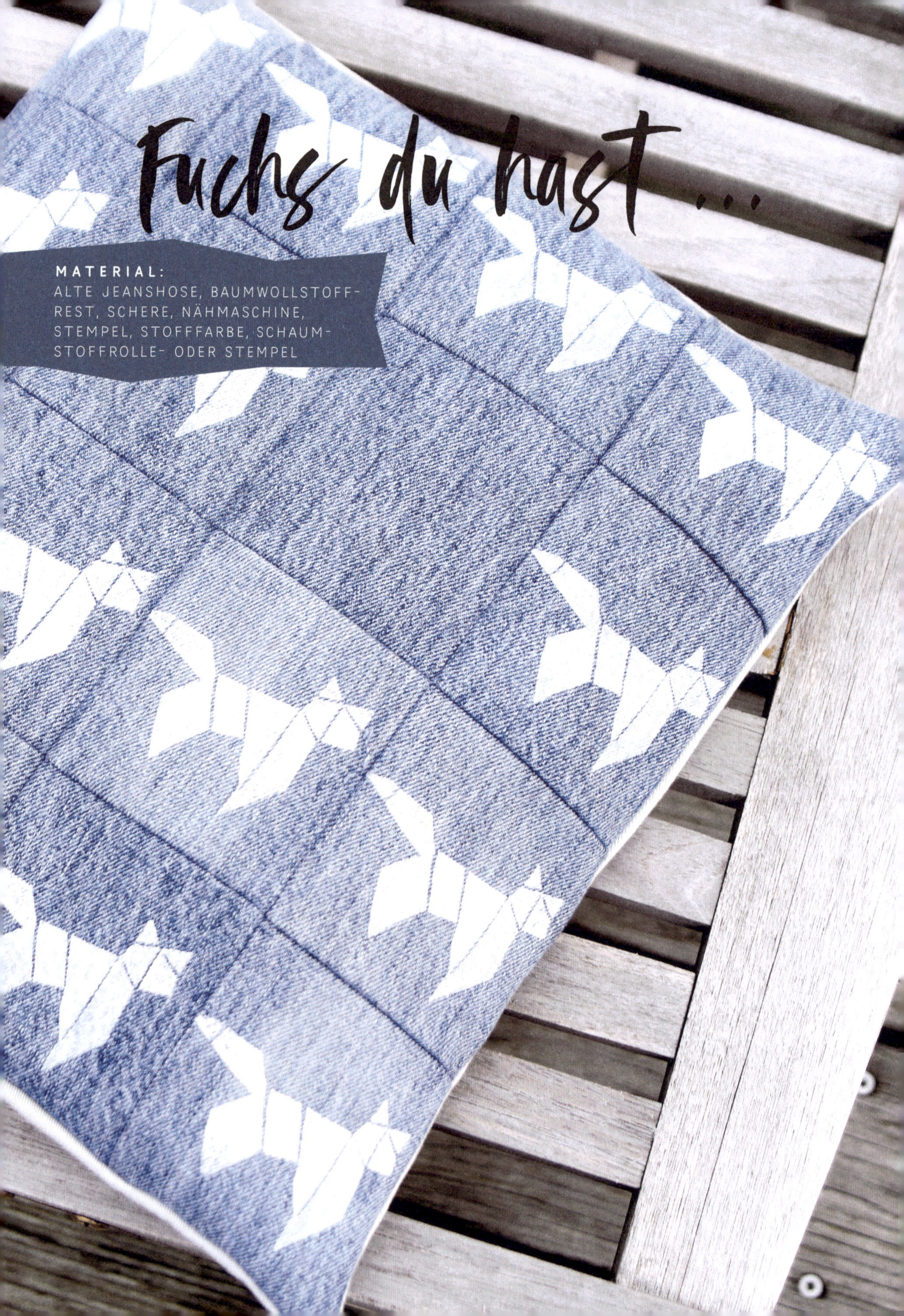

JEANSSTOFF IST EIN ROBUSTES MATERIAL UND SOLLTE MEHR ALS EIN LEBEN HABEN. NUR WEIL DIE GELIEBTE JEANS AN DEN KNIEN DURCHGERUTSCHT IST, MUSS MAN SIE JA NICHT GLEICH ENTSORGEN. RICHTIG AUSEINANDERGESCHNITTEN, LÄSST SICH DER STOFF NOCH SUPER ZU EINEM KISSEN VERARBEITEN.

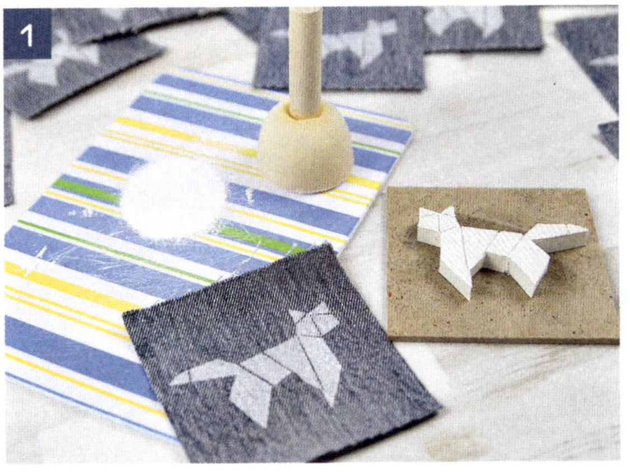

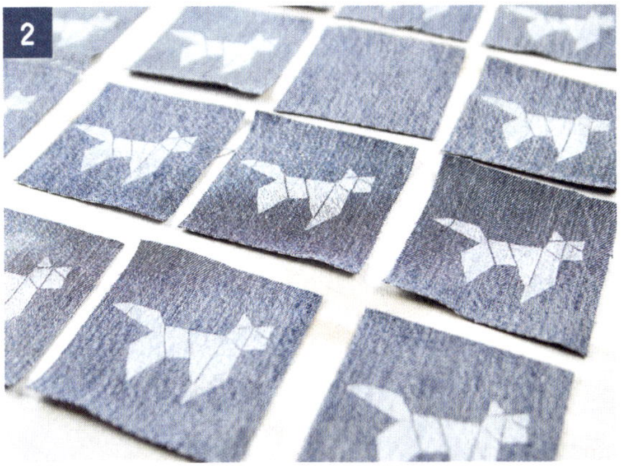

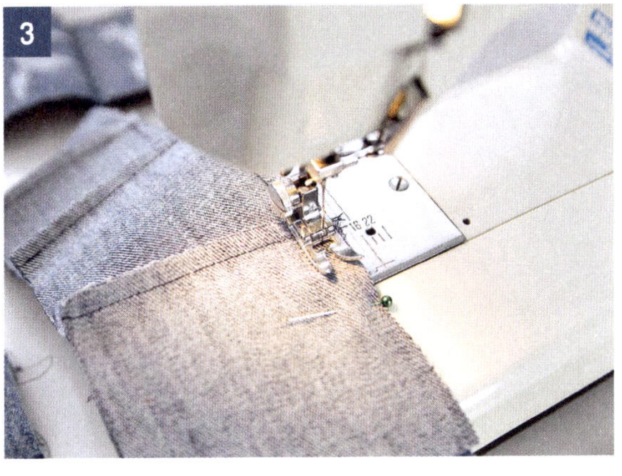

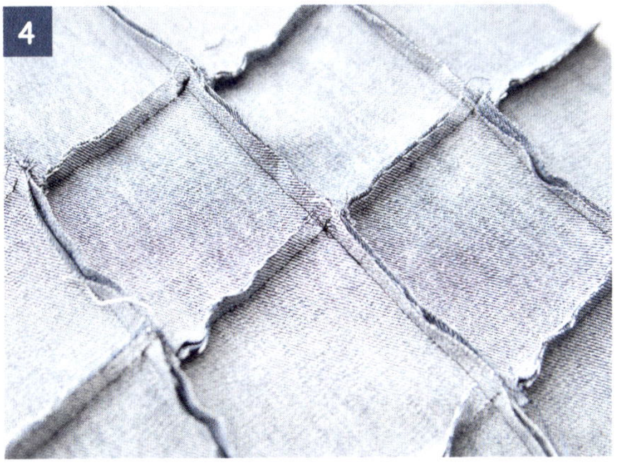

1.–2. Für das Kissen (40 cm x 40 cm) schneidet man zunächst viele kleine Quadrate aus. Hier sind es insgesamt 16 Quadrate à 8 cm x 8 cm.

Nun die kleinen Jeansstücke bedrucken, mit selbst geschnitzten oder gekauften Stempeln. Hier ist es ein kleiner Fuchs (Vorlage auf Seite 123). Die Stofffarbe mit Schaumstoffrolle oder -stempel auf das Moosgummi aufbringen. Ein Quadrat bleibt frei. Was da wohl sein sollte?

3.–4. Dann mit der Nähmaschine erst jeweils 4 Quadrate zu Streifen zusammennähen und anschließend diese 4 Streifen wiederum zusammennähen. Somit erhält man die Vorderseite des Kissens.

Die Rückseite kann man dann aus einem Rest dicken Baumwollstoffes nähen.

WER SICH NICHT DIE MÜHE MIT EINEM REISSVERSCHLUSS MACHEN MÖCHTE, FINDET IN DER MÖGLICHKEIT DES HOTELVERSCHLUSSES EINE GUTE ALTERNATIVE. SIEHE SEITE 121.

Lieblingshemd

MATERIAL:
ALTES HEMD, SCHERE, NÄHMASCHINE, FÜLLKISSEN

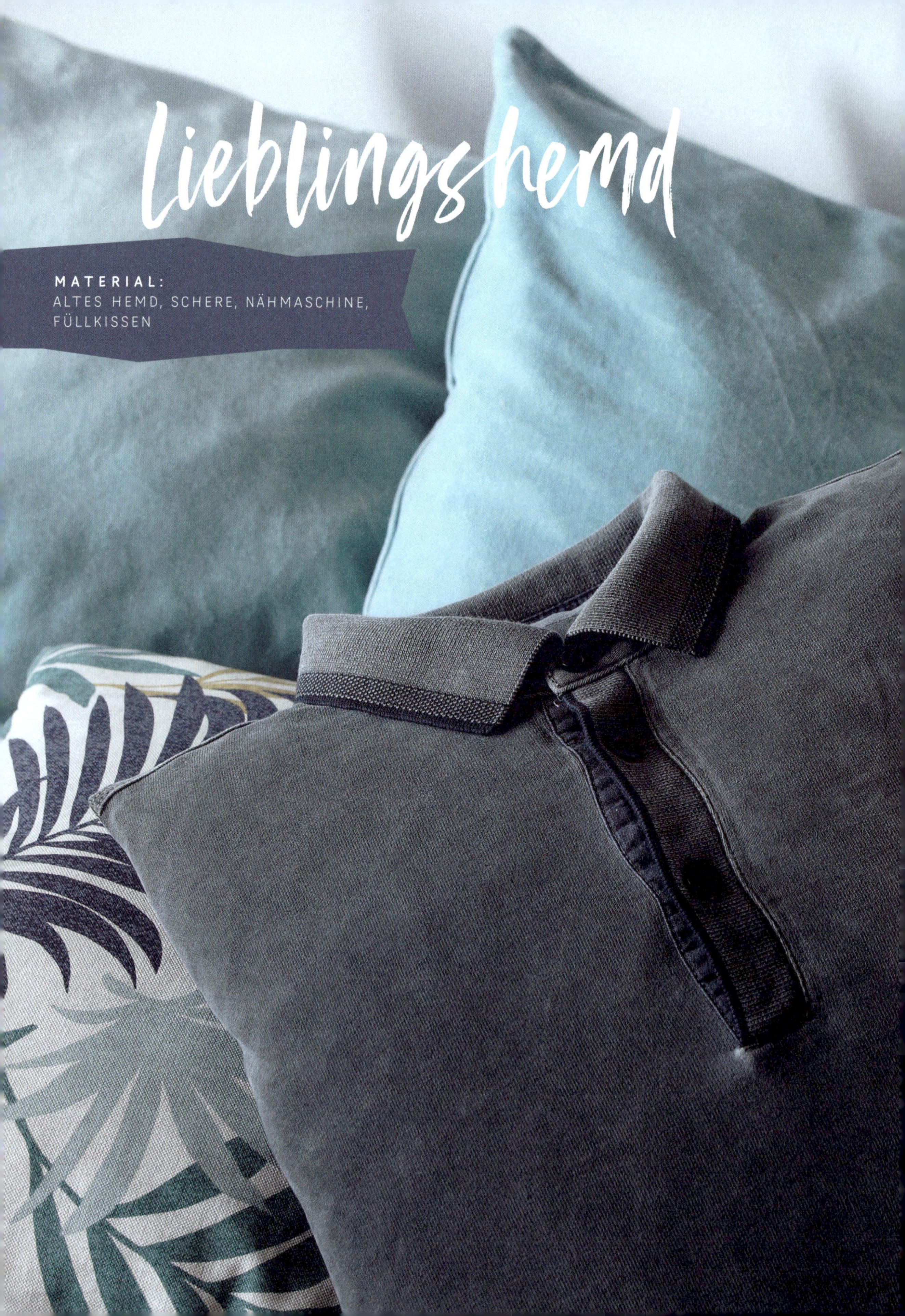

DAS LIEBLINGSHEMD HAT FLECKEN ODER IST AN DEN ARMEN DURCHGESCHEUERT? DANN SOLLTE ES ZUM LIEBLINGSKISSEN MUTIEREN. ELASTISCHE BAUMWOLL-STOFFE EIGNEN SICH HIER AM BESTEN, ABER AUCH EIN NORMALES OBERHEMD GIBT EIN TOLLES ZIERKISSEN AB.

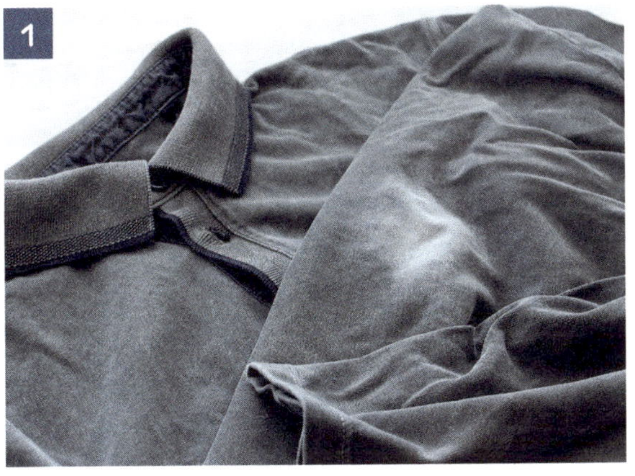

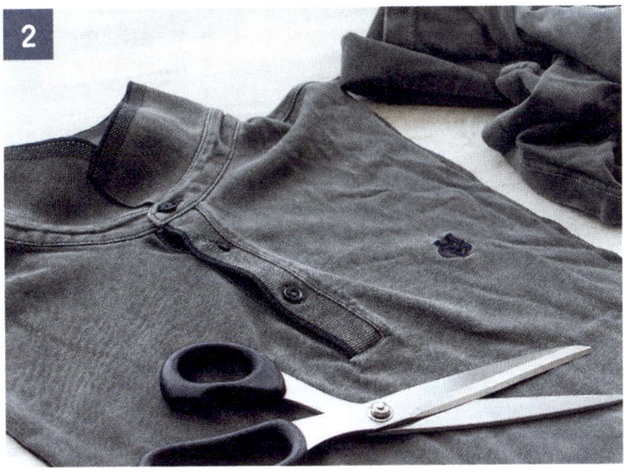

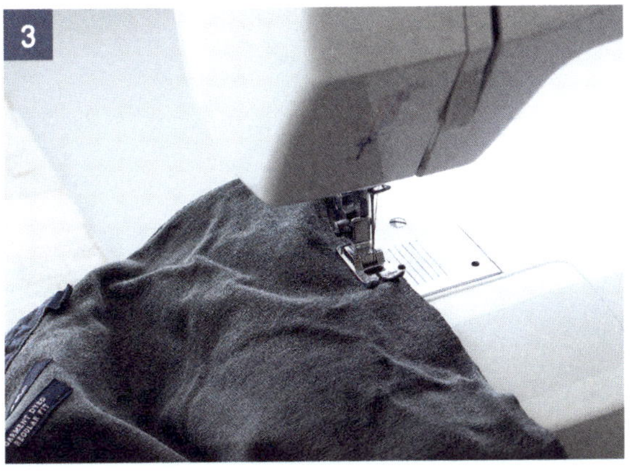

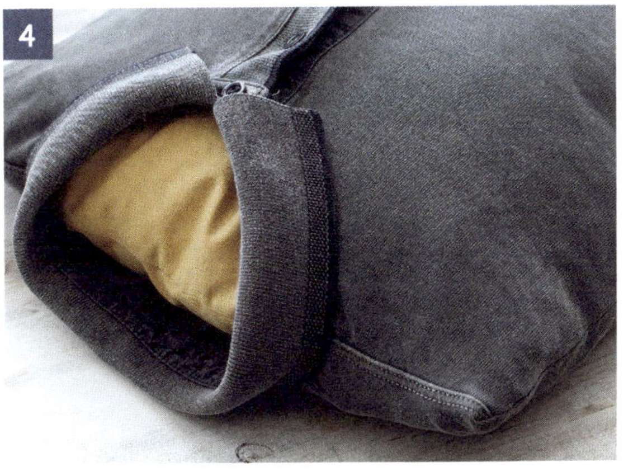

1. Ein elastisches Poloshirt, das an einigen Stellen fleckig war, ist hier die Basis für das Kissen.

2. Zunächst einmal schneidet man die Ärmel ab. Dann sollte man ein 40 cm x 40 cm großes Kissen auf das Shirt legen, um die genaue Größe festzustellen. An der unteren Kante des Shirts abschneiden (Schnittplan siehe auf der nächsten Seite).

Da der Stoff elastisch ist und eine Knopfleiste hat, lässt sich hier später das Kissen hineinstecken.

3. Anschließend das Shirt wenden und die offenen Seiten mit der Nähmaschine im Gradstich zusammennähen.

4. Das Shirt wenden und das Kissen zur Probe hineinstecken.

Fortsetzung auf der nächsten Seite.

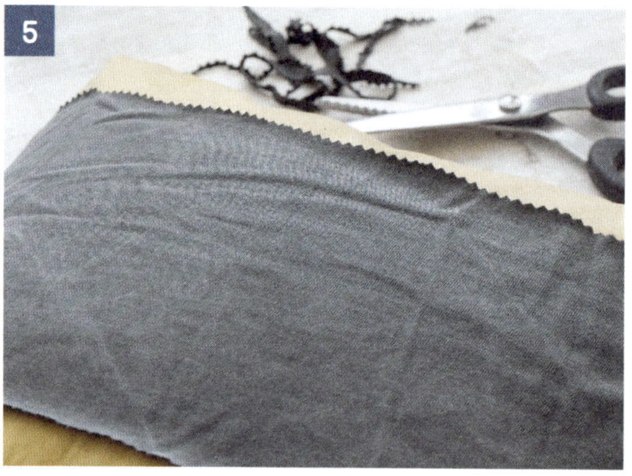

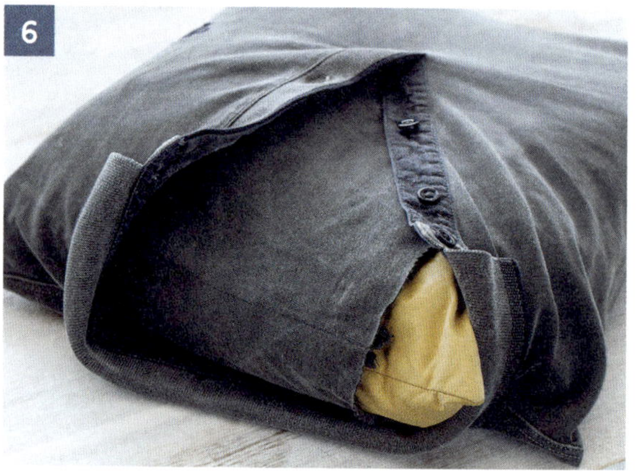

5. Da man im Kragenausschnitt einen Teil des Füllkissens sieht, muss man hier noch mal eine kleine Banderole aus Stoff herstellen. Dazu verwendet man einfach den unteren Teil des Shirts, der noch übrig ist.

6. Die Banderole schneidet man am besten mit der Zickzackschere zu und zieht sie über das Kissen, bevor man es wieder in das Shirt steckt. Anschließend die Knopfleiste schließen.

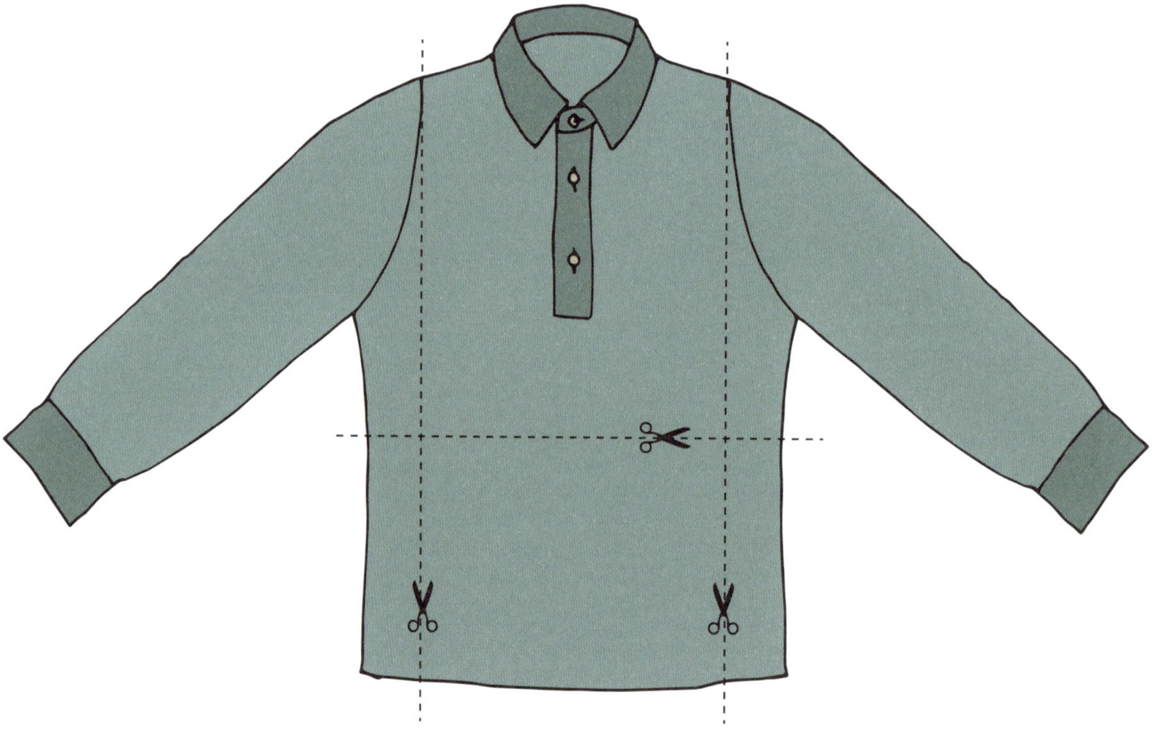

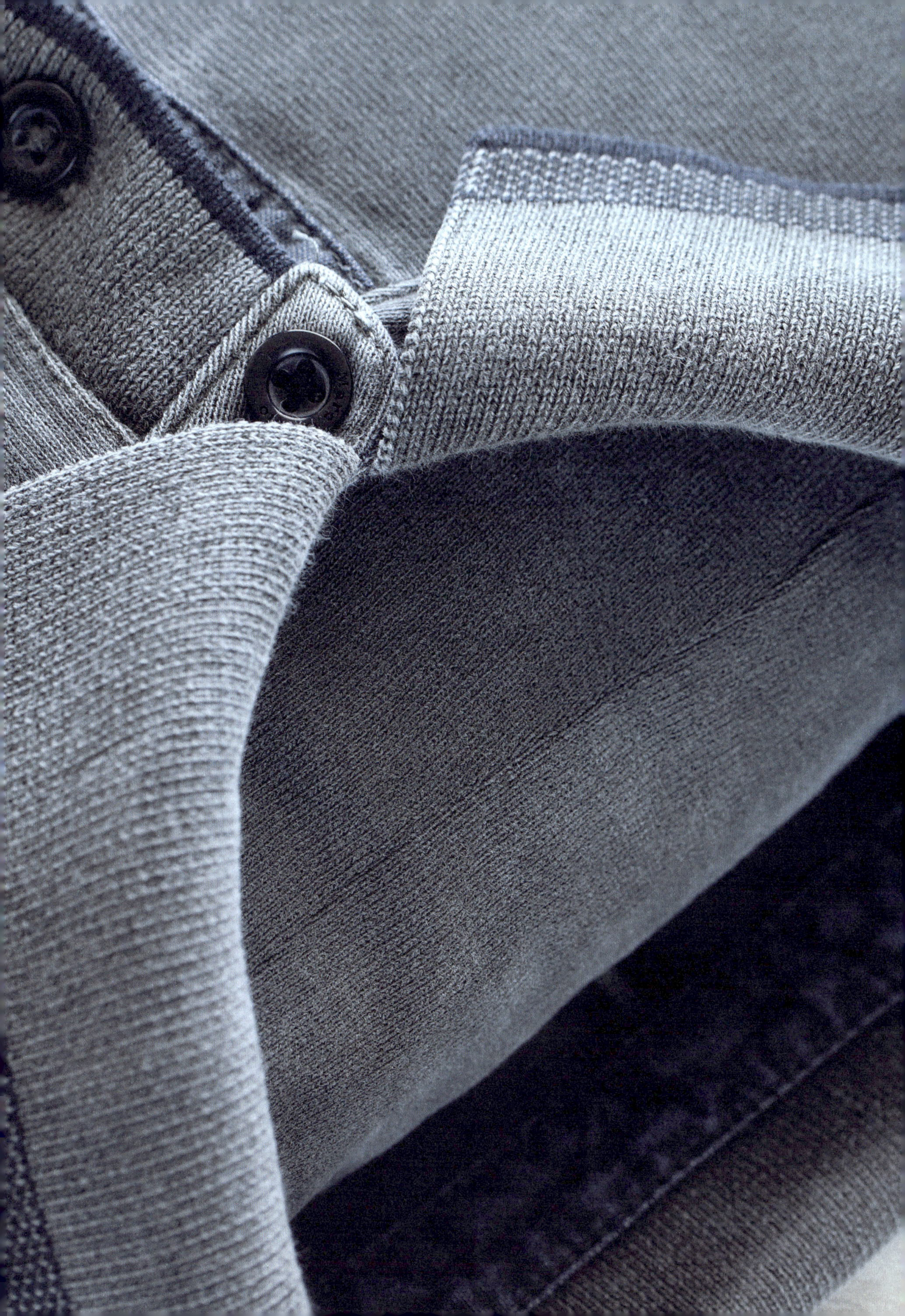

Weiße Webware

MATERIAL:
STOFFSTREIFEN, PAPPE, KLEBER, LINEAL, STIFT, SCHERE, WOLLE

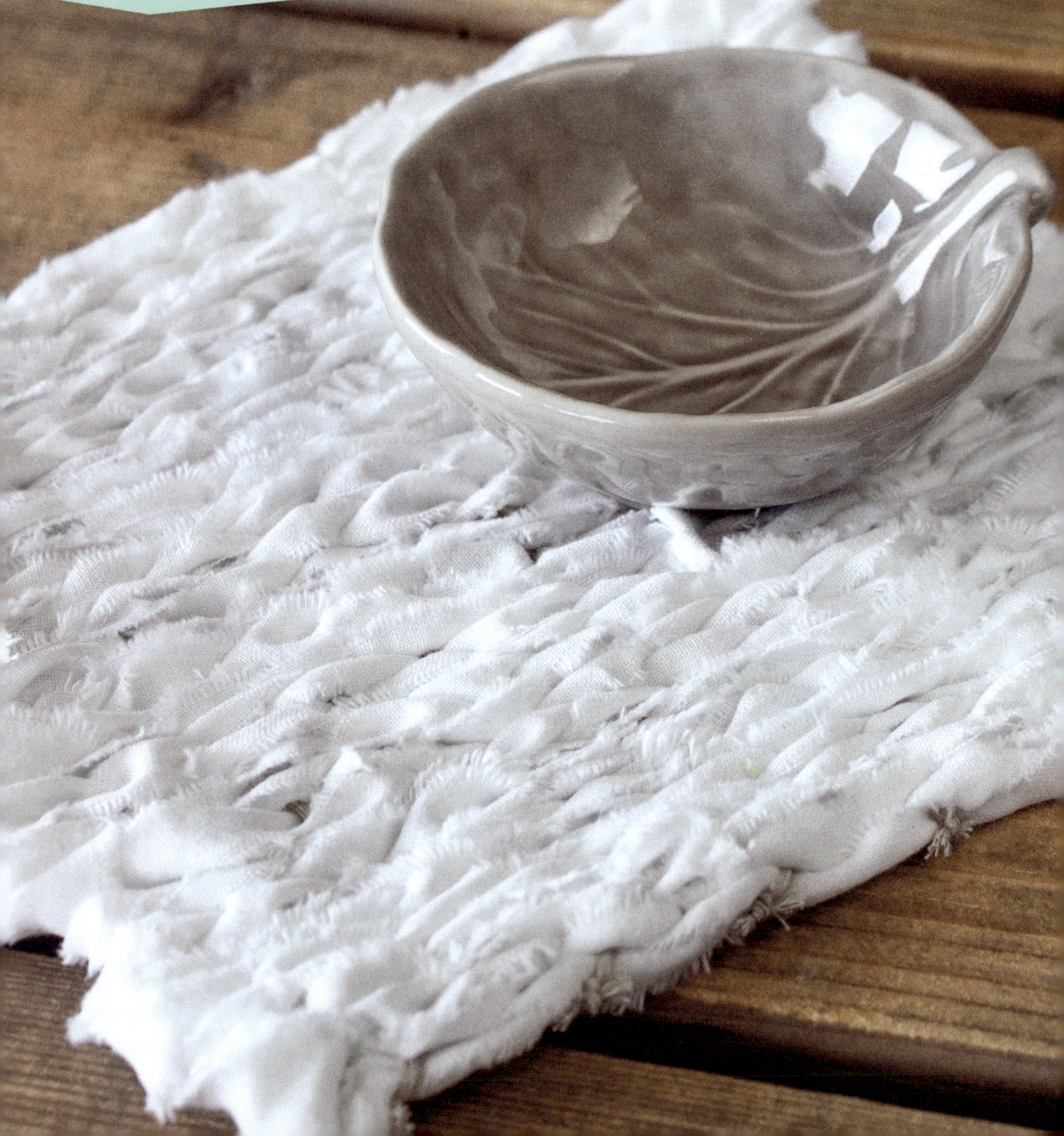

WEBEN WAR IN MODE UND IST ES WIEDER. VIELLEICHT NICHT IM KLASSISCHEN SINNE UND OHNE WEBSTUHL, ABER KREATIV WIE NIE. AUCH ZU HAUSE OHNE RICHTIGEN WEBRAHMEN GEHTS. FÜR EIN EINFACHES PROJEKT REICHT SCHON EIN DICKES STÜCK PAPPE.

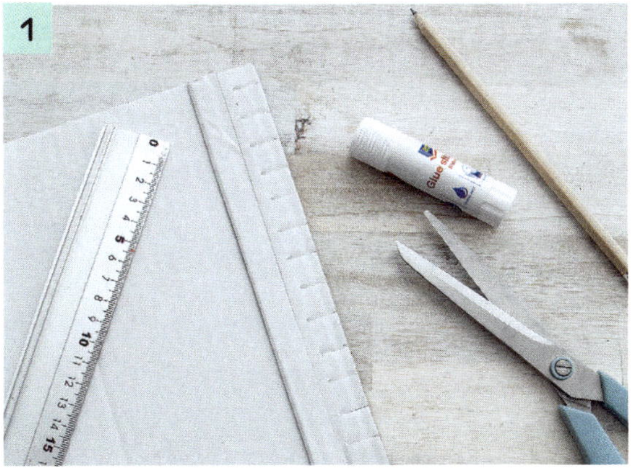

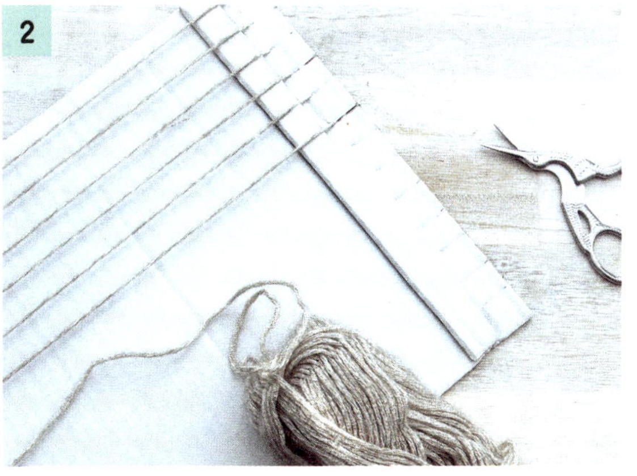

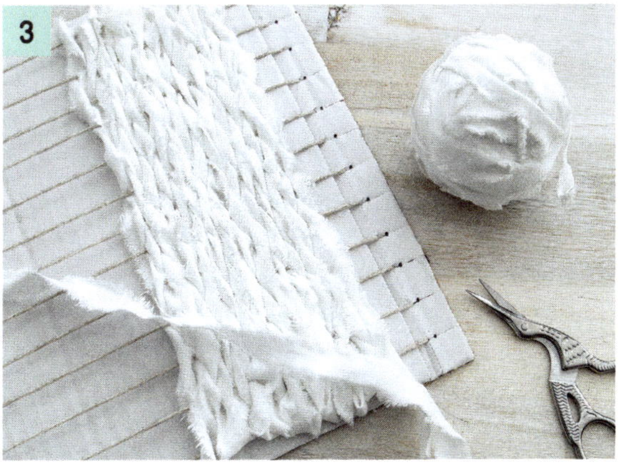

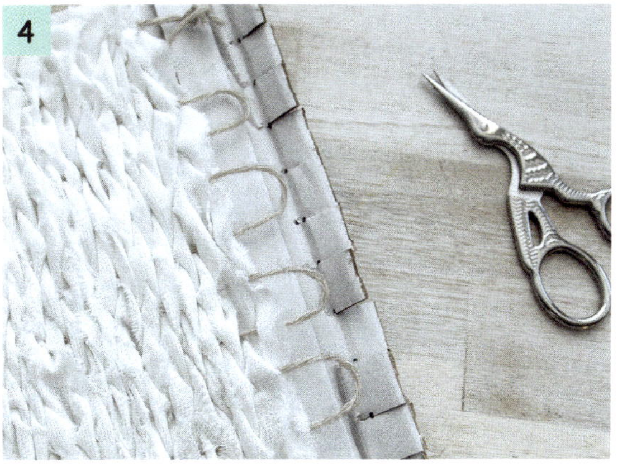

1. Für diesen Untersetzer (20 cm x 20 cm) benötigt man eine Pappe in den Maßen 26 cm x 20 cm, dazu 2 Streifen von 1,5 cm x 20 cm. Diese klebt man mit 2 cm Abstand vom Rand an die schmalen Seiten der Pappe. Mit einem Lineal misst man nun 13 Punkte in einem Abstand von 1,5 cm an beiden Seiten ab und schneidet diese mit der Schere 1,5 cm ein.

2. Nun kann man die Kettfäden spannen, beispielsweise aus Baumwollgarn. Wichtig: den Faden nicht auf der Rückseite um die Pappe führen, sondern gleich um die kleine geschnittene Lasche wieder nach vorne holen. Anfang und Ende mehrmals um die Lasche wickeln.

3. Zum Weben werden hier Stoffstreifen von 1 cm Breite gerissen. Einzelne Stücke werden aneinandergeknotet. (Hier waren es ca. 15 Streifen à 110 cm.) Wie viele Streifen man benötigt, hängt vom Stoff ab, es sollte also ausreichend vorhanden sein. Die Streifen erst nach und nach zusammenknoten, da man nicht das ganze Stoffknäuel durch die Kettfäden weben kann. Die Streifen nun abwechselnd vor und hinter die Fäden ziehen, bis die gewünschte Menge verwebt ist. Zwischendurch mit den Fingern zusammenschieben.

4. Dann vorsichtig die Fäden von der Pappe lösen.

Fortsetzung auf der nächsten Seite.

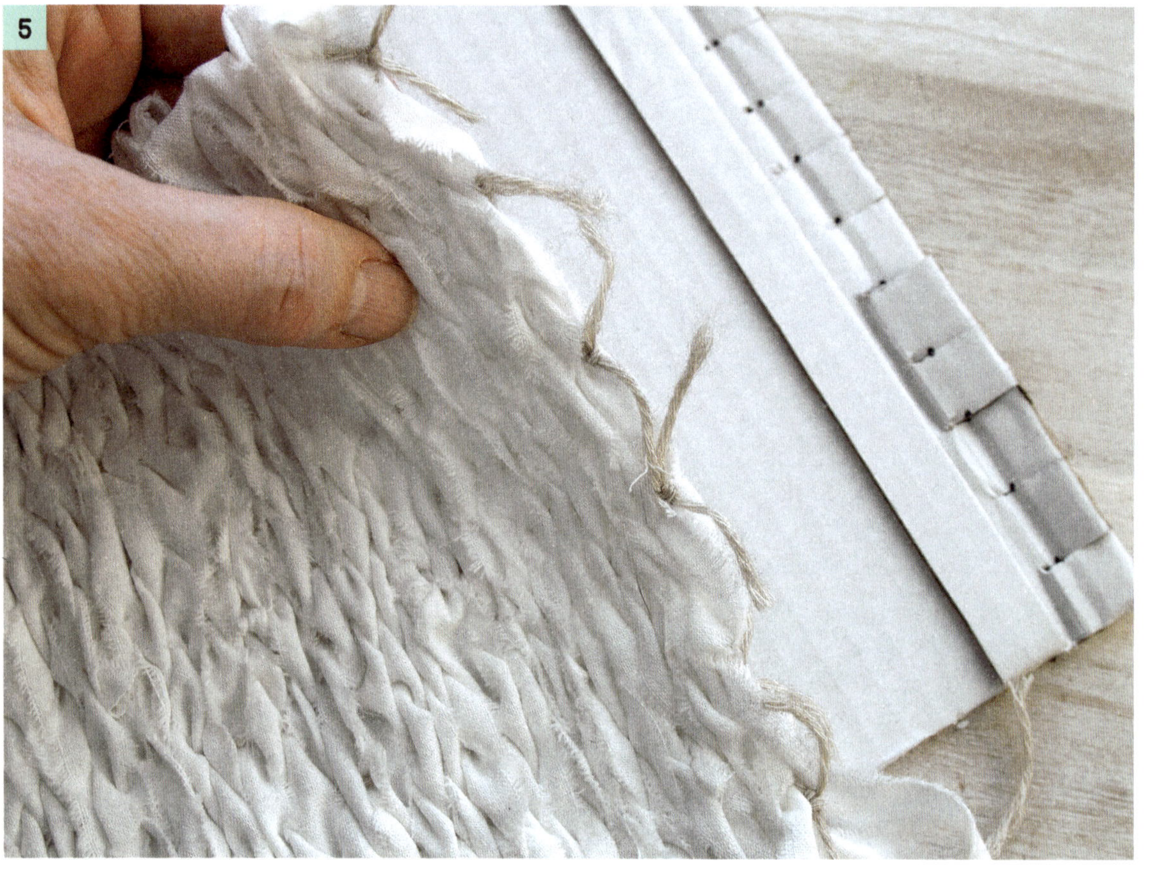

5. Nun kann man die Schlaufen der Kettfäden aufschneiden und jeweils 2 miteinander fest verknoten. Die Enden dann abschneiden.

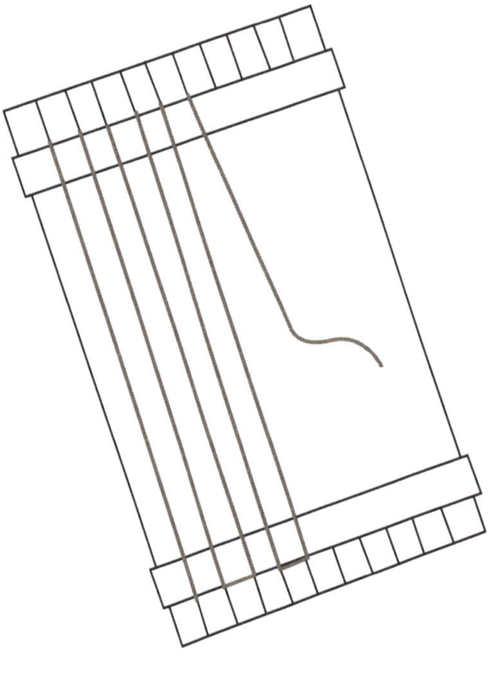

Den Faden beim Bespannen nicht komplett um die Pappe wickeln, sondern nur um die eingeschnittenen Spalten. Anfang und Ende mehrmals drum herum wickeln, um den Faden zu fixieren.

Seitentasche

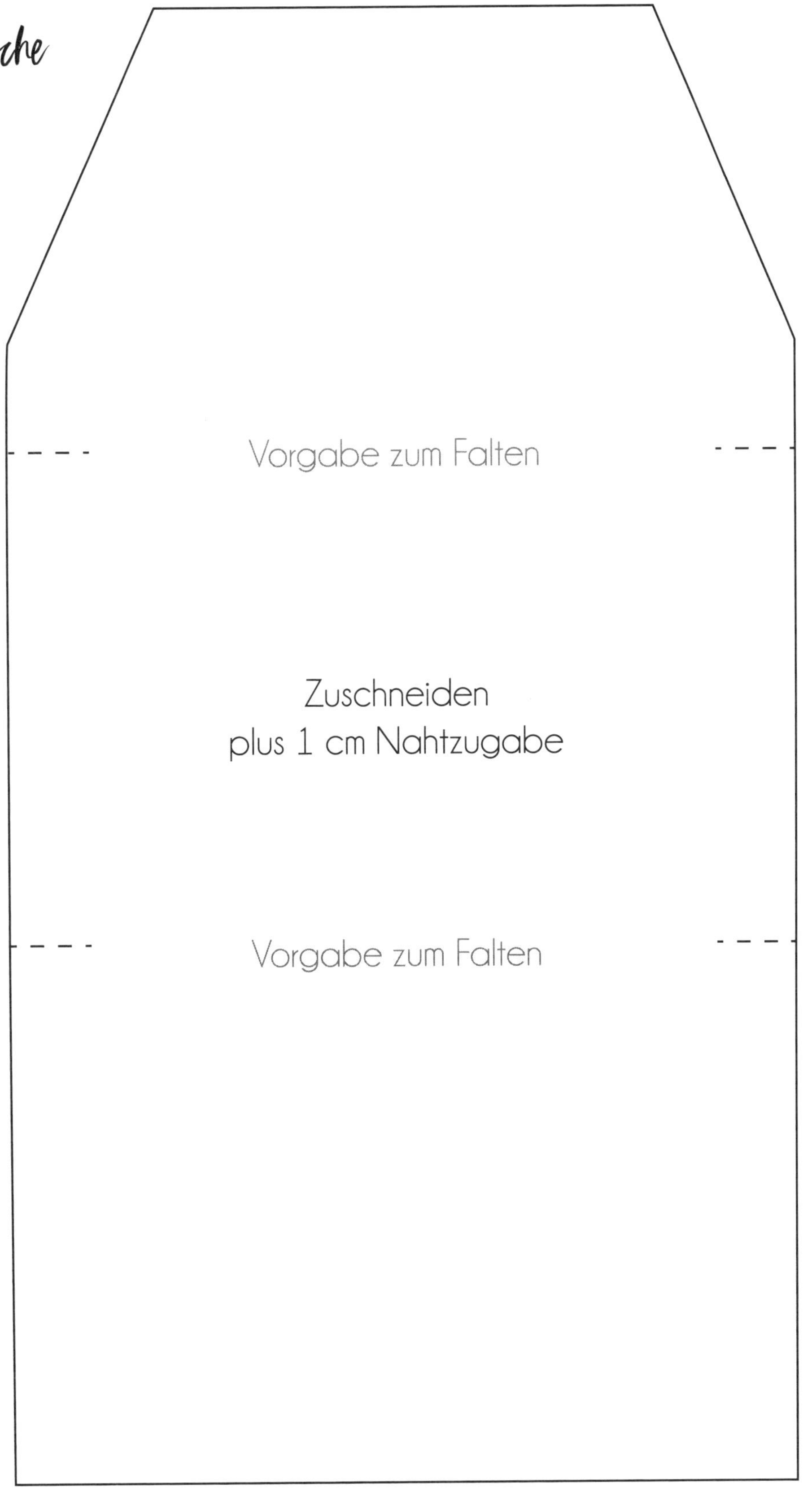

Fahrradsattelbezug

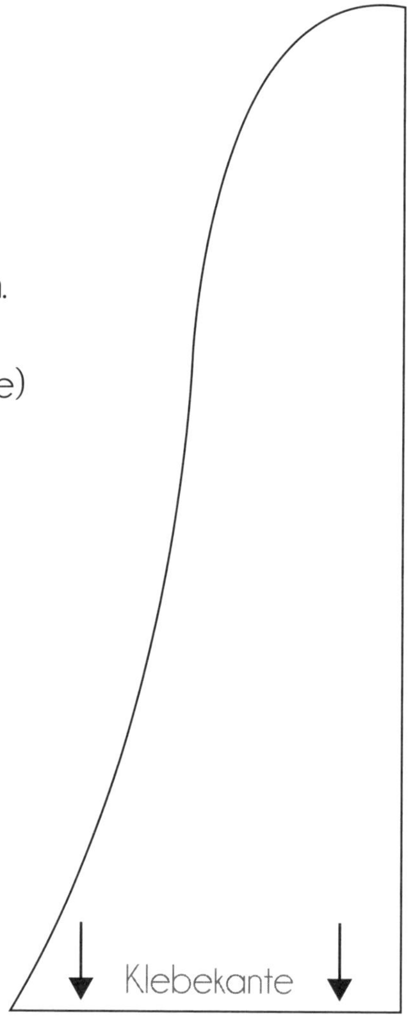

Vorlage 1:1 kopieren

1 x zuschneiden,
plus einer Nahtzugabe von 1 cm.
Zusätzlich einen Streifen von
11 cm x 85 cm (ohne Nahtzugabe)

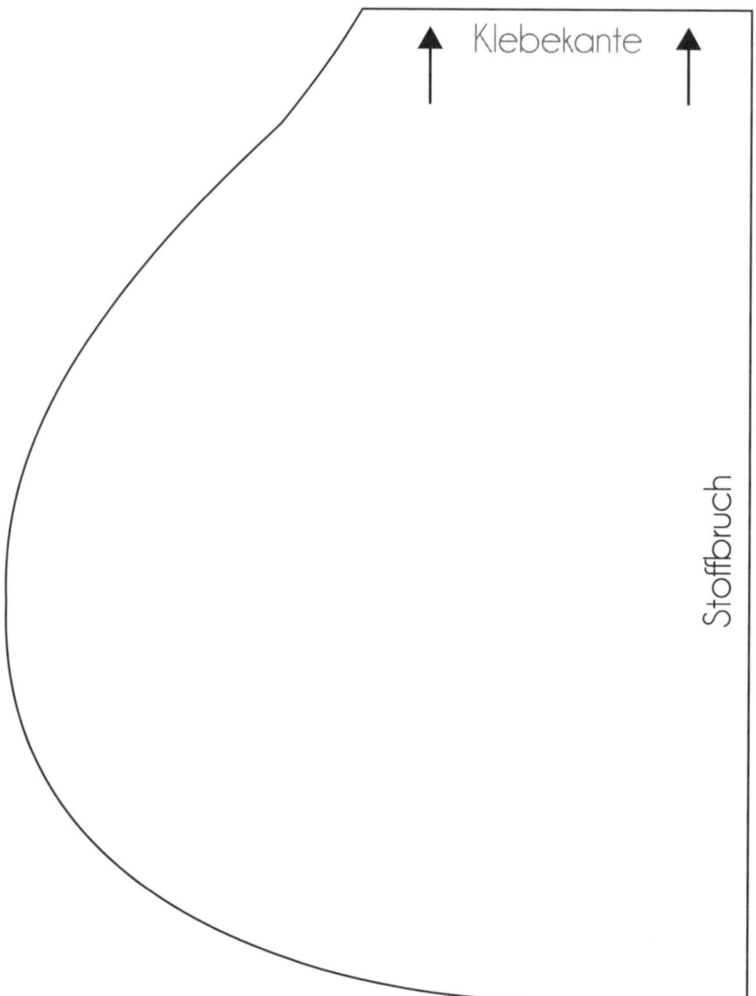

Hotelverschluss

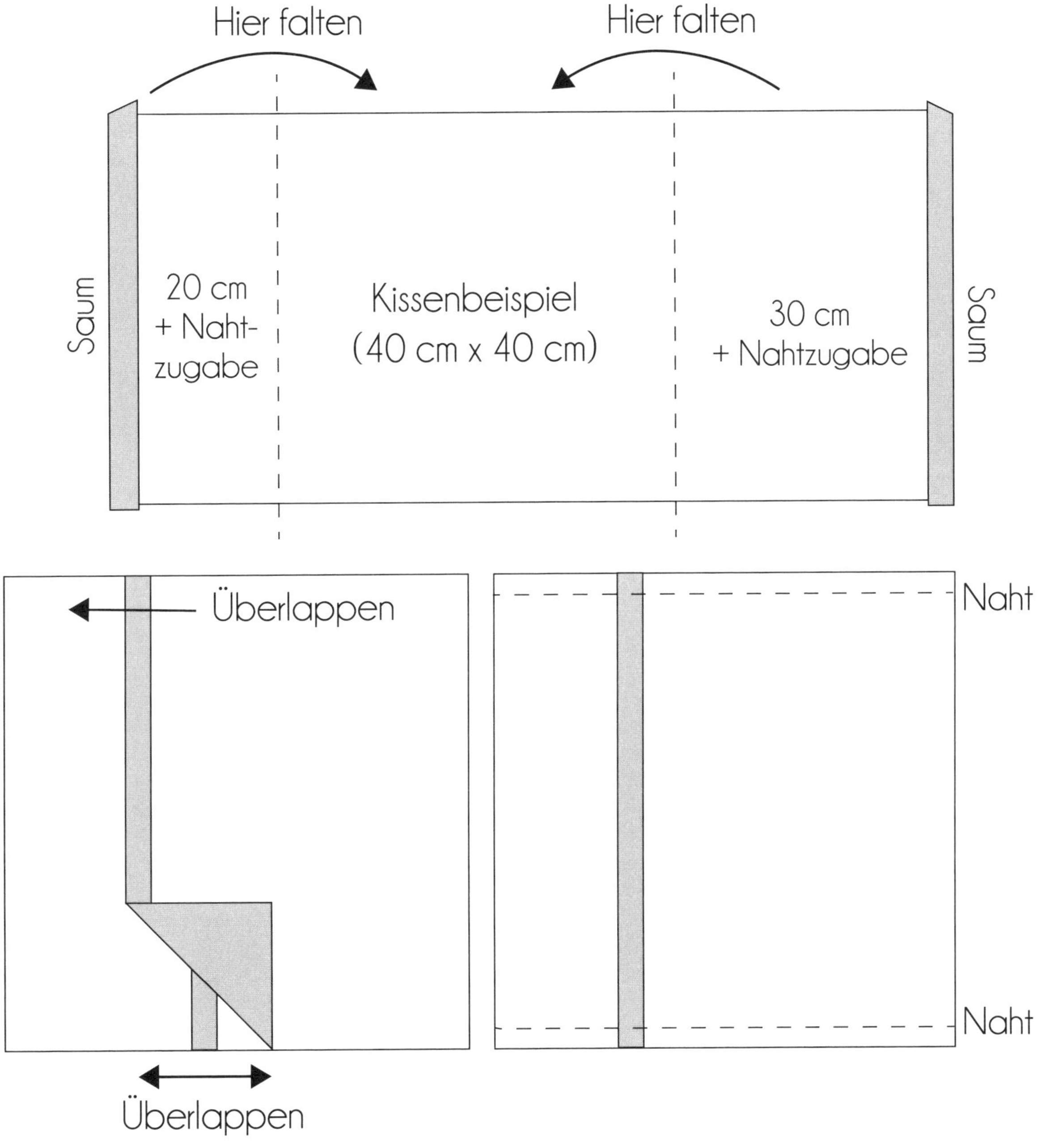

Tannenbaum-Anhänger + Hasen-Eierhusse

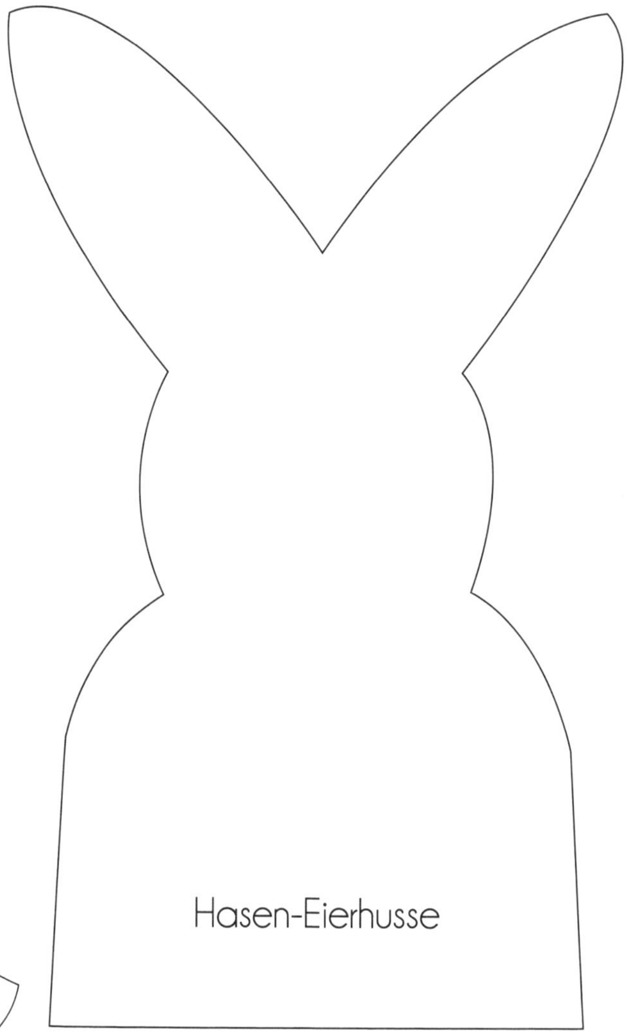

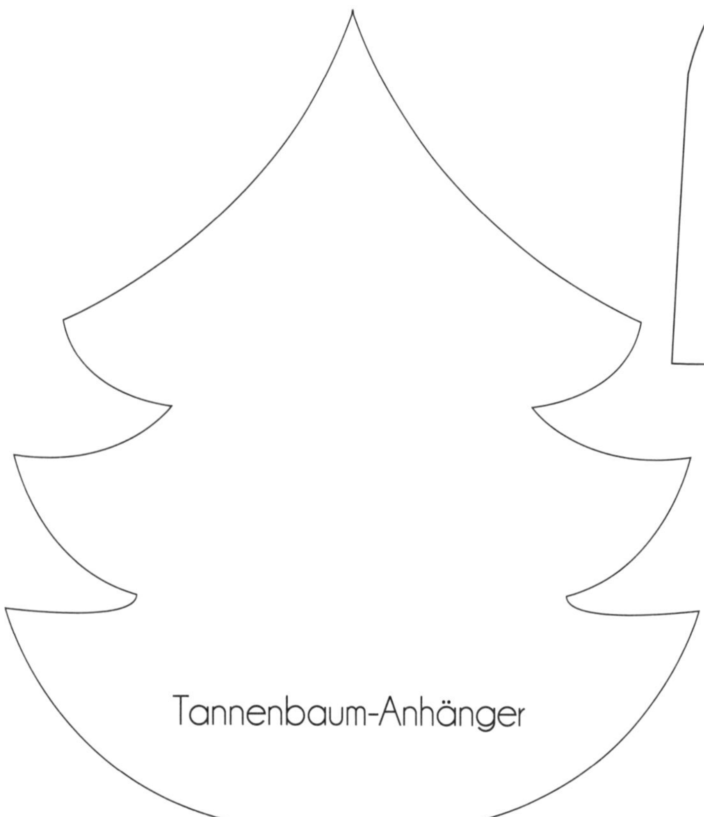

Kabelbinder

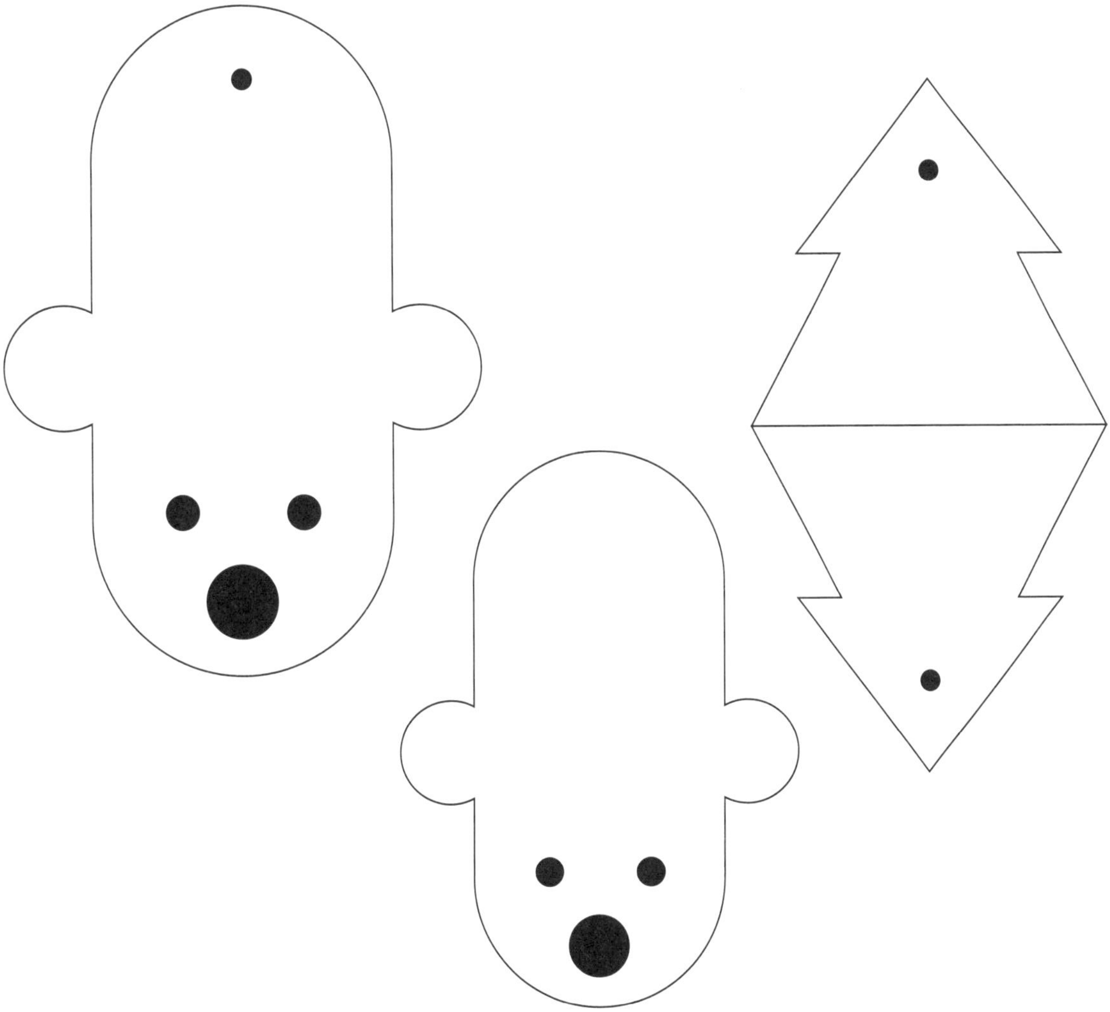

Schiffchenstempel

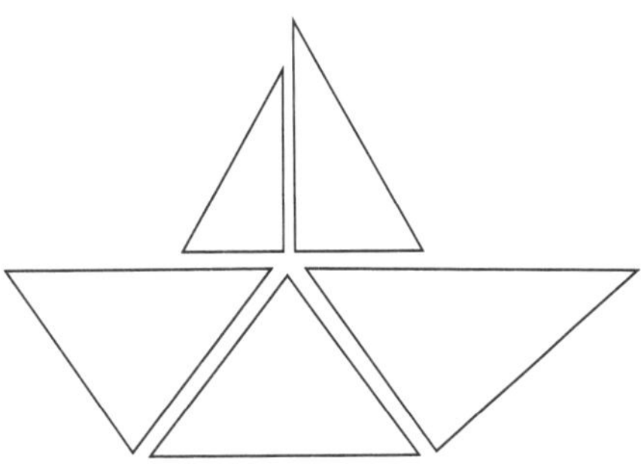

Fuchsstempel

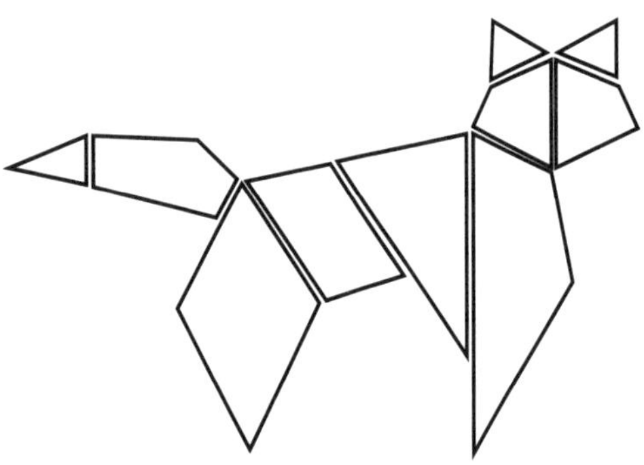

Blattuntersetzer Blattadern

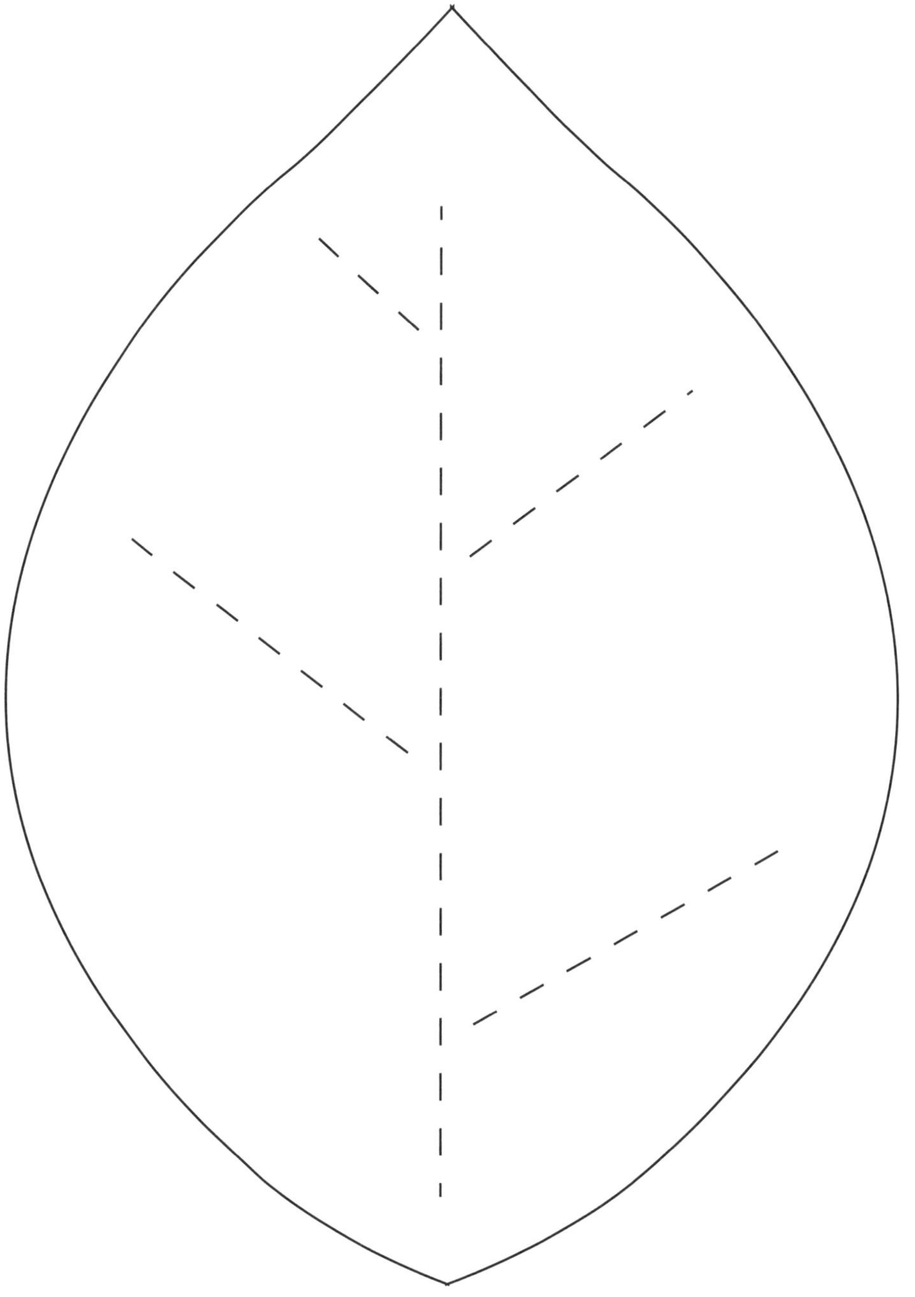

Blattuntersetzer Frenchknot

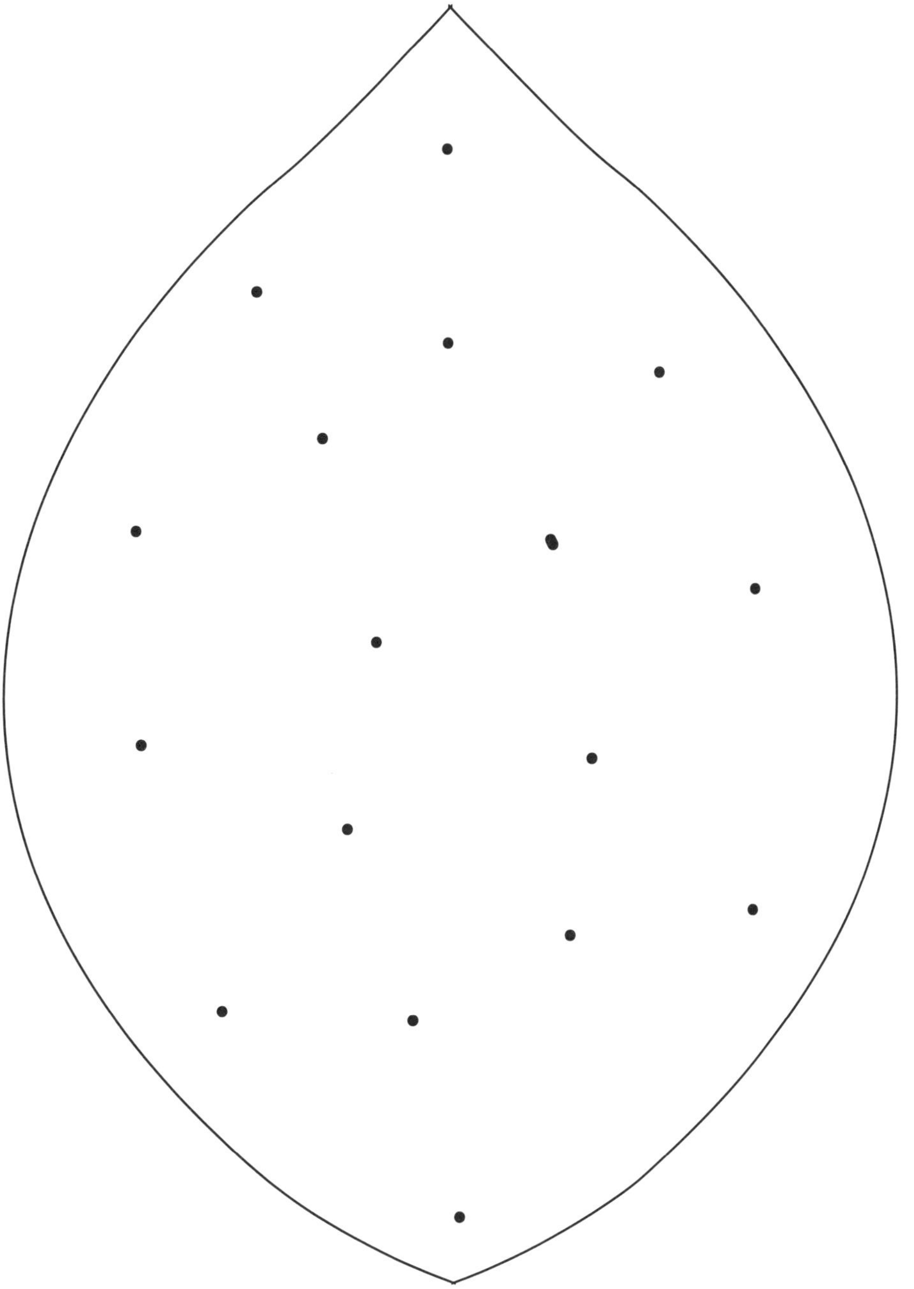

Eddy the Teddy

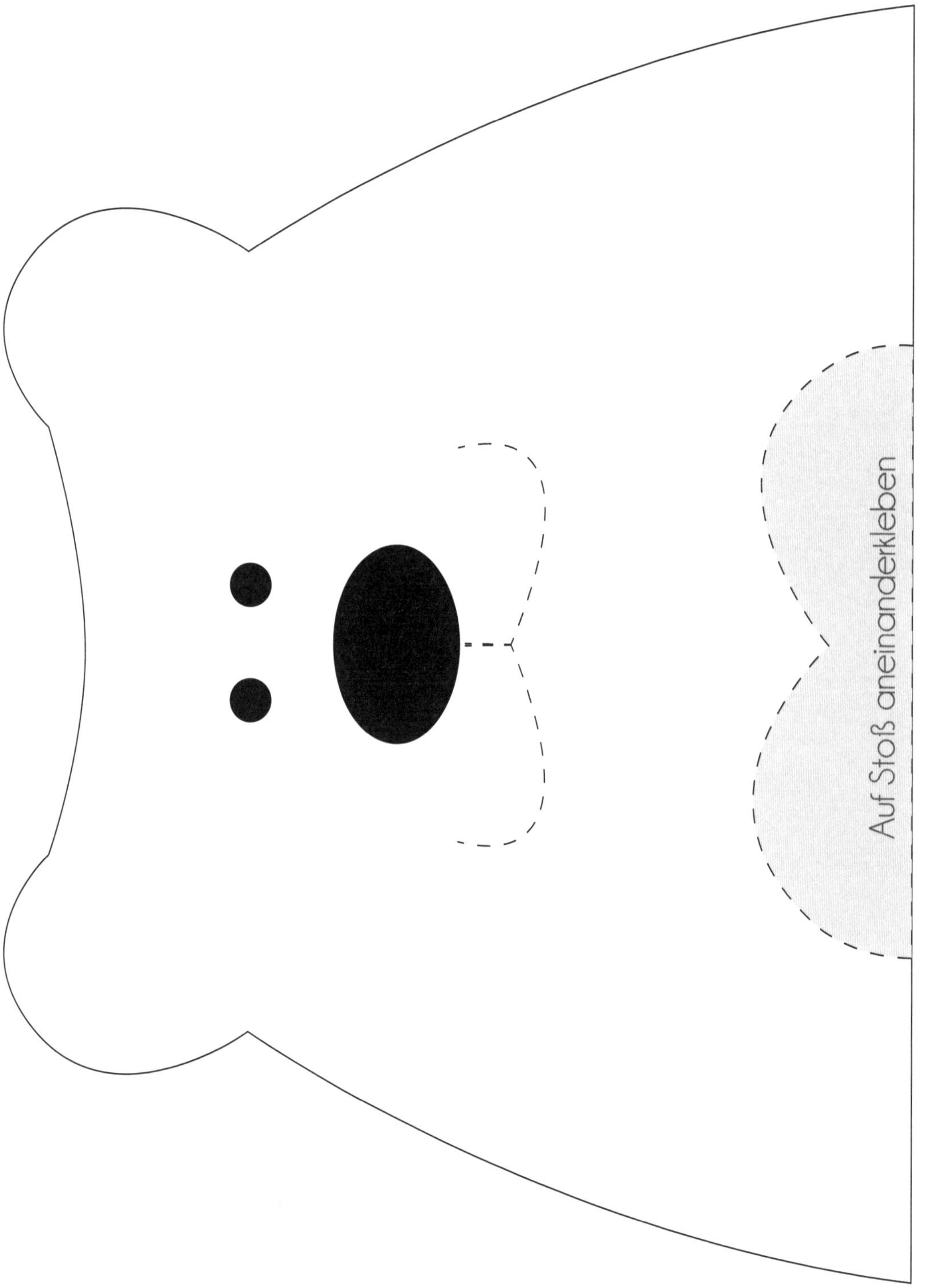

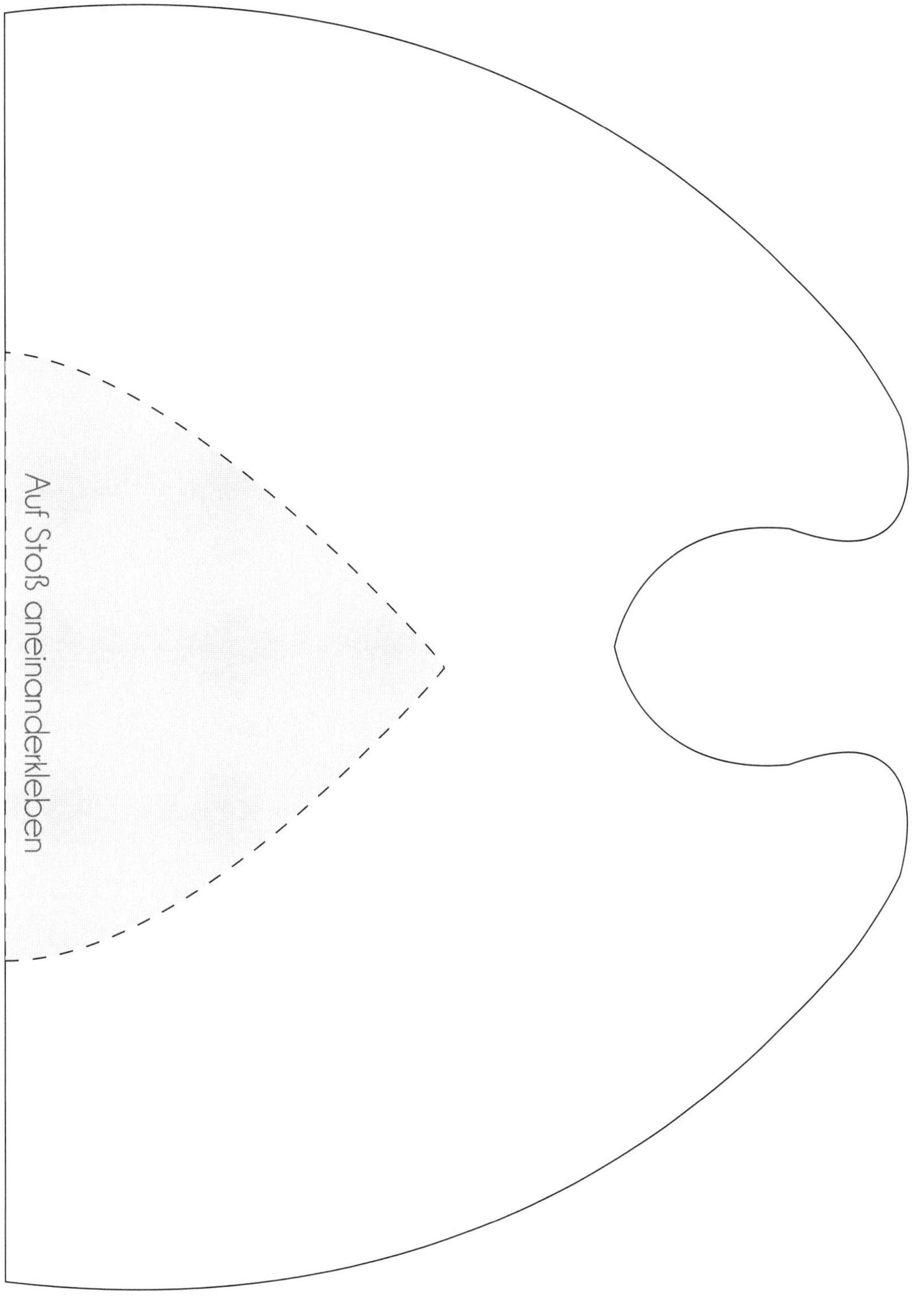
Auf Stoß aneinanderkleben

Impressum

Autorin: Ina Mielkau
Fotos und Grafiken: Ina Mielkau, bis auf Titel Shutterstock, Nr. 1856392846 und Shutterstock, Nr. 313656128
Produktmanagement: Svenja Wiglinghaus
Lektorat: Sigrun Borstelmann
Korrektorat: Constanze Lüdicke
Umschlaggestaltung: Ina Mielkau
Layout und Satz: Ina Mielkau
Repro: LUDWIG:media
Herstellung: Kathleen Baumann
Printed in Slovakia by Neografia

★★★★★

Sind Sie mit diesem Titel zufrieden? Dann würden wir uns über Ihre Weiterempfehlung freuen. Erzählen Sie es im Freundeskreis, berichten Sie Ihrem Buchhändler oder bewerten Sie beim Onlinekauf.
Und wenn Sie Kritik, Korrekturen oder Aktualisierungen haben, freuen wir uns über Ihre Nachricht an Christophorus Verlag, Postfach 40 02 09, 80702 München oder per E-Mail an lektorat@verlagshaus.de.

Unser komplettes Programm finden Sie unter

www.christophorus-verlag.de

 Autorin und Verlag haben alle Angaben und Anleitungen mit größtmöglicher Sorgfalt zusammengestellt. Dennoch kann bei Fehlern keinerlei Haftung für direkte oder indirekte Folgen übernommen werden. Materialien und Projekte können von den jeweiligen Originalen abweichen.
Die bildliche Darstellung ist unverbindlich. Sollte dieses Werk Links auf Webseiten Dritter enthalten, so machen wir uns die Inhalte nicht zu eigen und übernehmen für die Inhalte keine Haftung.
In diesem Buch wird aus Gründen der besseren Lesbarkeit das generische Maskulinum verwendet. Weibliche und anderweitige Geschlechteridentitäten werden dabei ausdrücklich mitgemeint, soweit es für die Aussage erforderlich ist.

Die Deutsche Nationalbibliothek verzeichnet diese Publikation in der Deutschen Nationalbibliografie; detaillierte bibliografische Daten sind im Internet über http://dnb.d-nb.de abrufbar.

ISBN 978-3-8388-3794-9

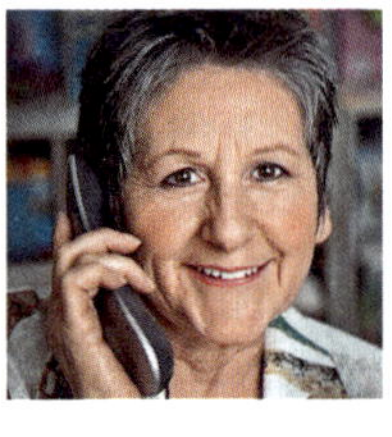

Kreativ-Service

Sie haben Fragen zu den Büchern und Materialien? Frau Erika Noll ist für Sie da und berät Sie rund um alle Kreativthemen. Rufen Sie an! Wir interessieren uns auch für Ihre eigenen Ideen und Anregungen. Sie erreichen Frau Noll per E-Mail: **kreativ-service@c-verlag.de** oder Tel.: **+49 (89) - 13 06 99-577.**

Besuchen Sie uns im Internet: www.christophorus-verlag.de